聊斋俚曲集俗字研究

董绍克 著

商务印书馆
2020年·北京

图书在版编目（CIP）数据

聊斋俚曲集俗字研究 / 董绍克著. —北京：商务印书馆，2020
ISBN 978-7-100-17789-4

Ⅰ.①聊… Ⅱ.①董 Ⅲ.①汉字—异体字—研究 Ⅳ.① H124.3

中国版本图书馆 CIP 数据核字（2019）第 189330 号

权利保留，侵权必究。

LIÁOZHĀI LǏQǓ JÍ SÚZÌ YÁNJIŪ
聊斋俚曲集俗字研究
董绍克 著

商务印书馆出版
（北京王府井大街36号 邮政编码100710）
商务印书馆发行
北京新华印刷有限公司印刷
ISBN 978 - 7 - 100 - 17789 - 4

2020年2月第1版　　　开本 880×1230　1/32
2020年2月北京第1次印刷　　印张 11½
定价：40.00 元

国家社会科学基金资助项目　　批准号：02BYY031

山东省一流学科山东师范大学文学院
中国语言文学学科建设经费资助

山东省一流学科山东师范大学文学院
中国语言文学学科"高层次著作"中文书系编委会

主　编：魏　建　杨存昌
策　划：杨存昌　贾海宁　王兴盛　张丽军
编　委：（以姓氏笔画为序）
　　　　王化学　孙书文　李宗刚　李海英
　　　　杨存昌　杨守森　邹　强　张文国
　　　　张丽军　张金霞　陈元锋　陈长书
　　　　周均平　潘庆玉　魏　建

目 录

序 …………………………………………… 张树铮 1

绪论 …………………………………………………… 1

卷一 聊斋俚曲的语音 ………………………………… 25
    一　声调 …………………………………………… 27
    二　声母 …………………………………………… 36
    三　韵母 …………………………………………… 58
    四　聊斋俚曲字表 ………………………………… 65

卷二 聊斋俚曲俗字考释 ……………………………… 85
    一　凡例 …………………………………………… 87
    二　部首检字表 …………………………………… 88
    三　正文 …………………………………………… 95

卷三 文本校勘 ……………………………………… 247
    一　校勘说明 ……………………………………… 249
    二　校勘实录 ……………………………………… 251
       （一）《墙头记》校议 …………………………… 251
       （二）《姑妇曲》《慈悲曲》校议 ……………… 258
       （三）《翻魇殃》校议 …………………………… 265
       （四）《寒森曲》校议 …………………………… 270

1

（五）《琴瑟乐》《蓬莱宴》校议 …………………… 283
（六）《俊夜叉》《穷汉词》《快曲》校议 ………… 290
（七）《禳妒咒》校议 …………………………………… 295
（八）《富贵神仙》校议 ………………………………… 310
（九）《磨难曲》校议 …………………………………… 324
（十）《增补幸云曲》校议 ……………………………… 340

参考文献 ………………………………………………… 347
后记 ……………………………………………………… 349

序

张树铮

说来也巧，董绍克学长要我为《聊斋俚曲集俗字研究》写序的时候，我也正在为蒲松龄忙碌着——我的书稿《蒲松龄白话作品语言研究》被列入国家出版基金项目，我正在为最后完稿而天天夜以继日。如今拙稿已经交付出版社，董先生书稿的清样也出来了，我赶紧来偿还学长的文债。

正如常言所说，偶然之中有必然。董先生大著和拙著的同时出版，既反映了蒲松龄语言研究的热度和新的研究进展，也反映了国内学术界对蒲松龄语言研究的重视程度。据我所知，董先生的这部书是在他的国家社科基金项目结题成果的基础上完成的，我曾经作为通信鉴定专家最早地拜读过。国家社科基金项目和国家出版基金项目都是经过专家评审才批准立项的，所以，这就从专家的层面说明了国内语言学界对蒲松龄语言研究的重视。另外，古代专书（或专人）的语言研究历来是汉语史研究中的重要的基础性工作，而就我目力所及，近十几年来的专书（专人）语言研究中，若就单项作品（或单人）的研究而言，蒲松龄作品的研究成果数量不是最多的，也至少是最多的之一。原因无他，就是因为蒲松龄的白话作品确实是近代汉语中少见的口语性和时代性特别强，因而其性质的单纯性也很强的语料，是一座近代汉语语言研究的富矿。

在我来看，与近代汉语中其他白话语料相比，蒲松龄白话作品的语言学研究价值起码有以下几个方面是很突出的：

第一，口语性特别强，因而方言性很强，反映实际语言面貌的程度更高。这是与其作品的体裁有关的。蒲松龄的白话作品主要是《聊斋俚曲集》和《日用俗字》。其中，《聊斋俚曲集》主要是说唱词和戏剧，都是宣之于口的内容，并且都是用来为普通民众演出的脚本，而不像其他的小说之类主要是供读书人阅读之用（所谓"目治"），这必然要求能够便于说唱、便于普通听众理解（所谓"耳治"），所以，尽管跟其他白话语料一样也难免有一些书面语的成分，但论起口语性来，恐怕是很难有出其右者。《日用俗字》尽管与《聊斋俚曲集》书的性质不同，但它更是当地方言日常用词的总汇，方言性更为突出。口语性强，自然方言性就强，因为老百姓口中说的就是方言，这样也就更能够反映清初山东方言尤其是鲁中一带方言的语音、词汇和语法的实际面貌。

第二，词汇面特别宽。这尤其表现在《日用俗字》上。从词汇的角度看，《聊斋俚曲集》跟其他的文学作品类似，都是反映普通的社会生活的，因而在词汇的使用范围上较为集中在通用词语；但《日用俗字》就不同了，它共分身体（包括称谓）、庄农、养蚕、饮食、菜蔬、器皿、杂货、果实、兵器、丹青、木匠、铁匠、石匠、裁缝、皮匠、银匠、毡匠、疾病、堪舆、纸扎、僧道、争讼、赌博、行院、花草、树木、走兽、禽鸟、鳞介、昆虫31章，举凡农村生活和生产及社会的方方面面都梳理出了常用的词语（我把它叫作"农村百科词条"，见拙著《蒲松龄〈日用俗字〉注》，山东大学出版社，2015年），其中很多词语如农业生产、养蚕、手工艺等方面词语有不少是很难在文学作品当中涉及的。因此,在反映方言词汇的全面性上就不是其他语料能与之颉颃的了。

第三,作者及其方言基础明确,便于与现代方言进行比较。有些近代汉语作品尽管语言价值很高,但由于其作者未定,因而其基础方言究竟在哪里就成了争议的话题,这就会在与现代方言进行比较时出现种种困难。例如明清时期另外两部被认为是反映山东方言的长篇名著《金瓶梅》和《醒世姻缘传》,前者的"兰陵笑笑生"和后者的"西周生"至今都是身份成谜。有不少学者从方言的角度来考证《金瓶梅》和《醒世姻缘传》的作者,然而却是言人人殊,这一方面说明了从方言角度考证作者的难度,另一方面也说明了在作者不明的情况下要与现代方言进行比较会平添许多困难。蒲松龄的白话作品就不同了,我们可以直接与现代淄川一带的鲁中方言进行比较,一是帮助我们准确理解蒲氏作品语言的意义,二是可以通过对比进行语言变化的研究。

第四,蒲松龄的白话作品以前主要是以手抄的形式流传的,其中有很多的俗字,这对于俗字的历史研究是很好的资料。这主要是就《聊斋俚曲集》而言的,因为《日用俗字》略有不同。首先,《日用俗字》中的"俗字"并不能照字面意义去理解,认为其中收集的是"日用"的"俗字"。恰恰相反,蒲氏是有鉴于以前的农村用字教材俗字太多,"考其点画,率皆杜撰",而"立意详查《字彙》,编为此书。……要皆《字彙》所有"(《日用俗字·自序》)。也就是说,他是为日用俗词到字书上去找的"正字"。我把该书的性质称作"日用俗词正字"。[①]这样一来,《日用俗字》其实并非研究俗字的首选材料。其次,该书是蒲氏作品中最早雕版印刷的(由

[①] 请参拙文《〈日用俗字〉中的俗字》,《蒲松龄研究》,2012年第3期。

其孙蒲立德在乾隆十二年，即公元1747年付梓），这与《聊斋俚曲集》在上世纪（即20世纪）20年代之前一直由手抄传世不同。不过，这个刻本并非直接依据蒲氏誊清的原本，其底本经过了蒲立德及他人的抄写和修订，其中也有少量的一般意义上的俗字和方言字。所以，该书对于俗字的研究也并非全无价值。

以往的蒲松龄白话作品语言研究中，语音、词汇、语法和文字方面都有了不少成果，但在文字方面用力最多的是董绍克先生，曾有数篇论文发表。这部《聊斋俚曲集俗字研究》就是董先生对《聊斋俚曲集》用字研究的结晶。

我觉得，董先生的这部书名为"俗字研究"，实际上包含了三个方面的内容，具有三个方面的贡献：

第一个方面是"俗字"考释与研究。董先生对能够搜集到的多种手抄本和印刷本进行了全面的比对，从中认定了一大批俗字，为俗字的历史发展提供了新的第一手的丰富资料。汉字的历史发展从古至今就一直是"正体"和"俗体"相伴相随，既竞争又经常相互换位的历史。甲骨文时期的汉字即存在大量的一字异体现象，历经一千多年，到了战国时期，"文字异形"更是愈演愈烈。秦始皇统一中国之后，采取措施统一文字，这才从总体上结束了汉字字形的"混乱"局面。但是，由于文字本身也是在不断发展的，加之人们对文字满足记录语言需要的多方面要求，一字异体现象不可能完全消失。比如行书和楷书的字形就会有不少差异，更不要说草书了。各种字样或字典，只能确定官方用字的标准，手写的形体是以实用的方便为追求的，所以，"俗字"不绝如缕，可以说与"正字"在使用上颇有相辅相成之功，而"正字"变成"俗字"，"俗字"变成"正字"的例子也举不胜举。例如"从"甲骨文作二人相跟从之形，会意得何等明确；后来以"從"为正体（《说文解字》时已经说"从"是"從"的"本字",这说明人们已经通用"從"而不用"从"了),你再写"从"就是"俗体"了。其实这个字形愣给加上个"辵"之后,反而是表意不明了——这让人上哪里说理去?现代简体字恢复"从"的写法,也算是"拨乱反正"吧。再举一个简单的例子:"着"是"著"的"草书(行书)楷化",明代的《字汇》说它是"俗体",清代的官修字书《康熙字典》干脆就不收"着"的字形,可是,我们现在用"着"来分担一下"著"的不同读音和不同意义,不是也很有意义吗?可见,一说"俗字",我们可能会想到它的不规范,想到它的"添乱",想到它给人们学习和释读带来的麻烦,其实它也有其积极意义,更不要说从汉字史的角度说,它也是汉字大家庭的一员,尽管地位像是"庶出""旁支",但起码也是应该研究的对象。像《汉语大字典》就收录了很多包括俗体字在内的异体,其目的就是为了人们更全面地认识汉字和方便于阅读古书。本书所采集的《聊斋俚曲集》中的俗字,大部分是通行面比较广的,但也有不少不见于或很少见于其他字典或其他古书的,这样的俗字就直接充实了汉字的俗字库。比如将"出"写成"屮",该字形《龙龛手鉴》《字汇补》《汉语大字典》都收了,但都释为"岁(歲)"的异体,与《聊斋俚曲集》的"屮"同形而读音和意义都不相同:作为"岁"字异体的"屮",下面的"二"只是一种简单的简化符号,类似于将"鷄"写作"鸡","二"是无意义可讲的;而作为"出"字异体的"屮",下面的"二"是一种复指符号(或者说重复符号),表示再写一个"山",类似于将"聶"写成"聂"。这是根据不同的造字理据分别造的两个字,只是字形上偶合而已。当然,如果以形体为准,则"屮"字将来再收入字典的时候,就应该给它加上一个新音新义:音 chū,同"出"。就本书的另一重意义来说,通过对这写俗字的分析,也可以帮助读者正确识读《聊斋俚曲集》中的字形,更好地理解文意。

本书不仅具体考释俗字,还在绪论中讨论了俗字研究的理论问题以及《聊斋俚曲集》俗字的总的特点。这些都是值得参考的。

不过,对于董先生把"俗字"与"方言字"严格区分开来的看法,我有一点儿商榷意见。董先生这样区分的出发点(也就是他的第一条理由)我觉得可能是目前通行的"俗字"的定义。如《汉语大词典》释为:"即俗体字。旧时指通俗流行而字形不规范的汉字,别于正体字而言。"《现代汉语词典》说:"俗体字,指通俗流行而字体不合规范的汉字,如'菓'(果)、'唸'(念)、'塟'(葬)等,也叫俗字。"这样说来,方言字当然不符合俗字的定义了。但我以为,"旧时"根本就没有"方言字"的概念,所以"俗字"指"俗体字"是很正常的;但是现代汉字研究的视野已经放宽(这也与现代方言学的兴盛有关),方言字已经被纳入汉字研究视域,它肯定不属于"正字",因为它根本就没有被"规范"过,那它不就应该归之于"正"的相对面"俗"吗?我的看法是,应该与时俱进地对俗字作狭义和广义的理解:狭义的"俗字"就是"旧时"的"俗字",即俗体字;广义的"俗字"还应该包括方言字。两者的界限也不是那么清楚的,方言区内通行的"俗体字"也可以认为是方言字。例如《日用俗字》中有个"皲"字(疾病章:擘皲磨眼不相干),意义相当于普通话的"皴"或"皲",字形也颇像是"皴""皲"二字的杂糅,而从现代淄川一带方言的读音来看,对应的是"皴"(普通话音 cūn,方言读 qūn。"皴"字《广韵》谆韵,三等,方言读音更符合古今语音对应规律)。这个字形在现代的淄川一带仍流行(笔者家乡距淄川约八十公里,小时候就见过这个字)。从有"正字"来说,它属于"俗字";但从只有一个地方才有这种写法来说,它又属于带有方言特点的"俗字",所以准确的叫法恐怕应该是"方言—俗字"。又如俚曲中的"两"（俩）在当时来说算是方言字，因为在别的语料中并没有（别的地方有没有"两个"合音成为 liǎ 的现象也是个问题）；后来该字通行"俩"的写法，那"两"算什么字呢？要算"俩"的"俗体"，可是当时"俩"还没生出来呢！要算"正体"，可是当时也没有字书收入。实际上，本书中也列出了一部分方言字，如"扗"（表示揪、嘬、量词撮等义），没有"正字"可言，就应该属于方言字。所以，我觉得没有必要迁就目前通行的"俗字"定义，把"俗体字"和"方言字"都视为"俗字"反而可以避免一些麻烦。从另一方面说，方言字如果进入到普通话中使用，那它也就成了正字。如胶东方言的"夯"本为方言字，但现在《现代汉语词典》和各种字典都收了，这样它也就摘掉了"俗字"的标签。

第二个方面的内容是对俚曲文本的校勘。手抄中容易出错，现代排印同样也会植字有误，而错讹的字形或文句对于准确理解原意自然有碍，对于语言研究来说同样会因讹致误。本书在对比各本的基础上加以考证，订定了一大批字的正确字形，自然也就排除掉了一大批错讹字形，这是大有助于读者阅读文本，也大有利于蒲松龄语言研究的。此处仅举一个例子。《墙头记》第一回中的一句，路大荒《蒲松龄集》、盛伟《蒲松龄全集》、邹宗良校注《聊斋俚曲集》均作：

（张大见岳父李老到来）慌忙按帽迎进，作揖磕头，让了坐。"阿爹好么？"李老都答应"好"。

这句话对于阅读来说倒是没有大问题，因为"阿爹"的说法如今南方方言多有，但是对于研究来说就影响大了，因为亲属称谓前加词头"阿"并非北方方言特点，现代山东方言也没有任何亲属称谓加"阿"的例子，聊斋俚曲中也仅此一例。如果"阿"字不错，那么恐怕就要改写山东方言语法（构词法）的历史了。本书根据蒲松龄纪念馆藏《聊斋新编墙头记》将"阿"视为"问"字之讹，这样的话，原文应为：

（张大见岳父李老到来）慌忙按帽迎进，作揖磕头，让了坐，问："爹好么？"李老都答应"好"。①

文从字顺，同时也消除了这一孤例可能会对亲属称谓系统、构词法系统带来的冲击。

第三个方面是对《聊斋俚曲集》语音的研究。董先生没有说明为什么收入这一部分，但我知道这是董先生《聊斋俚曲集》语音研究的一些成果，曾以单篇论文的形式发表过，我也看过。放在本书之中，对蒲松龄白话作品语言的研究肯定是很有参考价值的。

关于《聊斋俚曲集》中的俗字（包括方言字）问题和校勘问题，我的书稿中也有涉及，因为无论要研究其语音、词汇还是语法，文本的准确都应是基础。不过，我对此没有像董先生这样下过这么大的功夫。所以，期待着本书尽快出版，我肯定会置之案头常作参考的；也相信本书的出版能够为促进蒲松龄白话作品语言的研究，以及近代汉语北方方言史的研究发挥独特的重要作用。

是为序。

2019 年 3 月 3 日于山东大学

---

① 蒲松龄纪念馆整理出版的《聊斋俚曲集》（齐鲁书社，2018 年）已经改"阿"为"问"了。

绪　　论

一

蒲松龄是清初一位伟大作家,其作品在海内外享有很高声誉的,一是他的《聊斋志异》,一是他的《聊斋俚曲集》(以下有时直接称"聊斋俚曲")。前者是用文言写成,后者则是用方言写成。《聊斋俚曲集》用了许多俗字,是继《金瓶梅》之后北方文艺作品中俗字最多的作品。

明清以来产生的俗字不但数量多,而且有自身的特点。如果说《金瓶梅》一书的俗字反映了16世纪中国北方文艺作品中俗字的大概面貌,那么《聊斋俚曲集》的俗字则反映了17世纪中国北方文艺作品中俗字的大概面貌。众所周知,人们对敦煌俗字的研究已经取得了巨大成就,这是可喜可贺的,但对明清以来俗字的研究似乎还有些不够。本书的研究希望能在这方面起到一些积极作用。

一　与《金瓶梅》相比,《聊斋俚曲集》的俗字有三方面的发展

(一)简化字的增加

聊斋俚曲的简化字比起《金瓶梅》来又增加了许多,除继续使

用《金瓶梅》中已经简化的字以外（如"咲庙灵虱灯弯献楼乱"等），对《金瓶梅》中未简化的许多字又进行了简化。如《金瓶梅》中的"劉刻興勁對準議嘆園實盡孫戰濟門靈聲聽蟲罷婦"等字，聊斋俚曲分别作"刘刻兴励对准议叹园实尽孙战济门灵声听虫罢妇"等。①

（二）新偏旁的出现

由于字形简化的不断发展，聊斋俚曲出现了一批新的偏旁，这批偏旁既有形旁，也有声旁。

形旁如：

门：开闭闲间问闯闷闺闹

讠：议证㐖讯说

又：劝双对欢艰难观鸡

纟：纲总

文：孝幸竞齐斋

弌：弎𢦑𢧀𢧉𢧈

声旁如：

呙：过窝祸锅

乔：桥娇轿

寿：筹踌捞

齐：挤济

（三）简化偏旁类推范围进一步扩大

同一个简化偏旁在聊斋俚曲中的使用范围比在《金瓶梅》中

---

① 《金瓶梅》的资料据文学古籍刊行社 1955 年影印万历丁巳年序刻本《金瓶梅词话》。

的使用范围有所扩大。形旁与声旁都是如此。比如形旁"丬"在《金瓶梅》中只有"将""牀"两字使用,而在聊斋俚曲中就有"将""壮""妆""状"四字使用。声旁"单"在《金瓶梅》中只有"弹"字使用,而在聊斋俚曲中就有"弹""戬""禅"三字使用。

这反映出 17 世纪比 16 世纪汉字的简化又向前迈进了一步。

二 从俗字的选用上看,聊斋俚曲有两个特色

(一)字随音变

语音是不停地变化的,用来记录语言的字音也得不停地变化,而且变化的步调要一致,才能做到口语音与读书音相同。但是,实际情况往往并不如此,于是便出现了口语音与读书音不一致的现象。这个时候假如再用口语写文章,就会出现选字方面的困难:是按口语音选字呢,还是按读书音选字呢?蒲松龄采用了前一种办法,口语音变成什么样子,就选什么样子的字。

语音的变化大致分历史音变与语流音变。下面就从这两方面分别举些例子说明。

1. 从历史音变看

1)嗅——羞

现在淄川方言"羞"的读书音为[$ɕiəu^{214}$],口语音为[$ɕiɔ^{214}$],与"嗅"同音。"羞"在《中原音韵》入"尤侯",不入"萧豪",可知[$ɕiɔ^{214}$]的读音是一种方言读音。这种读音在《金瓶梅》一书中已有用例,《金瓶梅》常把"害羞"写作"害嗅",逮至聊斋俚曲,仍然如此,而且两种读音与现在应该基本相同,读书音为[$ɕiəu^{214}$],与"头"同韵,《磨难曲》第一回:"不肯当王八头,作了贼又害

羞"句可为例证；口语音为［ɕiɔ²¹⁴］，与"条"同韵，《磨难曲》第一回："瓢一扇，棍一条，拿起来先害嚣"句可为例证。由于在书面上读书音总是占优势，常常会取代口语音，为了防止这种情况的发生，蒲氏干脆把"羞"的口语音改用"嚣"字来表示，以便人们从文字上就能读出口语音来。

2）哈——喝

淄川方言"喝"的读书音为［xə²¹⁴］，而口语音为［xɑ²¹⁴］，与"哈"字同音。蒲氏鉴于书面上读书音的优势，为了避免人们把"喝"的口语音读成读书音，使人们能直接读出"喝"的口语音来，便将"喝"改成了与"喝"的口语音相同的"哈"字。如："那地方去打水去了，俺哈些就走。"（《磨难曲》第6回）

3）瞒——埋

淄川方言"埋"本来也有两个读音，用于"掩埋"义时，读［mɛ⁵⁵］，用于"埋怨"义时，读［mã⁵⁵］。不过，这两种读音的不同并不是文白读的不同，而是常用音与罕用音的不同。很明显，用于"掩埋"的频率大大高于"埋怨"的频率，所以"埋"读［mɛ⁵⁵］的机会也就大大多于读［mã⁵⁵］的机会。人们对常用音容易记住，对罕用音则容易遗忘，而且常常会用常用音取代罕用音。蒲氏深谙此理，于是干脆就把"埋"的这一罕用音用另一个同音字"瞒"来代替，以防读错。如："佛动心满心好恼，胡瞒怨恨骂先生。"（《增补幸云曲》第9回）这样一来，只要你认识"瞒"字，就不会把音读错了。

4）抗——撮嘬

山东方言普遍有这么一个词，与"左"同音，义为把敞开的东西收拢，使变小，甚至闭合。但苦不知用哪个字才对。"撮"的量词用法，如"一撮头发"，音虽接近，但意义不符；"嘬"的"吮吸"用法，如"小儿嘬奶"，同样与词义不合。没有办法，有人就

4

借"嘬"字来表示。如桓台方言有一种小儿喉病,口痉挛,不能进食,写成了"嘬口子疯"。蒲氏于此词既不借"撮"字,也不借"嘬"字,而是干脆另造一个"抙"字。如:"那金墩上去楼台,把嘴儿抙了又抙,施展着上前说话。"(《增补幸云曲》第 12 回)显然这里是说妓女金墩把嘴唇收拢,使口形变小的意思。此字之造显然用的是形声法,淄川方言"左"读[tsuə³¹],与该词语音相符。

5)个、过、果

《广韵》歌戈两韵的字,在淄川方言基本合流,读音变得相同,如"哥""锅"同音,"河""和"同音,这种现象在聊斋俚曲里也有反映,如:

①(有个说)"俭年里我曾讨个饭。"(《磨难曲》第 1 回)
②真像黄莺啭柳梢,人人夸赞真果妙。(抄本《寒森曲》三)

其中,"讨个饭"即"讨过饭","真果妙"即"真个妙"。可见,"个""过""果"三个字是作为同音字使用的。

2. 从语流音变看

1)语气词"哇(呱)、呀、哪"

普通话语气词"啊"的读音是随着它所接前一字读音的不同而改变的,具体读音视前一字韵母与韵尾的特点而定。

对语气词"啊"的这种音变与写法,蒲氏早就注意到了,并在实践中做了很好的尝试。下面分别将"哇(呱)、呀、哪"的用例列出:

①好酒哇,醉倒西江月下。(《增补幸云曲》第 7 回)
②咳,好苦呱。(《闹馆》)
③皇爷说:"我哄你呀!"(《增补幸云曲》第 5 回)
④女子便使用衫袖拭去泪痕,又微微的笑了一笑说:"官人哪!"(《磨难曲》第 8 回)

例②的"呕"与例①的"哇"同音，表同一个语气。前边的字一个是"苦"，一个是"酒"。淄川方言"苦"读［kʻu⁵⁵］，"酒"读［tɕieu⁵⁵］，韵母韵尾都与普通话读"哇"的条件相符。例③"呀"的前边是"你"字，淄川方言"你"读［ȵi⁵⁵］，韵母与普通话读"呀"的条件相符。（不过"呀"的使用比较宽泛，不太严格，有的超出了这些条件。）例④"哪"的前面是"人"字。淄川方言"人"读［lə̃⁵⁵］，韵母［ə̃］是由［ne］鼻化而来，"哪"的声母是［n］，正与［ən］的韵尾相同，与普通话读"哪"的条件相符。据统计，凡是把语气词写作"哪"的，其所连前面的字都是收［n］尾的字。这就说明了一个很有意义的语音现象，即在蒲松龄时代，淄川方言前鼻音鼻化韵可能还没有形成。否则，把语气词写作"哪"就失去了依据。

2）霎嘎——时

一个经常处于轻声位置的音节，其韵母最容易发生变化。变化趋势一般是变得发音比较省力、自然。"时"处在动词之后表示即时的时间，由于读成轻声，也会发生这种变化，韵母由［ʅ］变成［ɑ］。山东方言普遍有这种现象。蒲氏敏锐地捕捉了这一音变现象，并在用字上做了改动。如：

①休问我那好酒，你来霎就没见我那酒望上写那对子么？（《增补幸云曲》第7回）

②我儿，方才你没来嘎，漫楼都是佛动心。（《增补幸云曲》第13回）

其中，"嘎"是"啥"的早期用字，"霎"与"嘎"同音，都是"时"的音变。

3）嗏——怎么

"怎么"一词由于使用频率极高，逐渐合成了一个音节，取"怎"

的声母［ts］，取"么"的韵母［ɑ］，读成［tsɑ］，上声。这种合音的上限还需我们继续考察，但是它的下限我们却可以从聊斋俚曲中找到答案，在聊斋俚曲中已经有了这种合音的用例。如：

二姐忙问你待嘛？一声不曾说了，兵的一声成了些木查。（《增补幸云曲》第15回）

上例中的"嘛"是"怎么"的合音，由于汉语的传统书写方法是一个音节只能用一个汉字书写，所以蒲氏写成了"嘛"。这是用一个字记录"怎么"一词合音的较早用例。现在普遍写作"咋"，是后来的事。

通过以上举的一些例子，我们可以看到，蒲氏用字是紧跟口语音的，某个字的口语音一旦发生了变化，便立即改用别的字，这被启用的别的字的读音正与音变后的读音相同。蒲氏这种"音变字变""字随音变"的用字观对我们今天解决记录方言词汇如何用字的问题有着重要的借鉴作用。正因聊斋俚曲的许多俗字与方言语音有密切的关系，所以本书将把聊斋俚曲的语音作为重要内容加以介绍。

（二）因声取字

此类字的使用，从字的结构上看不出一点与聊斋俚曲词义的理性依据，之所以仍被拿来使用，只是因为该字的声旁读音与俚曲所表达的词读音相同或相近。正如作者在其《日用俗字》"自序"中说的"若偏旁原系谐声，则应读同半字"。下面举两字说明。

如"偘"字本同"侃"字（见《玉篇》），《汉语大字典》引《新唐书·薛廷诚传》："（薛廷老）在公卿间，偘偘不干虚誉，推为正人。"在《聊斋俚曲集》中却借作"拼"字，是傻的意思。如："宗大官实是偘，一个差净了身，算来真是活倒运。"（《俊夜叉》[耍孩儿] P.2727）"俖"的音义与方言的"拼"本无关系，却被用作"拼"字，原因就是"俖"字的偏旁"品"与方言的"拼"声母、韵母都相同。

也有的是因该字的同谐字与该词读音相同或相近。如"餰"字本与"团"通，指米餰。《龙龛手鉴》徒端反。《字彙》："餰，米餰。"《正字通》："餰，通作团。"却被《聊斋俚曲集》借作"䬺"字。"䬺"音揣，是使多吃以增肥的意思。如："冬里餰猪五口，夏里养蚕十箔。"（《姑妇曲》一[劈破玉] P.2477）"餰"字《日用俗字》作"䬺"，注音"揣"。如："秫糊大料把猪䬺_揣，敲_抽杀抚净吃还醃。"（《日用俗字·庄农章第二》）"餰"之所以被用作"䬺"，就是因为受了同谐字"揣"的读音的影响，把"餰"也拿过来读成"揣"了。

（三）联绵造字

现在淄川方言把"蹲"这种动作叫"孤堆"，与《聊斋俚曲集》同。如："我可也不依你出去这院落，也不依你进这屋门，你就在这门外孤堆着，好思量你那美人。"（《禳妒咒》二十·P.2842）"孤堆"二字显系借字，这是路、盛二本的用字，而抄本却不用这种假借的办法，而是另造两字"歪""歪"来表示。从两字的理据来看，既不坐下，又不站立，当然就是"蹲"了。但"蹲"义是通过两字理据的结合显示出来的，单独一个字的理据显示不出来。就像联绵字一样，单独一个字是显示不出词义来的。所以把这种造字方法称作"联绵造字"。这类字虽然不多，却很有特色。

聊斋俚曲俗字的研究除了文字学的意义外，还有文献学上的意义。比如，它能够纠正某些大型工具书在引用书证方面存在的错误。下面以《辞源》①和《汉语大字典》②两书为例，分别举出些例证说明。

1）《辞源》九例：

吧

《辞源》㈠（略）。㈡语助词，也写作巴、罢。

按：第二义项旧版缺书证，2015年第三版引《红楼梦》书证。其实，更早的成书于明末清初的《聊斋俚曲集》③里已有用例。如："万岁听说大喜，说：'叫他上楼来吧。'"（《增补幸云曲》十三·P.3207）此例可补该义项的书证。

京腔

《辞源》：㈠（略）。㈡旧时称北京语音、语调为京腔。

按：第二义项缺少书证。"旧时"究竟"旧"到何"时"，非常模糊。其实聊斋俚曲里就已经把北京话称作"京腔"了。如："王舍道：'张大哥，这长官说话有些京腔，风里言风里语的，都说万岁爷待来看景呀，咱两个福分浅薄，也会不着那皇帝，只怕是出来私行的官员。'"（《增补幸云曲》六）此例可补第二义项之书证。

俩

《辞源》：㈠（略）。㈡两个。

按：第二义项亦缺书证。该词聊斋俚曲里已有用例。如："万岁说：'子弟风流都使尽了，可玩什么？'大姐道：'您俩投壶吧！'"

---

① 《辞源》第三版，商务印书馆2015年出版。
② 《汉语大字典》，湖北辞书出版社、四川辞书出版社1990年出版。
③ 聊斋俚曲主要参照路大荒《蒲松龄集》，中华书局1962年出版；盛伟《蒲松龄全集》，上海学林出版社1998年出版；蒲先明整理、邹宗良校注《聊斋俚曲集》，国际文化出版公司1999年出版。

（《增补幸云曲》二十二）① 此例可补第二义项之书证。

客家

《辞源》：中原汉民一个分支。汉末建安至西晋永嘉间，中原战乱频繁，居民南徙，北宋末又大批南移，定居于粤 湘 赣 闽等省交界地区，尤以粤省为多。相对于本地居民，称为客家。（以下略）

按：该词除上述义项之外，还有一个义项，就是指租赁他人房屋居住的人。如："徐氏说：'咱分开了，你去做你的去罢，我外头叫个客家媳妇子来给我支使。'"（《翻魇殃》三）又如："您老达，您老达，曾在俺家当客家。你买了两间屋，就估着天那大。"（《磨难曲》十九［呀呀油］）这一义项应予补入。

展样

《辞源》：㈠（略）。㈡气度恢宏。红楼梦六七："难为宝姑娘这么年轻的人，想的这么周到，真是大户人家的姑娘，又展样，又大方，怎么叫人不敬奉呢？"

按：比《红楼梦》更早的聊斋俚曲中已有"展样"一词，如："反转星星人四个，按上一张镢头床，破矮桌安上也不展样。"（《翻魇殃》十一［孩孩儿］）既称"辞源"，就应使用较早的书证。

打尖

《辞源》：旅途中休息或进饮食……红楼梦十五："那时秦钟正骑着马随他父亲的轿，忽见宝玉的小厮跑来请他去打尖。"

按：比《红楼梦》更早的聊斋俚曲中已有"打尖"一词。如："晌午打了一回尖，登程行到日衔山。"（《富贵神仙》三［银纽丝］）从时间上看，用此书证更为合适。

---

① 路大荒《蒲松龄集》"俩""俩"并用，以用"俩"为多。

绪　论

家火

《辞源》：指日用器物。同"傢伙"。水浒二八："武松把那璇酒来一饮而尽，把肉和面都吃尽了。那人收拾家火回去了。"也作"家伙"。清李玉人兽关豪逐："家中一些家伙也没有，倒也干净得紧。"

按：尽管"家火""家伙""傢伙"三者实为一词，但《辞源》还是分别举出了书证。从"家火"二字举《水浒》、"家伙"二字举李玉《人兽关·豪逐》、"傢伙"二字举《儒林外史》①来看，其书证似有按字源排先后的意思。即使如此，"家伙"二字的书证仍有可商之处。聊斋俚曲中"家伙"的写法已经出现。如："子正说：'这是套言了。小弟还有几件家伙不曾收拾，就此告别'"（《禳妒咒》三）从源上考虑，"家伙"二字用此书证更为合适。

嘎

《辞源》：㈠㈡（略）。㈢语尾助词。红楼梦一〇四回："宝玉道：'就是他死，也该叫我见见，说个明白，他死了也不抱怨我嘎！'"

按："嘎"就是"什么"，是个疑问代词，在这里表示任指，而不是"语尾助词"。该词在比《红楼梦》更早的聊斋俚曲中经常使用，意义与此例相同。如："他师傅令着范梏到了那里，也没说嘎，就出来了。"（《翻魔殃》七）又如："万岁呼嘎就是嘎，两贴赢了六钱银。"（《增补幸云曲》六［耍孩儿］）而且，从书证的时间来看，也以选用聊斋俚曲为宜。②

杂碎

《辞源》：㈠（略）。㈡以牛羊猪肠胃肝肺等杂肉煮成的杂脍。

---

① 参见《辞源》"傢伙"条。
② 该词现在普遍写作"啥"。

清李斗 扬州画舫录九小秦淮录："先以羊杂碎饲客，谓之小吃。"

按："杂碎"泛指牲畜内脏，不管是生的还是熟的，也不管是整个儿的还是切碎的。如《西游记》七五回："老孙保唐僧取经，从广里过，带了个折叠锅儿，进来煮杂碎吃。将你这里边的肝、肠、肚、肺，细细儿受用。"此例说明"杂碎"应该是生的，要是熟的，何需再煮？就像我们现在说的"煮肉吃""煮水饺吃"一样。也许有人用"煮稀饭喝"来反驳这一结论。不错，"稀饭"确实是煮熟以后才叫作"稀饭"的，但当我们看了下面聊斋俚曲的例证，把这两个例证结合起来进行分析，这种反驳就变得没有意义了。"把那肚皮又加起，两个又把肠子填，当中又使一条线。收拾上头蹄杂碎，到家中好去殓棺。"（《寒森曲》四［耍孩儿］）"头蹄杂碎"本是对牲畜而言的，但因赵恶虎是个恶霸，作恶多端，作者显然是把他当作牲畜来写了。赵恶虎被开膛以后，肠子是整个淌出来的，收尸时又是被整个填入肚子的，更谈不上"煮熟"一说，但仍被称作"杂碎"。

2）《汉语大字典》六例：

俗

你看俗爹吃了多大点子，若是您达从来没见东西，不知待馆多少哩。（《墙头记》一·P.2448）

按：大字典引《儿女英雄传》，失，可正。

痴

小痴不痴，伶俐异常，跟着娘子，学舞霓裳。（《蓬莱宴》四·P.2708）

按：大字典引《儒林外史》，失，可正。

砙

叫哥哥好糊涂，告一遭砙磅薄。（《寒森曲》二［耍孩儿］

P.2638）

按：大字典引清张南庄《何典》第五回，失，可正。

嗦

二姐忙问你待嗦？（《增补幸云曲》十五·P.3215）

按：《汉语大字典》引文乃山《一个换了脑筋的兵》，失，可正。

嘣

咱不如也就嘣，也就吶，也就吶嘣拿了腿。（《磨难曲》十八〔劈破玉〕P.3062）

按：《汉语大词典》引吴研人《发财秘诀》，失，可正。

跦

上山爬岭济着你跦，之乎丢去，者也全忘。（《磨难曲》十六〔皂罗袍〕P.3049）

按：《汉语大字典》释云："音义未详"。此字音"闯"去声，是闲玩游逛的意思。可补。

除此之外，聊斋俚曲俗字的研究对蒲松龄作品的整理以及对某些有争议的蒲氏作品辨伪也有积极的意义。

二

在我们研究聊斋俚曲俗字之时，有必要对俗字与方言字的关系及区别做些考察。

一般认为，俗字是对正字而言的，非雅正之字即为俗字。方言字是记录方言词的字。方言者，一方之言也，属于通语的地方变体，因而方言字当然也就属于一方之字了。既是一方之字，当然也就无雅正可言，不是俗字是什么？古人一直把方言字当作俗字，是否出于这种认识？或许如此。

其实，方言字与俗字是性质完全不同的两类字，两者在许多方面都存有差异。下面分别论述。

1. 俗字的界定条件不符合方言字的特征

国内有影响的大型语文工具书或俗字研究专著对俗字的解释，没有一部涉及方言的内容。例如：

1）《汉语大词典》的解释：

俗字，①即俗体字。旧时指通俗流行而字形不规范的汉字，别于正体字而言。北齐·颜之推《颜氏家训·杂艺》："晋宋以来，多能书者，故其时俗，递相染尚，所有部帙，楷正可观，不无俗字，非为大损。"②习用而无新意之字或不高雅之字。南宋·严羽《沧浪诗话·诗法》："学诗先除五俗：一曰俗体，二曰俗意，三曰俗句，四曰俗字，五曰俗韵。"郭绍虞校释引陶明濬《诗说杂记》："何谓俗字？风云月露，连类而反，毫无新意者是也。"

《红楼梦》第七六回："（'凹'字）也不只放翁才用，古人中用者太多。如《青苔赋》……不可胜举。只是今日不知，误作俗字用了。"

2）《现代汉语词典》（第7版）的解释：

俗体字，指通俗流行而字体不合规范的汉字，如"觧"（解）、"塟"（葬）等，也叫俗字。

从两部词典对俗字的解释来看，《汉语大词典》所释第二义项显然不属于我们讨论的内容，可置而不论。

3）《汉语俗字研究》的解释是：

所谓俗字，是区别于正字而言的一种通俗字体。……俗字是一种不合法的，其造字方法未必合于六书标准的浅近字体，它适用于民间的通俗文书,适用于平民百姓使用。①

凡是区别于正字的异体字,都可以认为是俗字。②

拿这些解释与方言字一比较,可以发现方言字并不属于俗字的范畴。

首先,方言字不是区别于正字的"通俗字体",也不是"区别于正字的异体字",而是为方言词的表达而创造的、与其他字形无关的汉字。如广东方言的"冚"、胶东方言的"夯"、苏州方言的"嬤",它们根本就没什么正字与之相对,因而它们也就不是什么正字的"通俗字体"或"异体字",它们是为方言词表达的需要而创造的一批与正字分工不同的方言字,甚至可以说,在各自的方言里,它们本身就是"正字"。

其次,方言字一造出来就是合法的,不存在不合法的问题,因为它们有着在方言区为使用方言的人们进行交际而服务的特殊功能,这种特殊功能是那些合法的正字所不具备的。

2. 两类字的产生不同

方言字的产生与俗字的产生,情况完全不同。俗字的产生,不管是简化字(如"恶"写作"恶"③),还是繁化字(如"刺"写作"刺"④),都是由于书写上的不一致造成的。尽管创造俗字的手法很多,诸如增加意符、省略意符、改换意符、改换声符、变换结构、全体创造,等等,但无一不是对原有的某个字进行书写时而发生的变换。书写上有了变换,异体字才能出现,才能创造出俗字。即便抛开原来字形,另起炉灶的"全体创造"一法,如造"躺"以代"穷"⑤字、

---

① 见该书第 1 页。
② 见该书第 5 页。
③ 《干禄字书》:"恶恶,上俗下正。"
④ 见《集韵》寘韵。
⑤ 见《字彙补》身部。

15

造"筀"以代"嫩"①字,也还属于这种情况。而方言字的产生却不是某个字在书写上的变换,而根据方言词表达需要,另外特地创造的一些字。如山东方言的"劙"字,音迟,义为用刀把鱼腹剖开,剐去内脏与鱼鳞。②现有的通用字中没有一个字能恰当地表达这个音义,于是"劙"字便应运而生,担当起了这个任务。

3. 两类字的性质不同

文字是作为辅助性工具为人们的交际服务的,③相对于正字的俗字,不管字形怎么变化,也还是作为通语的辅助性工具为人们的交际服务的。如现在用的"蚕"字,曾由"蠶"简化成"蝅",④又进一步简化成"蚕"⑤最后简化成"蚕"。不管怎么简化,它还是作为通语的辅助性工具为人们的交际服务的。而方言字却非如此。方言字是记录方言词的,是作为方言的辅助性工具为那些用方言进行交际的人们服务的。如"嬲"是个吴方言字,是为用吴方言进行交际的人们服务的;"奀"是个胶东方言字,是为用胶东方言进行交际的人们服务的。

由于两类字的性质不同,服务对象不同,因而两类字使用与流行的地域也就不同。俗字可以随着通语的传播流行到任何地方,不受地域限制,而方言字则只能在本方言区内使用和流行,要受到地域的限制。不同的方言字具有不同的地域特征,这种地域特征不是指地域面积的大小,而是指不同的方言区域。

谈到方言字的地域特征,有必要对下面一个问题进行说明,即

---

① 见《龙龛手鉴》生部。
② 见盛伟编《蒲松龄全集·日用俗字·饮食章第四》。
③ 这样说只是为了便于与方言字进行比较,并不是在否定正字也可作为方言的辅助性交际工具。
④ 见《字汇补》虫部。
⑤ 见敦煌写本 P.2187《破魔变文》。

有的方言字往往出现在两个以上的方言区。如"冇"字，广州、梅州、福州、南宁几个方言都用，而在各方言的音义有的相同，有的并不完全相同。产生这种现象的原因有两个可能，一是因为造字时取法的巧合，几处方言都把"有"字里的两短横去掉拿来使用；二是因为方言字借用。由于该字所表示的词几个方言在意义上都有一定联系，几个方言便都借它来使用。但不管是哪种原因，都否定不了方言字的地域特征。

4. 两类字对正字的关系不同

"俗字的产生和存在，对那些世代相传的'正字'来说无疑是一种威胁，一种反动。所以从文字产生的时候起，正字和俗字之间为争取'生存'权的斗争几乎从来就没停止过。"[①] 这段话把正字和俗字之间的关系说得再透彻不过了。俗字的产生就是来取代正字的。从它产生的第一天起，这种取代进程就开始了，只是因为各个俗字自身的不同，这种取代速度有快有慢、范围有大有小罢了。不管在什么时间（比如古代与现代），也不管在什么空间（比如碑刻、账本、文学作品），只要一经使用了俗字，立刻就说明了正字在此时此地已被取代。比如敦煌写本2553《王昭君变文》："爱之欲求生，恶之欲求死。"在这句话里，俗字"悪"就取代了正字"恶"。又如某个小巷子里有个招牌，上写"烟氿糖茶小卖铺"。在这个招牌上，俗字"氿"就取代了正字"酒"。如果一个俗字最后取得了正字的地位，如"躬"和"蚕"分别由"躳"和"蠶"的俗字而取得了正字地位，那么，这个俗字对正字的取代过程就彻底完成了。当然，这个字或许又有另外的一个俗字来取代它，那就会开始另一个新的取代过程。

---

① 曾良《俗字及古籍文字通例研究》，百花洲文艺出版社2006年版。

但是，方言字对正字的关系则不是"取代"的关系，而是一种"补充"的关系。方言字的产生是为了表达方言词的，而不为了取代正字。有些方言词没有恰当的正字能够表达，方言字是为补充正字的这种不足才创造的。古代如此，现代也是如此。比如魏晋以降北方人呼"父"的"爹"字，现代吴语表示"不要"合音的"嫑"字。这些字的创造与使用没有取代任何一个正字。即使有的方言字随着它所表示的方言词进入普通话而成了通用字（如"爹"字），它也只加入了正字的行列，增加了正字的数量，而没有取代正字的地位。[①]

需要说明的是，尽管方言字与俗字有许多不同，但本书仍把方言字放在俗字里分析说明，而不对每个字注明是俗字还是方言字。

三

聊斋俚曲经过辗转传抄和印刷，文本颇多。既有多种抄本，也有多种排印本。抄本以单篇形式流传者为多，排印本以文集形式流传者为多。对于篇数来说，文本情况也不一样，有的多些，有的少些。下面根据笔者搜集到的资料，对各篇的文本情况分别做些介绍。

（一）《墙头记》

1. 蒲松龄纪念馆藏《聊斋新编墙头记》抄本，封面右上角题"民国贰拾捌年梅月重订"，右下角题"三乐堂记"。

2. 排印本《蒲松龄集》，路大荒整理，中华书局和上海古籍出

[①] 详见拙著《汉语方言词汇差异比较研究》第七章，民族出版社2002年版。

18

版社均有出版。（以下简称"路本"）

3. 排印本《蒲松龄全集》，盛伟编，学林出版社出版。（以下简称"盛本"）

4. 排印本《聊斋俚曲集》，蒲先明整理，邹宗良校注，国际文化出版公司出版。（以下简称"蒲本"）

（二）《姑妇曲》

1. "路本"。
2. "盛本"。
3. "蒲本"。

（三）《慈悲曲》

1. 蒲松龄纪念馆藏《慈悲曲》石印本，有日照叶春墀序。（以下简称"叶本"）
2. "路本"。
3. "盛本"。
4. "蒲本"。

（四）《翻魇殃》

1. "路本"。
2. "盛本"。
3. "蒲本"。

（五）《寒森曲》

1. 蒲松龄纪念馆藏"聊斋遗著整理组"抄本。"志异外书叙"

抄本。

  2. "路本"。

  3. "盛本"。

  4. "蒲本"。

（六）《琴瑟乐》

  1.蒲松龄纪念馆藏"聊斋遗著整理组"《闺艳琴声》抄本，庆大本《琴瑟乐曲》抄本，封面右上题"蒲松龄遗作"，下钤"天山阁"印章；左下题"在淄川城内文化街天山阁家藏，依命平井院长，王丰之手抄"，下钤"丰之"印章。

  2. "盛本"。

  3. "蒲本"。

（七）《蓬莱宴》

  1.蒲松龄纪念馆藏《蓬莱宴》抄本，下属"戊寅孟冬上浣抄"；《蓬莱宴》抄本，下属"乙卯岁抄"。

  2. "路本"。

  3. "盛本"。

  4. "蒲本"。

（八）《俊夜叉》

  1.蒲松龄纪念馆藏《俊夜叉曲全集》，正文前题"博山仁圃田维恕书"抄本。

  2. "路本"。

  3. "盛本"。

4. "蒲本"。

（九）《穷汉词》

1. 蒲松龄纪念馆藏《聊斋先生穷汉词》抄本。
2. "路本"。
3. "盛本"。
4. "蒲本"。

（十）《丑俊巴》

1. "路本"。
2. "盛本"。
3. "蒲本"。

（十一）《快曲》

1. 山东省图书馆藏抄本《千古快》。
2. "路本"。
3. "盛本"。
4. "蒲本"。

（十二）《禳妒咒》

1. 山东省图书馆藏《禳妒咒》抄本，下属"蒲松龄著旧抄本，褚砚斋藏"。
2. "路本"。
3. "盛本"。
4. "蒲本"。

（十三）《富贵神仙》

1. 山东大学图书馆藏《富贵神仙曲目录》；下钤"山东省图书馆藏书"和"齐鲁大学图书馆藏书"两枚印章，下属"般阳蒲松龄柳泉先生传"。

2. "路本"。

3. "盛本"。

4. "蒲本"。

（十四）《磨难曲》

1. 上海鸿宝斋代印石印本（简称"鸿本"），封面题"聊斋志异补编"，右下钤"聊斋资料"印章。第一卷藏于蒲松龄纪念馆，第二、第三卷藏于山东大学图书馆。虽都为石印，但一卷与第二、第三两卷不同版。存二十七回。

2. "路本"。

3. "盛本"。

4. "蒲本"。

（十五）《增补幸云曲》

1. 蒲松龄纪念馆藏之"聊斋遗著整理组"抄本《云曲》，下注"上卷，聊斋俚曲之七"；《行云曲》，扇页下属"古般阳蒲留仙编著"，下钤"蒲松龄故居收藏"印章。

2. "路本"。

3. "盛本"。

4. "蒲本"。

不同的文本中，俗字的情况并不完全相同。其差别大致有以下三种情况：

1. 结构的不同

所谓结构不同，是指不同的文本用了不同的异体字。如："两"，抄本如字，而路本作"辆"，盛蒲二本作"俩"（例见《俊夜叉》[耍孩儿] P.2733）。① 又如"醰"，抄本如字，路盛蒲三本皆作"憨"（例见《禳妒咒》一 [山坡羊] P.2769）。

2. 借字与造字的不同

指不同文本有的用了假借字，有的用了新造字。如："剓"，抄本如字，路本作"遟"，盛蒲二本作"迟"。"剓"是新造字，"遟"（迟）是假借字。（例见《禳妒咒》二十七 [还乡韵] P.26865）又如："劘"，抄本如字，路蒲二本作"磨"，盛本作"抹"。"劘"是新造字，"磨"是假借字。"抹"是现在的规范字。（例见《寒森曲》六·P.2665）

3. 正字与误字的不同

所谓正字，指当用之字；所谓误字，指不当用之字或错字。不同文本，有的用了正字，有的则用了误字。如"鐹"，抄本如字，路蒲二本作"揍"，盛本作"咋"。"鐹"即"铡"的异体，不误；"揍""咋"二字与文意不符，误。（例见《富贵神仙》七 [倒板浆] P.2936）。又如"诎"，抄本如字，路盛蒲三本皆作"诎"。"诎"是训斥之义，不误；"诎"显系"诎"之形误。（例见《禳妒咒》十五 [西调] P.2823）。

正因为经过辗转传抄，各种文本中的文字错讹较多，所以文本的校勘也成了本书的重要内容。

《日用俗字》是蒲松龄用韵文写成，用来胪列日用俗字的作

---

① 页数采用《蒲松龄全集》之统编页数，下同。

品。研究聊斋俚曲的语音与俗字充分利用《日用俗字》的资料是必要的。一方面,《日用俗字》的押韵与注音可帮助我们研究聊斋俚曲的语音,如"捞饭笊篱如棒大,扠糕木勺两挓_查_长"(《日用俗字·器皿章六》P.2214)。"挓"为知母二等字,"查"为庄母二等字,用"查"为"挓"注音,说明这两个字已经同音。可知当时知二与庄二已经合流。又如"世上裁缝针䶮_指_高,朝庭曾做衮龙袍"(《日用俗字·裁缝章第十五》P.2219)。"䶮"为知母三等字,"指"为章母三等字,用"指"为"䶮"注音,说明这两字已经同音。可知当时知三与章母已经合流。另一方面《日用俗字》的用字也可帮助我们研究聊斋俚曲的俗字。如"禽鸟啄食",聊斋俚曲写作"叅",如"仇家不敢记前仇,也跟着别人来,好像鸡叅豆"(《磨难曲》二十六[叠断桥]P.3105)。"叅"是"参"的俗体,而《日用俗字》则写作"馋",如:"煮了信石须谨慎,鸡馋_参_狗舔染黄泉。"(庄农章第二)"馋"下用"参"注音,可知"叅"是"馋"的借字。又如"横着挡住"义,聊斋俚曲写作"垞",如:"难说司厅和抚院,都着横骨垞了心。"(《寒森曲》二[耍孩儿]P.2634)《日用俗字》亦作"垞",如:"柴道垞_茶_堰防作塌,坝_霸_堰还恐水冲坍_贪_。"(《庄农章第二》)。两处"垞"字可以互相印证。正因为两部分内容关系十分密切,所以本书在写作过程中也使用了《日用俗字》的资料。

卷一　聊斋俚曲的语音

一　声调

聊斋俚曲有阴平、阳平、上声、去声四个声调。入声已经消失，清音入声基本归阴平，全浊入声基本归阳平，次浊入声基本归去声。

现在淄川方言有阴平、上声、去声三个声调，阳平并入上声。这里提出两个问题，一是阳平并入上声的过程是怎样的，是平声的浊声母字直接从平声变成上声，还是先变成阳平成为一个独立的声调，然后再并入上声？二是阳平并入上声的时限是怎样的，上限怎么确定，下限怎么确定。解决这两个问题不但对聊斋俚曲俗字的研究有重要意义，对山东方言史的研究也有重要意义。

在聊斋俚曲里，平声已经分成阴平、阳平两个声调，阳平还没有并入上声。平分阴阳的问题可以借助曲律与叶音两种材料来说明。

有的曲牌，如［山坡羊］，对韵脚声调的要求特别严格，要押某个声调的韵，全部韵脚字必须都属某个声调，不杂其他声调一字。下面将［山坡羊］押阴阳两声的曲子各举出一例：

　　黑了点上灯儿，使船看看风儿，谯楼上还有个更儿，粮食有个升儿，秤上有个星儿，何况是眼里放着钉儿，怎么不听听声儿？该用心不该用心？俺自有个成算宗儿。（《禳妒咒》二十四·P.2853）

　　俺可镟了一块肉胡儿，转了一个鸡脯儿，偷了两对鸽雏儿，

(二)"知""庄""章"的音值及演变

1."日"母的音值及演变

"日"母是中古声母在山东方言读音最复杂的一个声母。根据其读音特点,可将它们分成两大类,一类为止摄开口字,如"儿耳二",简称"儿类";另一类为非止摄开口字,如"日入软",简称"非儿类"。这种分类也符合《聊斋俚曲集》"日"母读音的实际情况。下面先讨论"儿类""日"母的音值。

"儿"在《聊斋俚曲集》中入"支齐"韵,[①] 如:

①虽一皮隔一皮,做孙子不如儿,到底仗依爷爷的势。就是孙子忒也贵,十万白银还不依,合该还受王成气。若有了爷爷作主,谁大胆敢把我欺?(《磨难曲》十七·[耍孩儿] P.3052)

"儿"在聊斋俚曲里入"支齐"韵,说明"儿"的音值不是 ər,[②] 但这并不能显示"儿"的声母特点。能显示其声母特点的是下面这支曲子:

②咳,俺一口吃了一碗菜汁子,拾了一把烂棘子,看咱家里小妮子,借把盐来炒虱子,章丘的话头——好日子。(路本注:"日读二音")(《俊夜叉》[耍孩儿]淄川口令打叉,[③] P.2728)

这本来是蒲松龄在讥笑章丘方言"日"字的读音的,但作者(抑或抄者)又恐怕淄川人不知道这"日"字的具体读法,便用"二"给"日"注了音,指明章丘方言的"日"读同淄川方言的"二"。

---

① 《聊斋俚曲集》的用韵共分十三韵,"支齐"是其中之一。下面再提到十三韵的名称,不再出注。
② "十三辙"里"儿"入"小人辰儿"辙而不入"一七"辙,说明"儿"的音值是 ər。
③ "淄口令打叉"字样只出现在《琴瑟乐》中,从内容与形式两方面看,《俊夜叉》于每支曲文之末也有这部分内容,径补。

这符合用已知（淄川人知道自己方言"二"的读音）释未知（淄川人不知道"日"在章丘方言的读音）的训释原则。可以说，这支曲子实际上反映的是淄川方言的"二"（而不是淄川方言的"日"）和"汁棘妮虱"押韵的情况。从这个注音我们可以得到两个信息，其一是章丘方言的"日"与淄川方言的"日"不同音，其二是淄川方言"日"和"二"（或"儿"）不同音，这就为我们认识"儿"字的声母创造了有利的条件。

我们还知道，"日"字入"支齐"韵。如：

③埋怨老天不凑趣，一日长其十来日，捱过今朝又明朝，怎么叫人不生气？忽的他家来催妆，不觉心里怪爽利。好说日子扎了根，一般也有这一日。（《琴瑟乐》[陕西调]淄口令打叉，P.2684）

可以看到，在这支曲子里，"日"与"趣气利"押韵（"趣"属"鱼模"韵，在这里属通押）。

既然"儿"和"日"不同音，却又同属"支齐"韵，它们的差别就应该是声母上的不同。

上面已经说过，《聊斋俚曲集》的"儿"与章丘方言的"日"字同音，章丘方言现在"日""儿"都读[l]声母，而淄川方言现在"儿"也读[l]声母（孟庆泰等《淄川方言志》记作 l）。据此我们可以认为"儿"在《聊斋俚曲集》里也读[l]声母，这既与章丘方言吻合，也与现在的淄川方言吻合。

下面再讨论"非儿类""日"母的音值。

许多材料证明，在《聊斋俚曲集》里，"非儿类""日"母字的声母是零声母。先看下面异文的例子：

④银匠哈哈大笑说："二位待要银子？什么银子？桃仁子，杏仁子？"（《墙头记》四·P.2464）

⑤人皇氏取人生于寅之义，政教、君臣之所自起，饮食男女之

所自始。(《历字文·卷一·历代帝王考》P.2113)

⑥大相公说:"这狗攘的,还待指望我的钱么?"(《寒森曲》四·P.2650)(按:"攘"为"养"的借字)。

⑦如今富贵三十载,一门老幼都安全,怎么能再见他一面?(《富贵神仙》十四·[耍孩儿],P.2974)(按:"如"字《磨难曲》作"於",P.3145)。

⑧我虽穷,我虽穷,吊钱于不在我眼中。(《翻魇殃》二[呀呀油],P.2554)(按:"于"盛本如字,路本作"於",蒲本作"放"。"于"即"入"。)

上面的例子说明,"仁""银"同音,"人""寅"同音,"攘""养"同音,"如""於"同音。"入""于"同音。

再看下面韵文的例子:

⑨仇大爷定军机,四尊炮列东西,单等贼人那里入。等他街上挤满了,点火照着一齐跐,我可看他那里去。等着他丢盔撩甲,再放那枪箭鸟机。(《翻魇殃》十二[耍孩儿]P.2620)

在这支曲子里,"入"和"机西跐去"押韵。如果据此就把"入"字归入"支齐"韵,就不能说不是一个失误,因为这样做会使它的声母的音值成为无法解决的问题。实际上"入"是"鱼模"韵的字,在这支曲子里,它和"去"字一样,是在和"支齐"韵通押。下面就对这个问题做些说明。

"入"在《广韵》属深摄开口三等缉韵日母。在《广韵》里,"日"母属于章组。深摄开口三等辑韵章组字在普通话里都读成舌尖韵母,如:执汁(章母)、湿(书母)、拾什十(禅母),但是"入"(日母)没读舌尖韵母,而是读成了 u 韵母,这是什么原因呢?原因就是对"日"这个字音的避讳。这种现象在山东方言也是存在的。

按照"入"字的反切"人执切","入"字应和"日"字同音,但有一种行为也与"日"同音，这就是性行为。对这种行为《现代汉语词典》用了一个会意字"肏"来表示，注音 ts'ɑo^{51}，其实这个行为北方方言很多是用"日"这个字的读音表示的。为了与表示这一行为的音相区别，表示一般"进入"义的"入"就只好为它让路，另选别的读音。这种让路现象公元13世纪就已经开始了，《中原音韵》"入"字"支衣"韵与"鱼模"韵两收就是证明。① 到了明代这种避让就彻底完成了，《金瓶梅》把性行为用"肏"字表示就是证明，这个字显然是被作为形声字来用的，"日"是声符，说明"入"与"日"的韵母已经完全不同音了。

但是我们看到，在《聊斋俚曲集》里也出现了用"肏"表示性行为的现象，如：

⑧解子说："哈，肏的，还不走开，装什么亲生的哩？"张春擦了擦泪，瞅了一眼说："谁是肏的？"（《磨难曲》十八·P.3056）

这说明在《聊斋俚曲集》里两字的韵母也已不同，"入"对"日"字读音的避让也已经完成。

前面我们已经说明在《聊斋俚曲集》里，"日"字是属于"支齐"韵的，"日""入"二字既不同音，那么"入"字显然就不会再属于"支齐"韵了。根据"入"字在《中原音韵》"鱼模"韵与"支衣"韵两收及《聊斋俚曲集》中"鱼模"韵与"支齐"韵通押的现象，我们可以认为"入"字是属于"鱼模"韵的。又"鱼模"韵与"支齐"韵通押的字都是读细音 y 的，可知"入"字的韵母也应当是 y。②

确定"入"字读细音 y，这对我们认识它的声母的音值很有用处。

---

① 按照"入"字在《广韵》的语音地位，它应该只进入"支衣"韵。
② "十三辙"把读 y 韵的字直接归入了"支衣"辙。

要解决这个问题，还必须结合对"非儿类""日"母字在山东方言里读音情况的考察。"入"字读 y 韵母这种现象在山东只存在于胶辽官话及其他极少数方言（如东明方言）中，而这些方言在声母系统上有个突出特点，就是古知庄章组字的读音分成两类，大致是知二组和庄组为一类（以下简称"知二类"），知三组和章组为一类（以下简称"知三类"），下面以烟台、青岛为例，列出"知二类"和"知三类"读音的不同：

烟台	争 ts-	馋 tsʻ-	疏 s-	
	蒸 tɕ-	缠 tɕʻ-	书 ɕ-	入 ∅-
青岛	争 tʂ-	馋 tʂʻ-	疏 ʂ-	
	蒸 tʃ-	缠 tʃʻ-	书 ʃ-	入 ∅-

有的专家认为，在胶辽官话中，"知三类"有的地方（如烟台）仍保留 i（或 y）介音，与古音为三等韵相合；有的地方虽然已没有了 i（或 y）介音，但读为舌叶音，与"知二类"相比，舌面与上腭有更多的接触，也应是古音为三等所形成的特点。所以，称这些地区较多地保留了古音三等的痕迹是没有问题的。而恰恰是这些地区的"非儿类""日"母字的声母是零声母并且有韵头 i（或 y）（张树铮 1994）。① 笔者认为这一说法是符合山东方言实际的。

回过头来我们再看《聊斋俚曲集》中"非儿类""日"母字与"知三类"的关系。诚然，在《聊斋俚曲集》中，知庄章三组声母已经合流，但"知三类"的特点却能在韵母上反映出来。下面仍用"鱼模"韵与"支齐"韵通押的现象来说明。"入"字读 y 韵母，与"支齐"韵通押，已如前述。但我们还发现"鱼模"韵中知庄章三组字

---

① 张树铮《山东方言"日"母字研究》，《语言研究》，1994 年增刊。

里与"支齐"韵通押的也都是"知三类"的字。如"住"（澄三）与"知妻衣戚去"押韵（P.2711），"诸"（章）与"力姬弟计迷"押韵（P.3159），"主"（章）与"欺德意亏替"押韵（P.3240），"出"（昌）与"住衣矩趣吁许"押韵（P.2690），"处"（昌）与"嗤知旗惧挥"押韵（P.3253）。这说明这些字也是读 y 韵母的，与"入"字的韵母相同。可以看出，在《聊斋俚曲集》里三等韵在一定程度上也保留了自己的一致性特点，也属于古音三等韵遗留的痕迹，与现在胶辽官话中三等韵的情况十分相似。前面说过，胶辽官话"非儿类""日"母字是读零声母的，所以把《聊斋俚曲集》中"非儿类""日"母字的声母看作是零声母，既与《聊斋俚曲集》中有关"日"母的异文与押韵相符合，也能得到胶辽官话的支持。

在我们考察《聊斋俚曲集》"日"母音值的同时，有必要考虑到从《聊斋俚曲集》到现在淄川方言"日"母的演变，并对这种演变做出解释，否则就很难说明我们对《聊斋俚曲集》"日"母音值做出的结论是科学的。

当我们拿《聊斋俚曲集》"日"母的音值和现代淄川方言"日"母的音值相对照时，发现有些现象我们能够用语言自身发展的理论比较容易地做出解释，但也有些现象并不容易做出解释。比如当我们看到《聊斋俚曲集》中"儿类""日"母字和现代淄川方言中的一样，都是读 [ɿ] 声母时，可以认为三百年来淄川方言这类字的声母没有发生大的变化，只是舌位稍微后移。这样认识不会有问题。但当我们看到现代淄川方言"非儿类""日"母字的声母也读 [ɿ] 时，就觉得问题不那么容易说清楚了。因为《聊斋俚曲集》中"非儿类""日"母字的声母是零声母，由零声母变成现代淄川方言的 [ɿ] 声母，从语言自身的发展来看，似乎是很难实现的。这就使我们不能不从另外的方面寻找原因了，看是什么原因促成了这样的变化。

43

我们看到，这另外的原因就是强势方言——济南方言对淄川方言的影响。

济南自汉魏以来在山东省就一直占有重要地位。早在汉代就已置济南郡，宋代设济南府。自明代置山东省，始定济南为山东省府。而淄川自汉代始建般阳县，归青州部济南郡管辖，隋唐时期一度为州郡，但明代复改州为县，现在是淄博市的一个辖区。济南方言作为山东方言中的强势方言对周边方言产生一些影响，这是汉语各方言区中强势方言对弱势方言普遍存在的一种现象。

但是，济南方言"非儿类""日"母字现在读 ʐ 声母（读 ʐ 声母也只限于开口字，合口字仍读 [l] 母），怎么会影响到淄川方言由零声母变成 [l] 声母呢？其实济南方言"非儿类""日"母字读 ʐ 声母是清末以后的事，它在清末时期还在读 [l] 声母。清末人张祥晋编《七音谱》有云："日母所属字'人如汝儒若然髯而柔热惹'等，……自潍县以西，寿光、乐安、青州、临淄，以至武定、济南、东昌、临清、泰安、兖州、济宁各府州所属，及沂水以西沂州、蒙、费皆读为此谱重舌三位隆模之音。"所谓"隆模"，即 [l] 声母。

当时济南方言对淄川方言已经产生了明显的影响，甚至出现了新老派语音的差别。《禳妒咒》三[耍孩儿]之头三句是："老头子瞧不上那少年，说句话雾罩云山，时腔真有十可厌。"（P.2775）这里所谓"少年"用的"时腔"显然是指新派语音特点说的。这新派的语音特点是从哪里来的呢？显然不会来自北京音的影响，因为对山东省的一个县城来说，当时北京话的影响还没那么大，偶尔有个人说北京话老百姓还觉得挺异样的。如《增补幸云曲》六有这样的一段描写："王舍道：'张大哥，这长官（按：指正德皇帝）说话有些京腔，风里言风里语的，都说万岁爷待来看景呀，咱两个福分浅薄，也会不着那皇帝，只怕是出来私行的官员……'"（P.3179）。

这里所谓的"京腔"显然是指的北京音。蒲松龄把"时腔"和"京腔"对立,把年轻人说的称"时腔",把北京人说的称"京腔",这说明"时腔"和"京腔"是两种不同的语音,也说明,淄川的"时腔"不是受北京语音影响的结果。既然如此,那它就只能是济南方言影响的结果了,而这种影响当然不应把"非儿类""日"母字声母的演变排除在外。

所以我们说:300多年前的淄川方言在济南强势方言的影响下,"非儿类""日"母字没能像胶辽官话那样保持住零声母的读音,而是逐渐变成了[l]声母,这是说得通的。

2."知""庄""章"的音值

聊斋俚曲知、庄、章三组声母并没有完全合流,而是分成两类的,二等为一类,声母读[tʂ][tʂ'][ʂ];三等为一类,声母读[tʃ][tʃ'][ʃ][∅]。下面从三个方面对这一问题进行论证。

(1)从现代山东方言知、庄、章的读音来看

这里我们再对"日"母的读音做个简单的回顾。

按照读音的特点,"日"母在山东方言可分成两大类,一类为止摄开口字,如"儿耳二",简称"儿类";另一类为非止摄开口字,如"日让入",简称"非儿类"。在山东方言,非儿类"日"母的读音与知、庄、章的读音有着很强的对应关系,所以我们就以非儿类"日"母的读音为坐标来观察知、庄、章的读音的特点。我们看到,在山东方言,凡是非儿类"日"母读零声母的方言,其知、庄、章的读音都分成两类,一类读舌尖音([tʂ]或[ts]),另一类读舌叶音或舌面音。读舌尖音的多为二等字,读舌叶音或舌面音的多为三等字。如:①

---

① 方言材料除另有注明者外,一律引自殷焕先先生主编《山东省志·方言志》,山东人民出版社,1993年。

青岛	争 tṣ-	馋 tṣʻ-	疏 ṣ-	
	蒸 tʃ-	缠 tʃʻ-	书 ʃ-	日 ø-
烟台	争 ts-	馋 tsʻ-	疏 s-	
	蒸 tɕ-	缠 tɕʻ-	书 ɕ-	日 ø-

与青岛方言读音基本一致的有威海、荣城、诸城、胶南、平度、莱州、海阳、蓬莱、日照等，与烟台方言读音基本一致的有牟平、东明等。可以看出，具有这种特点的除东明外，多属胶东方言。为叙述方便，本文把这种类型的方言称作"胶东方言型"。

下面我们再看非儿类"日"母读舌尖声母［ʐ］［z］［l］的方言。这类方言绝大多数其知、庄、章的读音为舌尖音。[①] 如：

济南	争 tṣ-	馋 tṣʻ-	疏 ṣ-	
	蒸 tṣ-	缠 tṣʻ-	书 ṣ-	日 /如 ʐ/l-
菏泽	争 tṣ-	馋 tṣʻ-	疏 f-	
	蒸 tṣ-	缠 tṣʻ-	书 f-	日如 ʐ-
博山	争 tṣ-	馋 tṣʻ-	疏 ṣ-	
	蒸 tṣ-	缠 tṣʻ-	书 ṣ-	日如 l-
聊城	争 ts-	馋 tsʻ-	疏 s-	
	蒸 ts-	缠 tsʻ-	书 s-	日如 z-

就非儿类"日"母的读音来看，与济南方言一致的有泰安、新泰、阳谷、临清等；与菏泽方言一致的有东平、德州、宁津、无隶、利津、潍坊、临沂、郯城等；与聊城方言一致的有济宁、枣庄、曲阜等；与博山方言一致的有寿光、章丘、临朐等。这些方言知、庄、章的声母或读舌尖前音，或读舌尖后音，都属舌尖声母。由于这些方言都不属于"胶东方言型"，本文把这种类型的方言称作"非胶

---

① 例外情况包括：临朐、新泰读舌叶音，枣庄、新泰知、庄、章合口字读唇齿塞擦音，属中原官话的山、书两母的合口字多读唇齿擦音。

东方言型"。

这种把"日"母分成"儿类"与"非儿类"的做法也符合聊斋俚曲"日"母的情形。我们已经知道，在聊斋俚曲中非儿类"日"母也是读零声的，那么，根据这一特点可知聊斋俚曲的语音也应是属于"胶东方言型"的。

我们在考察一个方言的语音演变时，应该特别注意这个方言的方言环境，即该方言周边方言的状况，因为方言环境对一个方言的语音演变往往会产生很大影响。可以这样说，当一个方言与周边方言类属基本一致时，在没受到特殊条件影响的情况下，它很少违背周边方言语音演变的基本规则而出现某种不可思议的奇特的音变现象。淄川方言东临胶东方言，西靠济南方言，300多年前，它应或属"胶东方言型"，或属"非胶东方言型"，二者必居其一。但我们已经知道它的非儿类"日"母那时是读零声母的，是属"胶东方言型"的，这就可以断定，那时它的知、庄、章的读音也应是属"胶东方言型"的，二等与三等也应是分成两类的。

（2）从聊斋俚曲韵脚字的通假与《日用俗字》的注音来看

聊斋俚曲与《日用俗字》都是蒲松龄用淄川方言写成的，都能反映当时淄川方言的语音状况，具有同等的史料价值，因而在我们研究聊斋俚曲的语音时，两部分材料都可以使用。

先看聊斋俚曲韵脚字通假的例子。

1. 章母三等与生母三等通假，如：

①一口气不来瓜打了，竹篮打水一场空，可才大家没蛇弄。(《墙头记·第四回》)

按："蛇"，章母三等，与"啥"通假。"啥"是"嘎"的后起字。"嘎"，生母三等，在用作疑问代词时，后来写作"啥"。

2. 澄母三等与章母三等通假，如：

47

②我就从来爆仗性,受不得气,顾不得命。(《襄妒咒·第一回》)
③我一时爆樟性,你也骂的尽够了。(《俊夜叉》)
按:"仗",澄母三等,与"樟"通假。"樟"不见于字书,是后起的形声字,当与"章"同音。

3. 崇母三等与禅母三等通假,如:
④骂狠贼我与你何愁何怨?(《富贵神仙·第六回》)
按:"愁",崇母三等,与"仇"(禅母三等)通假。

4. 澄母三等与庄母三等通假,如:
⑤我劝歪人不用歪,阎王不怕你性子俦。(《姑妇曲·第三回》)
⑥两畜牲这样诌,前生和我有冤仇。(《墙头记·第二回》)
按:"俦",澄母三等,与"诌"(庄母三等)通假。

5. 彻母三等与初母三等通假,如:
⑦蝴蝶儿被狂风飘,花枝儿趁月影摇。(《蓬莱宴·第十一回》)
⑧得着人叫声爷爷,好打衬这裘马厅堂。(《翻魇殃·第十一回》)
按:"趁",彻母三等,与"衬"(初母三等)通假。
可以看出,上面的例子都是三等字与三等字通假,不杂二等字。下面再看《日用俗字》注音的例子。

1. 二等注二等例

1)知、庄自注例(括号里的字为注音字)

①棹(罩)　　　《木匠章》　　知二/知二

②眨(扎)　　　《身体章》　　庄二/庄二

③黕(插)　　　《皮匠章》　　初二/初二

④靫(插)　　　《裁缝章》　　初二/初二

⑤差(叉)　　　《赌博章》　　初二/初二

⑥躁(抄)　　　《堪舆章》　　初二/初二

⑦嚓(察)　　　《堪舆章》　　初二/初二

48

⑧铡（查）　　《庄农庄》　　崇二/崇二

⑨刬（沙）　　《木匠章》　　山二/山二

⑩筛（山）　　《木匠章》　　山二/山二

⑪疝（讪）　　《疾病章》　　山二/山二

2）知、庄互注例

①搉（争）　　《器皿章》　　知二/庄二

②挓（查）　　《器皿章》　　知二/庄二

③偡（挣）　　《争讼章》　　知二/庄二

④蛆（扎）　　《昆虫章》　　知二/庄二

⑤磖（砟）　　《庄农庄》　　知二/崇二

⑥垞（查）　　《庄农庄》　　澄二/庄二

⑦髽（挝）　　《身体章》　　庄二/知二

⑧铛（撑）　　《菜蔬章》　　初二/彻二

⑨痄（茶）　　《泥瓦章》　　崇二/澄二

⑩苍（茶）　　《皮匠章》　　崇二/澄二

⑪褨（茶）　　《裁缝章》　　庄二/澄二

2. 三等注三等例

1）知、庄、章自注例

①轴（逐）　　《身体章》　　澄三/澄三

②肘（肘）　　《饮食章》　　澄三/知三

③痔（智）　　《树木章》　　澄三/知三

④籸（参）　　《器皿章》　　山三/山三

⑤绋（扯）　　《木匠章》　　昌三/昌三

⑥跊（扯）　　《堪舆章》　　昌三/昌三

⑦諿（成）　　《堪舆章》　　船三/禅三

⑧揥（述）　　《争讼章》　　禅三/船三

49

2）知、庄、章互注例

①秖（质）　　《庄农章》　　知三 / 章三

②㫾（指）　　《裁缝章》　　知三 / 章三

③瘷（止）　　《疾病章》　　知三 / 章三

④忡（冲）　　《疾病章》　　初三 / 昌三

⑤脛（执）　　《身体章》　　澄三 / 章三

⑥庀（室）　　《泥瓦章》　　崇三 / 书三

⑦毇（串）　　《器皿章》　　初三 / 昌三

⑧踃（串）　　《石匠章》　　初三 / 昌三

⑨桑（身）　　《庄农章》　　山三 / 书三

⑩忕（闯）　　《身体章》　　章三 / 初三

以上材料显示，不管是知、庄、章的自注例还是互注例，都是二等字给二等字注音，三等字给三等字注音，二者泾渭分明。

不过也有少数二、三等字互相注音的例子，如：

①扠（揣）　　《饮食章》　　彻二 / 初三

②爉（察）　　《饮食章》　　彻三 / 初二

③秋（朝）　　《赌博章》　　澄二 / 澄三

④戳（掇）　　《赌博章》　　庄二 / 知三

⑤殴（臻）　　《争颂章》　　章三 / 庄二

如何解释这种现象呢？这是因为聊斋俚曲知、庄、章所有的字在语音演变中不可能完全同步，有的超前些，有的滞后些，这应是正常的现象。现在淄川方言知、庄、章已完全合流，除了"日"母读［l］声母外，其余都读成了卷舌声母。根据词汇扩散理论，我们完全可以认为上举"揣爉朝掇臻"五字那时已率先与二等字合流，读成了卷舌声母，所以能够跟二等字互相注音。

这种部分三等字率先与二等字合流的现象，方言中例证很多。

比如在"胶东方言型"中,"庄三"就已经率先与"庄二""知二"合流,声母变得完全相同。下面举出几个方言的例子:在青岛、平度方言里,"庄"(庄三)的声母已与"找"(庄二)、"站"(知二)相同,都读[tʂ](烟台、牟平则读[ts]),"疮"(初三)的声母已与"窗"(初二)、"拆"(彻二)相同,都读[tʂʻ](烟台、牟平则读[tsʻ]),"愁"(崇三)的声母已与"巢"(崇二)相同,也都读[tʂʻ](烟台、牟平则读[tsʻ])。这说明,在这些方言里,"庄三"已与"庄二""知二"合流(实际上是并入了二等)。看到这些现象后,我们再看聊斋俚曲一小部分三等字率先与二等合流就不觉得奇怪了。

还有一例需要讨论,即:

鳝(赊)　　　　　（器皿章）　　　　　知二／书三

此例似乎有些问题,现代淄川方言"鳝"读塞擦音,不读擦音;"赊"读擦音,不读塞擦音。如果"鳝"按照注音字"赊"的声母读成擦音,那它又是怎样变成现在的塞擦音的呢？很难做出合理解释。笔者怀疑"赊"很可能是"跦"字之形误,因为"跦"是澄母二等字,且与"鳝"字韵母相同,正符合二等字自注例的条件。

总之,从《日用俗字》的注音可以看出,知、庄、章二、三等字分注占绝大多数,二、三等字互注占极少数,而且这极小部分的互注现象也能得到合理解释。二、三等在分注、互注方面表现出来的在字数分布上的这种悬殊性,充分显示了它们的声母在音值方面的差异。

(3)从语音系统特点看

考察一个历史方言的某些声母,必须考虑到这个方言的音系特点以及这些声母在这个音系中的地位。我们拟定的任何一个声母的音值都应与它所在音系的特点相协调。

我们知道,至少从中古以来,"日"母就一直是跟着章组声母一起演变的。这一特点在山东方言表现得也很明显。在山东方言，凡是"日"母读舌尖音的，章组其他声母也都读舌尖音，例外很少（已见前文）；凡是"日"母读零声母的，"日"母都是拼细音的，而章组其他声母也保持了拼细音的特点。下面列出几个方言的部分例字（声调略）：

	招	章	出	神	绍	日	入
威海	tʃiau	tʃiaŋ	tʃʻy	ʃin	ʃiau	i	y
荣城	tʃiau	tʃiaŋ	tʃʻy	ʃin	ʃiau	i	y
牟平	tɕiao	tɕiaŋ	tɕʻy	ɕin	ɕiao	i	y
烟台	tɕiao	tɕiaŋ	tɕʻy	ɕin	ɕiao	i	y

具有以上这种特点的方言虽然不多，但却能说明"日"母读了零声母仍能和章组其他声母在拼细音上保持一致性，从而显示出了章组声母演变的系统性。

我们已经知道，聊斋俚曲中的"日"母不光是读零声母，而且也是只拼细音的，从而就可以推知，其章组的其他声母也应是拼细音的。这一方面因为它们同属章组这一类，同类的语音在相同的条件下应该有相同的变化；另一方面也能得到像威海、烟台等方言的支持。

假如说，以上的结论还只是根据音变的一般规律和某些方言的旁证材料做出的一种推论的话，那么下面举出的聊斋俚曲中几个"知三章"的字拼细音韵母的例子就是以上结论的确证了。

"住"是澄母三等字，"诸主"是章母三等字，"出处"是昌母三等字，"入"是日母三等字，在聊斋俚曲中都是入"鱼模"韵的。但"住"却能与"知妻衣威去"通押（2711页[①]），"诸"却

[①] 页数据盛伟编《蒲松龄全集》统编页数，下同。

能与"妃姬弟计迷"通押（3159页），"主"却能与"欺德意亏替"通押（3240页），"出"却能与"衣矩趣吁许"通押（2690页），"处"却能与"嗤知旗惧揌"通押（3253页），"入"却能与"机西趾去"通押。这种"鱼模"韵与"支齐"韵通押的现象说明这些字是读"鱼模"韵中的[y]韵母的，否则是不能与"支齐"韵通押的。

看到这些例子，我们恐怕就不会再怀疑以上结论的正确性了。

和现代"胶东方言型"的特点一样，聊斋俚曲的"日"母在语音系统方面也显示了与知、庄、章三等较为一致的特点。如果那时二、三等完全合流，这种现象就不会出现。

以上我们从三个方面论证了聊斋俚曲知、庄、章二、三等尚未完全合流的问题。音类的不同取决于音值的差异。既然知、庄、章二、三等仍有区别，那么它们的声母就应该有所不同。

前面我们在介绍聊斋俚曲的方言环境时已经说明，二、三等有别的方言是属于"胶东方言型"的。在这些方言里，二等的读音虽然都读成舌尖音，但又分成两类，一类读舌尖前音，如烟台方言；一类读舌尖后音，如青岛方言。三等的读音也分成两类，一类读舌面音，如烟台方言；一类读舌叶音，如青岛方言。我们又知道，聊斋俚曲的语音是属于"胶东方言型"的，那么它的二等字就只能或读舌尖前音，或读舌尖后音；它的三等字就只能或读舌面音，或读舌叶音，不可能再有其他情况出现。我们现在要解决的，一是让二等字读舌尖前音还是读舌尖后音的问题，二是让三等字读舌面音还是读舌叶音的问题。笔者认为，二等字的声母应该读舌尖后音[tʂ tʂʻ ʂ]，三等字的声母应该读舌叶音[tʃ tʃʻ ʃ]，"日"母读零声母。

3."知""庄""章"的演变

知、庄、章由聊斋俚曲到现代淄川方言的演变分成两条路子进行。

（1）由［tʂ tʂʻʂ］到［tʂ tʂʻʂ］

现代淄川方言知、庄、章已全部合流，除"日"母读［l］外，其他都读成了舌尖后音。聊斋俚曲二等声母的音值一直没变，一直读［tʂ tʂʻʂ］。这种现象也能得到方言的支持，如青岛、胶南、诸城、平度等方言的"知二庄"都读成舌尖后声母，可看作是聊斋俚曲二等字声母读音的旁证。反之，如果认为聊斋俚曲二等字的声母是舌尖前音，对照现代淄川方言的读音就会出现一个没法解释的问题，即三百年前的舌尖前音是怎样变成现代的舌尖后音的？这既得不到合理的解释，也得不到方言的支持。

（2）由［tʃ tʃʻʃ ø］到［tʂ tʂʻʂ l］

这是三等演变的路子。走完这个路子要经过两个阶段。

第一，介音消失。上面已经说过，聊斋俚曲的三等是拼细音的，也就是说，其舌叶音后面还有介音［i］存在。从聊斋俚曲到现代淄川方言，首先要完成三等介音消失的过程。这个演变过程能得到许多方言的支持。现代属"胶东方言型"的方言，凡是三等读舌叶音的，其舌叶音未变，其介音有的已经消失。如（声调略）：

	招	超	绍	绕	软
青岛	tʃɔ	tʃʻɔ	ʃɔ	iɔ	yã
诸诚	tʃɔ	tʃʻɔ	ʃɔ	iɔ	yã
平度	tʃɔ	tʃʻɔ	ʃɔ	iɔ	yã
蓬莱	tʃau	tʃʻau	ʃau	iau	yan

毫无疑问，以上四个方言知、庄、章拼洪音的现象代表了知、庄、章演变的一个层面，由聊斋俚曲的舌叶音到现代淄川方言的舌尖后音，也应经过了这样一个阶段。是舌叶音既能拼细音、又能拼洪音的特点为其介音的首先消失提供了有利的条件。

第二，舌尖上卷。舌叶音成阻于舌面前部与硬腭的接触，舌尖后音成阻于舌尖与硬腭的接触。由舌叶音演变成舌尖后音，其舌位移动要比由舌面音演变成舌尖后音小得多，因而会更加容易，更具合理性。只有在舌叶音丢掉介音，并彻底变成舌尖后音时，整个演变过程才算彻底完成。这种变化不但能得到现代淄川方言的证明，也能得到其他方言的支持。威海方言新老派读音的差异就为这种变化提供了有力的佐证。下面把《威海方言志》①中的一段论述列出：

老派读 tʃ tʃʻ ʃ 声母，新派读近似 tʂ tʂʻ ʂ，但新派发音不到位，舌位在 tʃ tʂ 之间，舌尖略上翘，例如：

	猪	烧	针	展	丈	超
中老年	tʃy^{53}	ʃiau^{53}	tʃin^{53}	tʃian^{312}	tʃiaŋ^{33}	tʃʻiau^{53}
青少年	tʂy^{53}	ʂau^{53}	tʂən^{53}	tʂan^{312}	tʂaŋ^{33}	tʂʻau^{53}

威海方言新派的读音无疑代表了知、庄、章演变的另一个层面，在介音消失之后，舌叶音即将变成舌尖后音。

下面把知、庄、章由聊斋俚曲演变为现代淄川方言的模式列出：

聊斋俚曲　　　淄川方言

知庄二等　　　tʂ　tʂʻ　ʂ ──→ tʂ　tʂʻ　ʂ　|

知庄章三等　　tʃ　tʃʻ　ʃ ──↗　ø

下面讨论聊斋俚曲的舌叶音为什么会变成舌尖后音而不变成其他音，抑或像"胶东方言型"的其他方言（比如青岛、诸城等）一样保持不变，仍读舌叶音？这就要向济南方言找原因了。

上面已经介绍过，山东方言非儿类"日"母凡是读舌尖音的，其知、庄、章的其他声母也都读舌尖音。但其中又有不同，凡是"日"母读[z]声母的，其他声母都读舌尖前音，如济宁、聊城等；凡是"日"母读[l][ʐ]声母的，其他声母都读舌尖后音，如博山、

---

① 徐明轩、朴炯春《威海方言志》第21页，（韩国）学古房发行，1997年。

菏泽等。这就是济南方言所处的方言环境。我们又知道,济南方言当时的"日"母是读[ɿ]声母的,由此可以推知,当时它的知、庄、章的声母也必定是读舌尖后音的。

从文献资料看,由于济南方言的影响,不但使当时的淄川方言出现了新老派语音的差异,而且使其"日"母逐渐由零声母演变成了[ɿ]声母。既然如此,那么济南方言的舌尖后音声母当然也就能够影响到当时淄川方言的舌叶音声母。在山东方言,非儿类"日"母读[ɿ]声母与知、庄、章其他声母读舌尖后音普遍保持一致性。由此可以推知,在济南强势方言的影响下,在聊斋俚曲"日"母由零声母演变成[ɿ]声母的同时,其知、庄、章三等字声母也随之由舌叶音逐渐变成了舌尖后音。这种变化是符合山东方言语音演变的普遍规则的。

(3)"疑""喻""影""微"四母的合流

1)"疑""喻"二母的合流,如:

①众人愿承着,立了一张火状。(《富贵神仙》九·P.2951)

②张老爷,你也该为这一方的百姓,怎么圆成着他去呢?(《磨难曲》三十三·P.3138)

③老虎窝里种南瓜——守着个吃人的东西,还作大叶。(《禳妒咒》十四·P.2820)

④胡生说:"有路通。"李虎说:"这牛禄是张哥的邻家,这行子极可恶,我也听的点风声儿。"(《磨难曲》二十八·P.3111)

⑤相公说:"你好迂。"(《蓬莱宴》四·P.2706)

⑥道士笑说:"你好愚呀。"(《蓬莱宴》五·P.2711)

按:例①之"愿承"例②写成"园成","愿"是疑母字,"园"是喻母字。例③之"叶"协的是"孽"音,"孽"山东方言许多地方读同"叶"。"作大叶"即"作大蘖"。"蘖"是疑母字,"叶"是喻母字。例④之"有路"协的是"牛禄","牛"是疑母字,"有"是喻母字。例⑤之"迂"例⑥写作"愚"。"愚"是疑母字,"迂"是喻母字。

2)"疑""影"二母的合流,如:

⑦主人盛义,道侣情高。(《富贵神仙》十二·P.2975)

⑧主人盛意,道侣情高。(《磨难曲》三十六·P.3146)

按:例⑦之"义"例⑧作"意"。"义"为疑母字,"意"为影母字。

3)"疑""微"二母的合流,如:

⑨砧上凉水锅不沸,䴗_捂杀壶嘴酒不窜。(《日用俗字·饮食章第四》,P.2213)

按:⑨之"䴗"用"捂"注音。"䴗"是微母字,"捂"是疑母字。

4)"喻""微"二母的合流,如:

⑩忘八羔,忘八羔,就使石头把腿敲。(《富贵神仙》九·P.2950)

按:例⑩之"忘"是"王"的借字。"忘"是微母字,"王"是喻母字。

5)"影""微"二母的合流,如:

⑪痄腮疬线真为祟,痣䴗_物癣风不壮观。(《日用俗字·疾病章第十九》P.2221)

按:例⑪之"䴗"用"物"注音,"䴗"是影母字,"物"是微母字。

根据以上分析,我们可以拟定聊斋俚曲的声母有如下24个:

p	p'	m	f
t	t'	n	l
ts	ts'		s

tʃ	tʃʻ	ʃ
tʂ	tʂʻ	ʂ
tɕ	tɕʻ	ɕ
k	kʻ	x
∅		

三　韵母

聊斋俚曲共有 39 个韵母（含一个声化韵母）：

ɿ	i	u	y
a	ia	ua	
o	io	uo	
	iə		yə
ɑi	iai	uai	
ei		uei	yei
au	iau		
əu	iəu		
an	ian	uan	yan
ən	iən	uən	yən
ɑŋ	iɑŋ	uɑŋ	yɑŋ
əŋ	iəŋ	uŋ	yŋ
l̩			

根据押韵情况，入韵字可分十三韵部，下面分别列出。例字按照中古来源分列：

（一）家麻韵

平声麻韵：吧巴麻拿哈家加嘉渣查叉差茶搽沙纱霞呀牙芽衙爬瓜夸花华蛙蛇　佳韵：佳涯　歌韵：他呵　模韵：呱　觉韵：剥

上声马韵：把马假傻哑雅剐瓦　蟹韵：罢　巧韵：抓　梗韵：打

去声祃韵：怕帕耙骂驾嫁价诈权厦下讶化霸　卦韵：挂画话个韵：大

入声黠韵：八扒杀煞滑　狎韵：压　辖韵：瞎辖刮刷　末韵：抹　曷韵：达喝榻喇撒萨　乏韵：法乏　月韵：发伐袜　洽韵：夹插刷掐狭　合韵：搭答褡塔纳拉蜡杂

《广韵》《集韵》未收字：乓妈瘩喳揸炸遏哑咱撒娃仨

（二）车遮韵

平声麻韵：爹嗟邪些遮车赊爷　戈韵：靴

上声马韵：姐扯也

去声祃韵：妾借谢卸赦夜

入声屑韵：撇铁捏　帖韵：蝶帖　宵韵：切　月韵：歇月　薛韵：绝毟说拙别灭孽折舌洁

《广韵》《集韵》未收字：这

（三）歌戈韵

平声戈韵：波婆坡么磨馍锅戈科窠和梭窝讹摩　歌韵：多陀拖驮挪罗笸锣哥何河呵搓磋娑娥鹅他疴沱哦　模韵：摸

上声果韵：朵裹火伙祸坐座锁垛跺　哿韵：我

去声过韵：剁过课货卧　个韵：个　暮韵：作错

入声觉韵：剥学桌觉　铎韵：薄落络索饿　末韵：泼抹夺脱活

物韵：佛　合韵：合喝盒　药韵：却着著弱药勺乐缚掠脚　没韵：脖

《广韵》《集韵》未收字：挼躲啰㖂拙缧哟

（四）支齐韵

平声支韵：皮离漓儿知支池施仪移奇　齐韵：批迷低提啼蹄题梯鸡齐妻蹊西兮　微韵：机依衣　之韵：姬欺棋旗嘻嬉之痴辞思医脂韵：饥迟尸师疑姨夷

上声荠韵：弟礼挤　止韵：你里起喜子　旨韵：指死　纸韵：是沘跐此

去声寘韵：避戏赐易义　至韵：鼻屁地器至致自四宜　霁韵：递第替计济继祭系砌契细　未韵：气　志韵：治事字意

入声质韵：密蜜疾佚实逸七一　锡韵：的敌戚　陌韵：逆　缉韵：立集十拾及辑　职韵：极媳值职食　昔韵：籍席夕石益积癖　锡韵：寂籴　迄韵：乞

《广韵》《集韵》未收字：屄俐

（五）鱼模韵

平声鱼韵：庐渠虚猪除躇初书梳疏如余驴　尤韵：浮　模韵：脯蒲都图涂途徒奴炉轳颅姑孤箍沽枯湖壶乎胡湖粗乌梧孤瑚苏呱虞韵：夫拘诛珠雏厨输殊无吁愚于襦

上声有韵：妇负　麌韵：父府斧聚　姥韵：虏鼓虎户祖　语韵：叙女

去声遇韵：付傅句住数　御韵：去处　宥韵：富　暮韵：布铺慕度蠹兔怒路顾故雇裤苦护诉素恶悟无晤

入声物韵：物　术韵：出　沃韵：督苦酷　没韵：突卒没　烛韵：局蜀赎褥足苏俗　缉韵：入　屋韵：木读屋服伏逐熟粥簌碌

《广韵》《集韵》未收字：咐咕做

（六）皆来韵

平声皆韵：排埋骸阶秸谐挨乖槐怀斋　佳韵：歪牌街鞋柴差钗筛捱　咍韵：呆抬来该开孩灾哉财猜材才腮哀埃台栽垓　灰韵：徊

上声海韵：怠改在载彩采　蟹韵：摆奶买卖戒　骇韵：骇　纸韵：揣　马韵：洒

去声怪韵：拜怪块坏　夬韵：败迈寨快　代韵：戴袋菜赛碍爱　泰韵：外带大泰太奈赖盖害　卦韵：债

入声陌韵：白

《广韵》《集韵》未收字：歹摔睬

（七）灰堆韵

平声微韵：非飞肥扉归挥围微威帏　齐韵：闺　支韵：碑规亏槌吹垂随为　脂韵：悲眉逵追锤谁　灰韵：陪堆推回摧杯培魁盔灰

上声贿韵：每腿悔罪　旨韵：垒水　尾韵：鬼　纸韵：被跪毁嘴捶

去声未韵：费贵位味讳　废韵：肺　泰韵：会　寘韵：睡祭　霁韵：睡岁　至韵：备媚泪愧坠醉　队韵：悖背妹昧对队配退内累海啐碓辈碎

入声麦韵：脉策　陌韵：宅百白　德韵：北勒黑贼

（八）萧豪韵

平声宵韵：标漂飘瓢苗焦桥乔消嚣霄销幺招朝召潮超烧饶腰遥

摇要妖窑邀跷　肴韵：包胞刨抛跑泡猫挠铙交胶敲钞抄巢捎嘲吆肴　豪韵：袍毛刀淘逃嗥桃涛陶掏劳牢痨高羔豪毫蒿壕遭槽曹操骚臊敖遨叨　尤韵：矛　萧韵：刁雕貂条调撩僚聊浇萧

上声晧韵：宝道讨恼老稿好枣早造皂草嫂袄岛　小韵：鳔悄兆仦篻赵　巧韵：饱搅巧吵咬拗炒　篠韵：窕了暸晓

去声效韵：爆闹教觉较孝罩淖溺效　号韵：抱暴帽到盗捣套告靠耗号躁扫噪灶耄　啸韵：掉吊调祟挑跳料叫窍　笑韵：妙庙轿悄鞘诮笑肖照耀嫖哨票

入声铎韵：落　药韵：嚼着著虐脚　觉韵：觉学

《广韵》《集韵》未收字：瞧酶捯嚎

（九）尤侯韵

平声侯韵：兜头投楼搂沟钩抠喉侯驱瓯　尤韵：尤牛留流秋求囚修羞周休洲抽愁仇酬稠诌筹收柔搜悠优由游油

上声厚韵：狗叩后后奏　有韵：酒九舅丑受手诱有牖扭

去声侯韵：斗豆透漏够扣走凑　宥韵：究救就旧袖秀咒臭兽寿狩瘦又佑右宥皱

入声屋韵：六肉宿

《广韵》《集韵》未收字：做勾嚼倜咍丢溜

（十）寒桓韵

平声仙韵：便鞭偏棉绵涟煎钱迁虔仙鲜涎毡蝉缠然筵焉延愆橼捐娟铅泉全圈痊旋揎砖专传川沿圆缘踡员　元韵：蕃烦翻番凡反樊萱冤元园愿垣幡掀喧犍言　寒韵：单丹弹檀难栏拦兰干肝竿寒酣残餐安鞍摊滩　桓韵：般蟠盘搬团瞒端鸾銮冠官观棺桓酸完剜丸　删韵：班扳攀蛮关删潸颜环奸拴还弯湾玩顽　先韵：边眠颠天填怜莲

坚肩千前牵芊贤先弦跹烟研妍絃年鞯田　谈韵：淡痰蓝褴憨三甘添韵：甜添拈谦嫌　咸韵：喃咸諂谗　盐：廉帘奁镰尖渐签钳沾盐炎檐粘悇　山韵：间闲山　衔韵：监搀衫衔　严韵：杴　覃韵：贪坛男南龛堪涵参

上声范韵：犯范　缓韵：拌伴满短管馆缓纂掩碗　潸韵：板狝韵：辨冕件遣线展善卷转喘软阮　敢：胆　旱韵：坦袒杆罕伞铣韵：攞茧撚　显韵：脸俭险闪掩　感韵：看惨唵　阮韵：晚琰韵：减严　产韵：栋限盏眼

去声换韵：半绊叛墁漫断段缎乱灌罐唤换算蒜鞯象贯腕　裥韵：办瓣盼谏间　线韵：变骗面箭线战扇膳膻贱占眷绢串院恋颤卷　桥韵：店念　酽韵：剑欠　艳韵：埏厌验焰　勘韵：暗　陷韵：险赚翰韵：蛋叹炭灿汉汗赞散案按岸　阚韵：担淡　愿韵：堰健献饭劝券万怨远　霰韵：遍片殿电垫见荐现宴砚咽燕县　谏：慢绽雁惯寰宦患

《广韵》《集韵》未收字：石赶馆挦晞窜咱俺

（十一）真文韵

平声侵韵：阴林淋今金襟擒心寻针斟沉参深森岑音吟沈　殷韵：筋斤勤殷　魂韵：奔盆喷门敦悃论坤尊樽村存孙温瘟阍　真韵：宾彬贫民邻津巾亲秦新辛薪真臣尘陈辰身神伸人仁因姻银因姻银麟嗔文韵：焚纷坟君裙群熏文闻纹云耘　痕韵：吞根跟痕恩　谆韵：轮伦钧巡循唇春尊匀　魂韵：昏浑魂婚

上声寝韵：朕甚　轸韵：尽紧忍　等韵：肯　准韵：蠢　混韵：笨混捆　吻韵：忿愤　很韵：狠　隐韵：近

去声沁韵：禁　稕韵：俊顺润稕　证韵：称　震韵：吝进晋信阵震镇振趁慎印认殡　劲韵：聘　恩韵：闷顿遁嫩滚困溷逊寸　问

韵：粪分问运韵　恨韵：恨

《广韵》《集韵》未收字：囵盹夯棍

（十二）阳唐韵

平声唐韵：光慌惶隍黄煌凰汪旁傍膀忙茫当汤堂塘糖囊郎廊刚岗缸康行赃仓丧桑昂蝗铠瑭　江韵：江腔窗双　阳韵：房芳坊方妨狂眶亡王浆强庄妆装昌肠偿尝常场疮床伤商觞霜壤攘央秧阳杨扬洋羊娘良粮凉娟莺缰穰殃量梁诓

上声讲韵：棒讲攘　荡韵：晃榜党荡嗓　养韵：掌仗赏上爽仰养痒网

去声绛韵：胖降撞　漾韵：放况让旺望亮将匠胀壮状怅唱畅样恙快诓　宕韵：趟浪抗炕脏藏葬旷

《广韵》《集韵》未收字：嚷绑哨喳淌

（十三）东青韵

平声登韵：崩疼腾藤能棱增曾层　庚韵：更坑哼行撑生牲笙烹平评明鸣兵惊荆京荣卿兄迎　东韵：蓬蒙灯濛冬东同童铜通胧笼功公攻弓躬空红烘鸿鬃翁隆宫穹穷雄中终虫戎冲忠冯风篷　蒸：蒸凭凌兴称绳胜升应称　青韵：瓶丁听庭廷厅婷听停宁灵零棂铃径青星刑　清韵：名晴精清情倾正成城呈程诚声盈赢营茔　钟韵：龙恭胸凶盅容溶踪从松封蜂逢缝锋　耕韵：轰茎争筝　冬韵：宗

上声梗韵：炳景影冷梗　迥韵：顶锭挺醒　董：动　等韵：等　静韵：领井整逞　耿韵：幸倖　肿韵：种重宠奉

去声嶝韵：赠蹭　映韵：柄病命敬镜硬　净韵：进　送韵：梦仲众冻痛弄贡控送瓮凤　澄韵：瞪　证韵：秤剩　径韵：定径　劲韵：令净性姓证圣　用韵：诵用　宋韵：宋　诤韵：迸

四 聊斋俚曲字表
（含《日用俗字》之部分常用字）

（一）家麻韵

a

p　［阴平］巴吧琶八叭扒剥　［上声］把　［去声］罢霸
p'　［阴平］氇帕　［阳平］爬　［去声］怕
m　［阴平］妈抹　［阳平］麻么　［上声］马　［去声］骂
f　［阴平］发法　［阳平］乏伐
ts　［阴平］咂　［阳平］杂砸　［上声］咱咋
ts'　［阴平］擦
s　［阴平］撒仨　［去声］萨
t　［阴平］答搭褡瘩嗒　［阳平］达疸　［上声］打　［去声］大
t'　［阴平］塔喝榻逼踏蹋　［上声］他
n　［阳平］拿　［去声］纳捺
l　［去声］拉喇
tʂ　［阴平］扎查楂渣喳蜡眨　［阳平］铡炸　［上声］揸乍　［去］诈
tʂ'　［阴平］差杈插察　［阳平］查茶搽　［去声］叉瘥
ʂ　［阴平］纱沙杀煞　［阳平］蛇　［上声］傻霎　［去声］啥厦嘎啥
x　［阴平］哈蛤

ia

l　［上声］俩

65

tɕ　［阴平］家加枷嘉夹佳　［上声］假　［去声］驾嫁价架

tɕ'　［阴平］掐

ɕ　［阴平］瞎　［阳平］霞瑕辖狭　［去声］下夏

ø　［阴平］压　［阳平］牙芽涯衙　［上声］哑雅　［去声］讶雅

ua

tʂ　［阴平］抓挝

ʂ　［阴平］刷　［上声］耍

k　［阴平］瓜呱刮赖　［上声］剐寡　［去声］挂卦

k'　［阴平］夸

x　［阴平］花　［阳平］华哗滑　［去声］话化画

ø　［阴平］哇洼窪袜　［阳平］蛙娃　［上声］瓦

（二）车遮韵

iə

p　［阴平］鳖　［阳平］别

p'　［阴平］撇

m　［去平］灭

t　［阴平］爹　［阳平］牒

t'　［阴平］帖铁

n　［去声］捏蘖

tʃ　［阴平］折遮　［去声］这

tʃ'　［阴平］车　［上声］扯

ʃ　［阴平］赊　［去声］赦

tɕ　［阴平］洁嗟　［上声］姐　［去声］借

tɕ'　［去声］妾

ɕ ［阴平］些歇 ［阳平］邪 ［去声］谢卸
∅ ［阳平］爷也

yə

tʃ ［阴平］拙 ［阳平］着（与"歌戈"韵通押）
ʃ ［阴平］说 ［阳平］勺灼
tɕ ［阴平］诀 ［阳平］绝
tɕ' ［阴平］却
ɕ ［阴平］靴 ［阳平］趄
∅ ［去声］月

（三）歌戈韵

o

p ［阴平］波剥 ［阳平］脖薄箔
p' ［阴平］坡泼 ［阳平］婆 ［去声］破
m ［阴平］摸 ［阳平］磨馍摩么 ［上声］抹
f ［阳平］佛缚
x ［阴平］喝呵

io

l ［去声］掠略
tɕ ［阴平］脚觉
tɕ' ［阴平］却
ɕ ［阳平］学
∅ ［阴平］药哟 ［去声］弱

uo

ts ［阴平］作 ［去声］坐座
ts' ［阴平］搓磋 ［去声］错

s　　［阴平］梭唆娑　　［上声］索锁

t　　［阴平］多挆　　［阳平］夺　　［上声］朵躲垛　　［去声］跥剁垛

t'　　［阴平］脱拖　　［阳平］陀沱驮

n　　［阳平］挪

l　　［阳平］罗锣啰箩裸缪骡缪　　［去声］落络乐

tṣ　　［阴平］桌

tṣ'　　［阳平］戳掇

k　　［阴平］锅戈　　［上声］哥裹过个脶

k'　　［阴平］科疴窠磕　　［去声］锞

x　　［阴平］喝呵哈　　［阳平］何合盒河和活　　［上声］火伙　　［去声］货祸

ø　　［阴平］倭窝哦恶　　［阳平］娥蛾鹅讹　　［上声］我　　［去声］卧饿

（四）支齐韵

ı

ts　　［去声］字自

ts'　　［阴平］泚　　［阳平］辞词此　　［上声］跐　　［去声］赐

s　　［阴平］私思司　　［上声］死　　［去声］四

i

p　　［阴平］屄　　［阳平］鼻　　［去声］避闭

p'　　［阴平］批菝　　［阳平］皮　　［去声］屁癖

m　　［阳平］迷谜　　［去声］密蜜

t　　［阴平］低　　［阳平］敌籴　　［上声］的　　［去声］地弟递第

t'　　［阴平］梯　　［阳平］提蹄　　［上声］题　　［去声］啼替

n　　［阴平］妮　　［阳平］泥逆　　［上声］你

l　　［阳平］离璃漓厘　　［上声］礼里理狸　　［去声］立利俐

tʃ　　［阴平］知枝支之职汁执　　［阳平］直值侄　　［上声］指止
　　　［去声］治致智痔质

tʃ'　　［阴平］吃痴嗤　　［阳平］迟池　　［去声］持

ʃ　　［阴平］师施尸虱　　［阳平］十实食拾石　　［去声］事是
　　　世势誓室

tɕ　　［阴平］饥机级积急及鸡　　［阳平］集疾极　　［上声］挤
　　　［去声］祭计棘系姬继济

tɕ'　　［阴平］七妻欺戚凄　　［阳平］骑旗棋齐奇蹊　　［上声］起乞
　　　［去声］气器砌契

ɕ　　［阴平］西恓息　　［阳平］习席　　［上声］喜嘻嬉　　［去声］戏

ø　　［阴平］一衣依揖医　　［阳平］疑移姨夷仪　　［去声］易
　　　宜意日益逸颐义

ɿ

［阳平］儿

（五）鱼模韵

u

p　　［去声］布抪部

p'　　［阴平］铺　　［上声］蒲脯

m　　［阳平］没模谋　　［去声］木慕

f　　［阴平］夫妇　　［阳平］服伏负浮傅　　［上声］斧府付咐
　　　［去声］富父

ts　　［阳平］卒　　［上声］祖　　［去声］做

ts'　　［阴平］粗　　［去声］醋

69

s　　［阴平］苏酥簌　　［去声］素诉

t　　［阴平］督都　　［阳平］蠹读　　［去声］度肚

t'　　［阴平］突　　［阳平］徒涂图途　　［上声］吐　　［去声］兔

n　　［阳平］奴　　［去声］怒

l　　［阳平］炉庐胪　　［上声］房垆颅铲　　［去声］路碌

k　　［阴平］姑咕孤箍　　［上声］沽鼓　　［去声］顾雇故

k'　　［上声］枯酷苦　　［去声］裤

x　　［阴平］乎呼　　［阳平］湖壶糊胡瑚　　［上声］虎狐
　　［去声］户护

∅　　［阴平］乌梧悟晤屋　　［阳平］无　　［上声］五　　［去声］
　　物恶婺

y

n　　［上声］女

l　　［阳平］驴

tʃ　　［阴平］猪诛珠粥　　［阳平］逐轴　　［去声］住

tʃ'　　［阴平］初出　　［阳平］除蹰厨雏　　［去声］处

ʃ　　［阴平］书输梳疏殊　　［阳平］熟赎述　　［上声］蜀　　［去声］数

tɕ　　［阴平］足拘　　［阳平］局　　［去声］句聚矩

tɕ'　　［阳平］渠　　［去声］去趣

ɕ　　［阴平］虚　　［阳平］俗　　［去声］叙

∅　　［阴平］愚吁　　［阳平］余于如　　［上声］褕　　［去声］褥入

（六）皆来韵

ai

p　　［阴平］杯　　［阳平］白　　［上声］摆　　［去声］败拜

p'　　［阳平］排牌

m	［阳平］埋媒	［上声］买	［去声］卖迈
ts	［阴平］灾栽	［上声］载哉	［去声］在
tsʻ	［阴平］猜	［阳平］才财材	［上声］睬采 ［去声］菜
s	［阴平］腮	［去声］赛	
t	［阴平］呆	［上声］歹	［去声］待大带戴袋怠代
tʻ	［阳平］台抬	［去声］太泰	
n	［上声］奶	［去声］奈	
l	［阴平］噩	［阳平］来	［去声］赖
tʂ	［阴平］斋	［去声］债寨	
tʂʻ	［阴平］差钗	［阳平］柴	
ʂ	［阴平］筛		
k	［阴平］该垓	［上声］改	［去声］盖
kʻ	［阴平］开		
x	［阴平］咳	［阳平］孩骸	［上声］海 ［去声］害骇
ø	［阴平］哀	［去声］碍爱	

iai

tɕ	［阴平］街秸阶	［上声］解	［去声］解戒界
ɕ	［阳平］鞋	［去声］谐	
ø	［阴平］挨	［阳平］挨捱埃唉	

uai

tʂʻ	［上声］揣		
ʂ	［阴平］摔	［上声］摔	
k	［阴平］乖	［去声］怪	
kʻ	［去声］快块		
x	［阳平］槐徊怀	［去声］坏划	
ø	［阴平］歪	［去声］外	

（七）灰堆韵

ei

p　［阴平］杯碑北　［阳平］白　［上声］悲　［去声］备辈被背

p'　［阴平］坯　［阳平］陪培　［去声］配

m　［阳平］眉媚楣　［上声］每　［去声］妹昧脉

f　［阴平］飞非　［阳平］肥　［上声］扉霏　［去声］肺费

ts　［阳平］贼

tṣ　［阳平］宅

ṣ　［阴平］涩

x　［阴平］嚇

uei

t　［阴平］堆　［去声］对队碓

t'　［阴平］推　［上声］腿　［去声］退

n　［去声］内

l　［阳平］雷　［上声］垒　［去声］泪累勒

ts　［上声］嘴咀　［去声］罪醉

ts'　［阴平］催　［去声］啐

s　［阳平］随　［去声］岁碎

k　［阴平］规归闺龟　［上声］鬼　［去声］贵跪

k'　［阴平］亏盔　［阳平］逵魁　［去声］愧

x　［阴平］灰挥　［阳平］回　［上声］毁　［去声］讳会悔

Ø　［阴平］威　［阳平］围为　［上声］巍帷微　［去声］位味

yei

tʃ　［阴平］锥追　［去声］坠

tʃ'　［阴平］吹　［阳平］垂捶锤槌

ʃ　［阳平］谁　［上声］水　［去声］睡

（八）萧豪韵

au

p　［阴平］包胞　［上声］饱宝　［去声］暴爆抱

p'　［阴平］抛泡　［阳平］袍刨咆　［上声］跑

m　［阳平］毛矛猫毹　［去声］帽貌

ts　［阴平］遭糟　［上声］早枣　［去声］躁噪燥皂灶造

ts'　［阴平］操　［阳平］曹槽　［上声］草

s　［阴平］骚臊　［上声］嫂

t　［阴平］刀叨　［上声］倒岛捣　［去声］道到盗

t'　［阴平］掏涛　［阳平］淘逃咷桃啕鼗讨　［去声］套

n　［阳平］挠铙　［上声］恼　［去声］闹淖

l　［阴平］捞唠　［阳平］劳牢痨醪　［上声］老　［去声］落

tʂ　［去声］棹罩

tʂ'　［阴平］躁抄　［阳平］朝

k　［阴平］高羔　［上声］稿　［去声］告

k'　［去声］靠

x　［阴平］蒿　［阳平］耗毫嚎壕嗥　［上声］好　［去声］号

ø　［阳平］敖熬　［上声］袄　［去声］傲拗

iau

p　［阴平］标　［去声］鳔籱

p'　［阴平］漂飘　［阳平］嫖瓢瞟　［去声］票

m　［阳平］苗描　［去声］庙妙

t　［阴平］刁叼貂　［去声］吊掉调

t'　［阴平］挑　［阳平］条窕调　［去声］粜跳

73

n ［去声］屎溺

l ［阳平］辽僚瞭撩 ［上声］了 ［去声］料揪撂

tʃ ［阴平］召招 ［阳平］着 ［上声］找 ［去声］诏照兆赵

tʃ' ［阴平］超抄钞 ［阳平］朝潮嘲巢 ［上声］吵炒 ［去声］少

ʃ ［阴平］烧梢捎 ［去声］少哨

tɕ ［阴平］焦交郊胶浇娇 ［阳平］嚼 ［上声］搅 ［去声］教叫觉窖轿较

tɕ' ［阴平］翘敲跷 ［阳平］瞧憔乔桥鞒 ［上声］巧 ［去声］俏窍悄鞘消

ɕ ［阴平］肖嚣消霄宵箫销硝灯枭 ［阳平］学 ［上声］小晓 ［去声］笑孝

ø ［阴平］吆邀妖腰吆 ［阳平］遥殽摇肴 ［上声］窈咬饶 ［去声］耀要药

（九）尤侯韵

əu

ts ［上声］走 ［去声］做奏

ts' ［去声］凑

s ［阴平］飕 ［上声］搜

t ［阴平］兜 ［上声］斗陡 ［去声］豆

t' ［阳平］头投 ［去声］透

l ［阳平］楼 ［上声］搂 ［去声］漏

k ［阴平］沟勾钩辰 ［上声］狗 ［去声］够

k' ［阴平］抠驱 ［阳平］慭 ［上声］口 ［去声］扣叩

x ［阳平］侯喉候后 ［去声］厚

ø ［阴平］瓯

iəu

t　［阴平］丢

n　［阳平］牛　［上声］扭　［去声］谬

l　［阴平］溜溜　［阳平］流留　［去声］六

tʃ　［阴平］周诌呤拎州洲　［阳平］肘　［去声］皱咒纣

tʃ'　［阴平］抽　［阳平］仇愁酬绸稠　［上声］丑筹湫　［去声］臭

ʃ　［阴平］收　［上声］手狩　［去声］兽受瘦寿

tɕ　［阴平］究啾　［上声］酒九　［去声］就旧舅救

tɕ'　［阴平］秋　［阳平］求裘囚

ɕ　［阴平］修羞休宿　［去声］袖秀

Ø　［阴平］忧悠　［阳平］由柔游　［上声］有　［去声］右肉又佑诱绌

（十）寒桓韵

an

p　［阴平］班般搬扳　［上声］板　［去声］办半绊伴

p'　［阴平］攀蟠　［阳平］盘　［去声］盼

m　［阳平］蛮瞒　［上声］满　［去声］慢墁漫

f　［阴平］番翻蕃幡　［阳平］烦凡范　［去声］饭犯

ts　［阴平］簪　［上声］咱攒　［去声］赞

ts'　［阴平］参餐　［上声］惨残　［去声］灿

s　［阴平］三　［上声］伞　［去声］散

t　［阴平］丹单担　［上声］胆　［去声］淡蛋石弹

t'　［阴平］贪滩摊　［阳平］谈痰弹檀　［上声］坛坦袒　［去声］叹炭

n　［阳平］男难南

| ［阳平］栏蓝褴蓝 ［去声］烂

tʂ ［上声］盏晱 ［去声］绽站

tʂ' ［阴平］搀 ［阳平］禅馋 ［上声］铲

ʂ ［阴平］山衫删潸

k ［阴平］干杆竿甘肝 ［上声］赶

k' ［阴平］堪龛 ［上声］坎砍 ［去声］看

x ［阴平］酣憨罕 ［阳平］寒涵 ［去声］汉汗

ø ［阴平］安鞍 ［上声］俺唵 ［去声］暗岸按案

ian

p ［阴平］边鞭 ［去声］便遍变辨辩

p' ［阴平］篇偏 ［去声］片骗

m ［阳平］棉绵眠 ［去声］面

t ［阴平］颠癫趇 ［上声］点 ［去声］店垫殿

t' ［阴平］天添 ［阳平］田填甜

n ［阳平］黏年 ［上声］拈撵 ［去声］念

l ［阳平］涟莲廉镰奁帘 ［上声］脸 ［去声］怜恋

tʃ ［阳平］毡沾粘 ［去声］占蘸战颤

tʃ' ［阳平］蝉缠

ʃ ［阴平］搧膻 ［上声］闪 ［去声］善扇

tɕ ［阴平］煎坚肩奸尖犍间 ［上声］俭拣茧 ［去声］健毽贱见监箭剑渐谏

tɕ' ［阴平］千牵迁签谦铅悭 ［阳平］钱前钳 ［上声］浅遣庋 ［去声］欠

ɕ ［阴平］仙先锨掀鲜跹弱 ［阳平］贤弦闲絃涎挦衔嫌 ［上声］咸显险纤 ［去声］县线献现陷限

ø ［阴平］咽焉烟 ［阳平］砚盐沿妍焰然言研颜筵严延檐

76

［上声］眼掩 ［去声］厌堰燕验沿宴雁筵悢咽艳

uan

ts　［阴平］攒钻　［上声］纂

ts'　［阴平］窜

s　［阴平］酸　［去声］算蒜

t　［阴平］端　［上声］短　［去声］断段锻缎

t'　［阳平］彖团

l　［阳平］銮鸾脔　［去声］乱

k　［阴平］官观棺关冠　［上声］馆管　［去声］灌罐贯惯

k'　［阴平］宽　［上声］款

x　［阴平］欢　［阳平］还寰桓环　［上声］缓　［去声］患换唤宦

ø　［阴平］弯湾剜挽　［阳平］玩完顽丸　［上声］腕碗晚 ［去声］万

yan

tʃ　［阴平］砖专　［去声］转赚

tʃ'　［阴平］川穿　［阳平］传船椽　［上声］喘　［去声］串

ʃ　［阴平］拴

tɕ　［阴平］捐娟　［上声］捲　［去声］眷卷倦娟绢

tɕ'　［阴平］圈　［阳平］泉全拳踡痊　［去声］券劝

ɕ　［阴平］喧揎萱　［上声］旋　［去声］楦

ø　［阴平］渊冤　［阳平］援垣元园员圆缘源　［上声］莞软 ［去声］院怨愿

（十一）真文韵

ən

p　［阴平］奔　［去声］笨夯

p'　［阴平］喷　［阳平］盆

m　［阴平］闷　［阳平］门　［去声］闷

f　［阴平］分　［阳平］焚坟　［上声］汾纷　［去声］粪愤忿

k　［阴平］根

k'　［上声］肯

x　［上声］很狠痕　［去声］恨

ø　［阴平］嗯

iən

p　［阴平］宾彬　［去声］殡

p'　［阴平］偘　［阳平］贫　［去声］聘

m　［阳平］民

l　［阳平］林淋邻临麟临　［去声］吝

tʃ　［阴平］真针斟鍖呈　［去声］阵震镇振联

tʃ'　［阴平］深　［阳平］臣尘陈辰沉　［上声］嗔嗏　［去声］称趁衬

ʃ　［阴平］伸身森参　［阳平］神　［上声］沈　［去声］甚慎

tɕ　［阴平］斤巾津筋今金襟　［上声］紧　［去声］进近尽晋劲禁

tɕ'　［阴平］亲　［阳平］秦勤擒

ɕ　［阴平］心新辛薪　［去声］信

ø　［阴平］音因吟姻殷阴　［阳平］仁人银　［上声］忍　［去声］印认

uən

ts　［阴平］尊樽遵

ts'　［阴平］村　［阳平］存　［去声］寸

s　［阴平］孙

t　［阴平］敦　［上声］盹　［去声］顿遁囤

t'　［阴平］吞

l　［阳平］轮伦囵沦　［去声］论嫩

k　［上声］滚　［去声］棍

k'　［阴平］坤　［上声］捆　［去声］困

x　［阴平］昏婚惛阍　［阳平］魂浑　［去声］混溷

ø　［阴平］温瘟　［阳平］文纹闻　［去声］问璺

yən

tʃ　［上声］准稕

tʃ'　［阴平］春　［阳平］唇蠢

ʃ　［去声］顺

tɕ　［阴平］君军钧窘　［去声］俊

tɕ'　［阴平］困　［阳平］群裙

ɕ　［阴平］熏勋　［阳平］循巡寻　［去声］逊蕈

ø　［阴平］晕　［阳平］云纭匀　［上声］允耘　［去声］运韵润

（十二）阳唐韵

aŋ

p　［阴平］帮　［上声］榜膀绑　［去声］棒傍

p'　［阳平］旁　［上声］嗙　［去声］胖

m　［阳平］忙茫

f　［阳平］房　［上声］芳坊妨　［去声］放

ts　［阴平］脏赃葬　［去声］藏

ts'　［阴平］仓　［阳平］藏

s　［阴平］桑　［上声］嗓　［去声］丧

t　［阴平］当裆铛裆　［上声］党挡　［去声］荡

t'　［阴平］汤　［阳平］糖塘堂搪瑭嘡　［上声］淌　［去声］趟

n　［阳平］囊　［上声］攮

l　［阳平］狼郎廊　［去声］浪

k　［阴平］冈刚纲缸　［上声］岗

k'　［阴平］康糠　［去声］抗炕

x　［阳平］行

Ø　［阳平］昂

iaŋ

n　［阳平］娘

l　［阳平］量梁良粮凉　［上声］两　［去声］亮量

tʃ　［阴平］张獐章　［上声］长掌　［去声］仗胀帐账障

tʃ'　［阴平］昌娼畅　［阳平］肠尝偿常场长　［去声］怅唱

ʃ　［阴平］伤商觞　［上声］赏裳　［去声］上

tɕ　［阴平］江姜浆疆缰　［上声］讲　［去声］降将匠犟

tɕ'　［阴平］腔枪锵　［阳平］墙嫱强

ɕ　［阴平］香乡相箱厢　［阳平］祥翔降　［上声］想响饷　［去声］向象像项

Ø　［阴平］央秧鸳怏殃鞅怏　［阳平］穰阳杨扬洋羊　［上声］嚷攘仰养痒　［去声］恙让样

uaŋ

k　［阴平］光

k'　［阴平］筐诓　［阳平］狂　［去声］况眶旷

x ［阴平］荒慌 ［阳平］黄惶煌隍 ［上声］晃

ø ［阴平］汪 ［阳平］王亡 ［上声］网 ［去声］望旺忘

yaŋ

tʃ ［阴平］庄桩妆装 ［去声］撞妆状壮

tʃ' ［阴平］窗疮 ［阳平］床 ［上声］闯 ［去声］跾

ʃ ［阴平］双霜 ［上声］爽

（十三）东青韵

əŋ

p ［阴平］崩迸

p' ［阴平］呯烹 ［阳平］棚蓬篷硼朋 ［去声］碰

m ［阳平］矇蒙濛 ［去声］梦

f ［阴平］封风锋蜂峰 ［阳平］冯逢缝 ［去声］奉俸缝凤

ts ［阴平］增 ［去声］赠

ts' ［阳平］层曾 ［去声］蹭

s ［阴平］僧

t ［阴平］灯登蹬 ［上声］等 ［去声］瞪蹬

t' ［阳平］疼腾藤

n ［阳平］能

l ［上声］冷 ［去声］棱

tʂ ［阴平］挣争睁筝

tʂ' ［阴平］撑铛

ʂ ［阴平］生牲笙

k ［阴平］更耕 ［上声］梗

k' ［阴平］坑倾

x ［阴平］哼 ［去声］拧擤

81

iəŋ

p　　［阴平］兵　　［上声］丙柄炳　　［去声］病

p'　　［阳平］平瓶凭评

m　　［阳平］明鸣名　　［去声］命

t　　［阴平］丁　　［上声］顶　　［去声］腚锭定

t'　　［阴平］听厅　　［阳平］婷庭廷停　　［上声］挺　　［去声］梃

n　　［去声］宁咛

l　　［阳平］灵棂零凌铃　　［上声］领　　［去声］令

tʃ　　［阴平］正　　［上声］整　　［去声］正怔证症

tʃ'　　［阴平］称　　［阳平］成承城盛呈逞程诚诚　　［去声］称

ʃ　　［阴平］声升　　［阳平］绳　　［去声］胜剩盛圣

tɕ　　［阴平］惊睛精荆经京菁　　［上声］井景　　［去声］敬径净镜茎

tɕ'　　［阴平］轻清青　　［阳平］情　　［去声］庆卿

ɕ　　［阴平］星腥　　［阳平］行刑　　［上声］醒　　［去声］兴姓倖性幸

Ø　　［阴平］应莺　　［阳平］蝇营迎盈缯赢　　［上声］影茔　　［去声］硬

uŋ

ts　　［阴平］宗鬃踪

ts'　　［阳平］从

s　　［阴平］松　　［去声］宋送诵

t　　［阴平］冬东咚鼕　　［去声］动冻

t'　　［阴平］通　　［阳平］同童铜　　［上声］痛

n　　［阳平］农哝　　［去声］弄浓

l　　［阳平］龙笼胧隆窿眬

82

k　［阴平］公工攻恭弓躬宫　［去声］供贡

k'　［阴平］空　［去声］控

x　［阴平］烘　［阳平］红鸿

ø　［阴平］翁　［去声］瓮

yŋ

l　［阳平］龙

tʃ　［阴平］中终盅忠　［去声］种众仲重

tʃ'　［阴平］充冲铳　［阳平］重虫　［上声］宠崇

tɕ'　［阳平］穷穹

ɕ　［阴平］兄凶胸　［阳平］雄

ø　［阳平］溶戎容荣嵘　［去声］用

卷二　聊斋俚曲俗字考释

一　凡例

1. 俗字的收录

俗字具有时代性,是相对于当时的正字而言的。本书收录的俗字有两类,一类为当时是俗字,现在成了通用字,如"数""园""战";一类为当时是俗字,现在不是通用字,如"辈""盃"。

2. 古字的收录

有的字古已有之,但在其后很长的一段历史中,在正字的行列中不再出现,而现在又成了通用字,如"与""礼"。虽曰古字,也具有俗字的性质。

3. 借形字的收录

有的字,其音义与文意毫无关系,却被拿来使用。如"本"用作"本"。

4. 误字的收录

误字包括两类,一类为形近致误,一类为该用甲字而误用了乙字。前者如"都躲着皇帝走"(《增补幸云曲》二·P.3158)之"躲",抄本误作"躲";后者如"都着横骨坨了心"(《寒森曲》二·P.2634)之"坨",路盛蒲三本皆作"坨"。这两类字,凡是不具普遍意义者,一律不收,如"躲"字,抄本误作"躲",没有影响到其他版本,也没影响到对内容的阅读与理解,故不收录;凡是具有普遍意义者,则一律收录,如"瞳"字,路盛蒲三本皆误作"眩";"鍬"

字，抄本误作"鈠"，路本误作"鈥"，盛本误作"窍"，蒲本误作"锹"。这些影响到了对内容的阅读与理解，故予收录。

5. 方言字的收录

由于方言字与俗字瓜葛甚多，长期被人们当作俗字看待，而且聊斋俚曲里面方言字数量也不甚多。虽然二者并不是一回事，但本书仍把它们放在一起，如"搇""嘖"，不再一一注明。

6. 书证举例

一般举出两例。凡属孤例必为参诸其他材料确属可信者，如"垫"字只有一例，但"执"字已在俚曲中作为俗体出现，故知"垫"字不误。本书不光是对聊斋俚曲的俗字做些断代的注音（用国际音标标出当时的读音）释义（主要是随文释义）的描写，还对这些俗字自汉魏碑刻直至现在的《现代汉语通用字表》的使用状况做出考察，举出书证，尽量反映出这些俗字的历史变化。

7. 字序全部按笔画排列，异体字排在主条后，且全部列出条目。

8. 引文与论述中，如果重复出现条目中的字，则以"~"号表示。

二　部首检字表

（一）部首目录

一画	二画	八（丷）	讠（言）
一	二	人（入）	冂
丿	厂	勹	阝
丶	刂	几（几）	力
乙	亻	冫	又（㕚）

卷二 聊斋俚曲俗字考释

厶	氵	牛	穴
三画	忄	毛	衤
土（士）	宀	攵	癶
扌（手）	辶	斤	六画
艹	彐（彑）	爪	耳
寸	尸	父	西
廾	弓	月	光
大	孑（子）	文	虫
上	女	火（灬）	舌
口	马（馬）	衤	竹
囗	纟（糸）	心	米
山	四画	五画	七画
巾	木	弍（贰）	麦
彳	犬	石	足
犭	歹	目	角
夕	丰（車）	罒	八画
夂	戈	皿	雨
饣（食）	瓦	钅（金）	九画
丬	支	禾	革
广	日	鸟（鳥）	十画
门（門）	贝（貝）	疒	髟

89

(二) 检字表

一部	头	鐦	伞
与	举	亻部	勹部
丰	觉	们	勾
左		伃	几（八）部
冉	乙部	仦	几
旡	乜	伤	凣
与	书	体	风
东		侾	冫部
耒	二部	伹	准
两	干	侭	讠（言）部
两	亏	俹	议
来	所	傄	訷
枣	厂部	俤	䛇
歪	刂部	佲	证
盃		八（丷）部	诒
盃	刃	兴	詇
丿部	刚	养	讱
乂	刘	单	说
么	凹	人（入）部	凵部
乔	刦	个	画
乒	剠	从	阝部
乓	刮	仝	陈
、部	劂	会	力部
义	剑	合	
	刚		
	劂		

90

卷二　聊斋俚曲俗字考释

励	垞	捼	大部
劳	埀	搀	夲
势	墙	搂	厺
又（又）部	扌（手）部	搥	夯
劝	执	撥	上部
双	扐	搅	夭
对	报	摆	口部
欢	挓	捄	号
变	抔	瓣	叹
艰	㧊	摊	后
观	挡	揌	叹
难	挺	撕	呱
鸡	挡	撕	吠
羲	押	攃	听
厶部	拮	艹部	咲
叄	捼	芦	咀
叁	挊	荸	哳
醦	挤	菓	咋
繗	捔	药	咍
土（士）部	捞	寸部	虽
坏	捆	寿	响
声	换	廾部	唻
坟	挿	廾	咲
块	掂	异	唠
垫	挤	弃	唻
坎	掾		咽

91

呋	亍部	庙	湾
咚	衖	门（門）部	溁
嗨	犭部	门	滩
唎	独	闪	澁
啦	夕部	闭	忄部
嗎	梦	问	忉
嘎	攵部	闯	怀
嘱	処	闱	怜
嚓	条	闲	恼
嚓	饣（食）部	间	宀部
嚍	飰	闱	灾
嚖	餛	闷	宝
嚦	膞	闺	实
嚯	馆	阋	寔
嚯	饟	闹	寇
口部	丬部	阁	辶部
园	壮	阐	边
囹	妆	关	过
山部	状	阙	迁
屲	将	闯	迺
岊	广部	氵部	还
峣	序	泟	这
屺	庄	济	远
巾部	广	浔	迗
师	庒	济	過
帋	应	深	退

卷二　聊斋俚曲俗字考释

逯	繩	时	文部
退	総	晓	齐
遚	木部	暾	䒯
彐（彑）部	桥	曾	孡
归	桁	贝（貝）部	夆
当	楼	赃	奈
灵	犬部	牛部	夲
尸部	献	牵	齐
启	歹部	毛部	宽
尽	殡	毡	斋
尿	丰（車）部	攵部	斋
弓部	辈	数	竟
弥	轻	斤部	火（灬）部
弯	軽	断	灯
弹	轿	爪部	㶽
子（孑）部	轿	炮	炬
孙	戈部	爱	炉
孜	战	父部	点
女部	戦	爷	炤
妇	瓦部	爷	热
娇	瓮	月部	烛
马（馬）部	瓮	肦	礻部
驴	攴部	腊	礼
骎	戱	腚	祷
纟（糹）部	日部	膤	祸
纲	旧		禅

93

心部
恶
恋
您
憨

弍（贰）部
弍
弎
刴
㓁
㓁
㓁
㓁
㓁
㓁
𠚥

石部
砯
砖
硊
䃏

目部
䀹
䁻
䁅

罒部
罗
罢

皿部
盃
盖

钅（金）部
钱
铁
锅
锣
鋿

禾部
种
称

鸟（鳥）部
鳰
鳰
鴍

疒部
痒
痋
痴
瘆

穴部
穷
窝

衤部
袄
䘭
发

耳部
耸
聪

西部
覀
酾
粧

光部

虫部
虫
蚕
虱
蛩
蚕
蜡
蝉
箋

舌部
乱
辞
舚

竹部
筹

米部
粮

麦部

足部
跳
蹐
跾
蹊

角部
解

雨部
霁

革部
鞡

髟部
髷
鬟
鬟

三 正文

一 部

与（与）

①那孩儿你曾见他，模样儿佳~不佳，请来问你一句话。（《禳妒咒》［罗江怨］·P.2784）

②那万岁跳下马来，把椰瓢摘下递~仙女，盛一瓢来，那万岁一气饮干。（《增补幸云曲》四·P.3167）

抄本与盛蒲二本皆如字，路本作"與"。

按：~音［˚y］，例①之~同"和"；例②之~表"给予"，"與"的异体。《说文·勺部》："~，赐予也。一勺为~。此~與同。"《玉篇·勺部》："~，赐也，许也，予也，亦作與。"唐《张纲墓志》："~道为邻，世称英杰。"今为與的简化字。抄本用的是與的异体，盛蒲二本用的是與的简化字。

丰

他也偷瞧，我也偷瞧，模样俊雅好~标，与奴正相当，一对美年少。（《琴瑟乐》［陕西调］P.2683）

抄本与盛蒲二本皆如字。

按：~音［˚fəŋ］，状容貌体态之美。《说文·生部》，"~，艸盛~~也。"《集韵·东韵》："~，~茸，艸盛貌。"今为"豐"的简化字，而在聊斋俚曲中，~与豐并不混用。

圡

①站立~中堂，低着头儿偷眼望，看见老人家，倒也喜欢像。（《琴瑟乐》［陕西调］P.2683）

②扶出我去~堂中站，合着那人面对面，许多人都挤擦着，母亲端出一碗饭。（《琴瑟东》［淄口令打叉］P.2685）

抄本如字，路盛蒲三本皆作"在"。

按：~音［tsai³］。介词，表示站立的处所，"在"的俗体。字书无载，应为当时的新造字，似由"在"字草书楷化而成。《说文·土部》："在，存也，从土才声。"

冄

①差人吃的醉饱，拿起银子笑说："没哩就真果拿着吧，~不拿又敢说是嫌少哩。"（《寒森曲》一·P.2630）

②恶虎为护那个耳，常带七八个家丁，怕人~使石头搋。（《寒森曲》［耍孩儿］P.2639）

③六哥道："我卖酒这几年来，~没个会吃酒的，你真是天下吃酒的祖宗头。"（《增补幸云曲》七·P.3184）

抄本如字，路盛蒲三本皆作"再"

按：~音［tsai³］。例①中的~义为重复；例②中的~义为第二次；例③中的~义为周遍，"再"的俗体。《古今韵会举要·队韵》："再，俗作~。"《说文》："再，一举而二也。从冓省。"《玉篇·冓部》："再，两也，重也，仍也。"刘复《宋元以来俗字谱》（以下简称《俗字谱》）之《列女传》《古今杂剧》《三国志平话》《太平乐府》《娇红记》《白袍记》作~。

旡

夜来还有支使的，今日出来当奴才。说起这事真奇怪。这冤屈对谁告诉？真正是~妄奇灾。（《磨难曲》一［耍孩儿］P.2982）

鸿本如字，路本作"無"，盛蒲二本作"无"。

按：~在这里应读[ˌu]，义为没有。然而，~，《广韵》居豪切，《说文·~部》："~，饮食气逆不得息曰~。"其音义与文皆不合。~当为"无"字之形误。《说文·亡部》："無，亡也，无，奇字无。"徐锴系传："无者，虚无也。无者对有之称，自有而无，无谓万物之始。"《易·无妄》："六三，无妄之灾。"例中"~妄奇灾"当为"无妄之灾"之变用。"无"今为"無"的简化字。宋元以降，~与无有混用的现象，如《俗字谱》之《古今杂剧》《娇红记》《白袍记》《目连记》《金瓶梅》《岭南逸事》作~，而《列女传》《通俗小说》《三国志平话》《太平乐府》《东窗记》则作"无"。

与

①嫂嫂~哥哥，两口子说话情意多，想是倒晚来，必定是一头卧。（《琴瑟乐》[陕西调] P.2681）

②把俺温存，灯下看的十分真，冤家真风流，他~奴家真相近。（《琴瑟乐》[陕西调] P.2686）

抄本如字，路本作"與"，盛蒲二本作"与"。

按："与"的异体，字书无载，应为当时的新造字。参见"与"。

东

①皇爷说："我自来不好干吃人家的~西，你既不要，我有道理，你这里隔着什么城近？"（《增补幸云曲》五·P.3171）

②那老鸨子爬起来，戴上鬏髻，自思想，"好蹊跷，又没见他一个钱的~西，怎么磕了这一些头？"（《增补幸云曲》九·P.3193）

抄本与盛蒲二本如字，路本作"東"。

按：~音[ˌtuŋ]，~西，指食物，"東"的俗体。字书无载，应为当时的新造字，今为"東"的简化字。抄本用的是"東"的俗体，盛蒲二本用的是"東"的简化字。

耒

①秀才说："那妇人嗨叫，合店里都起来问，谁没见哩！"按院说："见了官怎么~呢？"（《磨难曲》十四·P.3043）

②太太笑说："这是自家夸奖了。"又~报："太老爷就到了。"（《磨难曲》二十七·P.3106）

鸿本如字，路本作"來"，盛蒲二本作"来"。

按：~在这里应读 [lai]，例①之~是语气词，表示语气；例②之~是趋向动词，与"去"相对。然而，~，《广韵》力轨切，又卢对切。《说文·耒部》："~，手耕曲木也。从木推丰。古者垂作~梠，以振民也。"其音义与文皆不合。~用作"来"字，当为借形。《俗字谱》之《古今杂剧》《娇红记》作~。

両

①恶虎安心要告病，送出了白银十~，两解差意思嫌轻。（《寒森曲》一 [耍孩儿] P.2630）

②~个携手到了店里。梅庵分付："筛上酒来了。"（《磨难曲》十二·P.3029）

抄本与鸿本皆如字，路本作"兩"，盛蒲二本作"两"。

按：~为"兩"的俗体。《俗字谱》之《白袍记》《东窗记》《目连记》《金瓶梅》《岭南逸事》作~。参见"两"。

两（両）

①新泰知县又通私，旧尸格改了一~字。葫芦提乱了一阵，却也倒没犯差迟。（《寒森曲》二 [耍孩儿] P.2635）

②他~人争嚷，惊动了街房，都来大叫："王小，客的钱皮些，收着罢。看坏了铺子。"（《增补幸云曲》三·P.3164）

抄本与盛蒲二本皆如字，路本作"兩"。

按：~音［ˀliaŋ］，例①之~表数量；例②之~表偶双，"兩"的俗体。《俗字谱》之《通俗小说》《古今杂剧》《三国志平话》《太平乐府》《白袍记》《岭南逸事》作~，今为"兩"的简化字。抄本用的是"兩"的俗体，盛蒲二本用的是"兩"的简化字。明·万历本《金瓶梅词话》（第七十九回）亦作~，如："在我这里好不丑的三行鼻涕~行泪的哭。"

来

①小卒进去说："众秀才~见。"大王说："快请，快请！"（《磨难曲》十七·P.3052）

②恨爷娘，把牙咬，把俺的青春耽误了。从~闺女当不的儿，没哩待留咱养老？（《琴瑟乐》［淄口令打叉］P.2682）

鸿本抄本与盛蒲二本皆如字，路本作"來"。

按：~音［ᴄlai］。例①之~表动作，与去相反；例②之~表示"一向"。"來"的异体，今为"來"的简化字。鸿本与抄本用的是"來"的异体，盛本用的是"來"的简化字。《俗字谱》之《取经诗话》《通俗小说》《古今杂剧》《三国志平话》《太平乐府》《娇红记》《东窗记》《目连记》《金瓶梅》《岭南逸事》作~。

枣

南瓜皮子一大筐，炊帚苕帚三五把。~面蒸成窝窝头，嫩鸡鲜鱼剁成鲊。（《禳妒咒》一［山坡羊］P.2768）

抄本与盛蒲二本皆如字，路本作"棗"。

按：~音早，指北方的一种核果。"棗"的俗体，字书无载，应为当时的新造字，今为"棗"的简化字。抄本用的是"棗"的俗体，盛蒲二本用的是"棗"的简化字。

歪

①出房来，看看西方日影~。叮咛改日另相邀，殷勤送出门儿

外。(《禳妒咒》十一［呀呀油］P.2807)

②为头的烦了体面来,不从又怕他胡揣~,老爷呀,况且又怕官府怪。(《磨难曲》十四［跌落金钱］P.3040)

鸿本、抄本及路盛蒲三本皆如字。

按:~音［ˌuai］。例①之~为不正;例②之~与"揣"组合构成联绵词,义为搅乱。~,《字汇》乌乖切。《正字通·止部》:"~,俗字。《说文》䚄,训不正,俗合不正二字改作~。"今为通用字。

丕

大相公没耐何,常在旁丕~着,夜间也在旁里卧。(《寒森曲》八［耍孩儿］P.2672)

抄本如字,路盛蒲三本皆作"堆"。

按:~音［ˌtuei］,是个联绵字,和"丕"(音［ˌku］)组合成联绵词"丕丕"(路盛蒲三本皆作"估堆"),表示"蹲"义。"蹲"这种动作既不坐着,也不立着,将"不""坐"与"不""立"分别组合成字构成联绵词表示这种动作,其创意可谓别有特点。

丕

按:~音［ˌku］,参见"丕"。

丿　部

义

①敢说这夜~还有好的?只因这个夜~不曾吃好人,吃的都是那些响马、强盗、匪贼、虎豹狼虫,便把那恶业变成了好处。(《俊夜~》［开场］P.2726)

②对对蝴蝶飞帘下,惹的大姐心里骂,急仔这回不耐烦,现时

的东西你来咱？（《琴瑟乐》［淄口令打~］P.2681）

抄本与盛本如字，蒲本厥如，路本未收此篇。

按：例①之~音［tṣ'a］，夜~，佛教指恶鬼，引申指凶恶的人；例②之~音［tṣ'aº］，"打~"是一种绕口令的形式。然而，~，《广韵》鱼肺切，《说文·丿部》："~，芺草也。"其音义与文皆不合。细考，~当是"乂"的误写。"乂"《广韵》初牙切，《说文·乂部》："乂，手相错也。"《玉篇·乂部》："乂，指相交也。"疑民间常以"√"号表示正确，以"乂"号表示差错，久之，便将"乂"的读音用在了"乂"上。

么

①老王出了票子……便问赵歪子："你父亲着人杀死了，你可甘心~？"（《寒森曲》四·P.2684）

②鸿渐长叹了一声说："怎~这心里忽然伤感起来？酒也吃不去了？咱不饮罢。"（《磨难曲》十二·P.3030）

③张舍道："这长官帽破衣残，倒是极好的口才，分明是个~，说六就翻过来了。"（《磨难曲》六·P.3177）

例①②抄本鸿本与盛蒲二本皆如字，路本作"麽"；例③各本皆如字。

按：例①之~音［ma］，表疑问语气；例②之~音［mo］，疑问代词；例③之~音［iau］，表数字"一"。例①和例②之~为"麽"的俗体。例③之~为"幺"的俗体。~，《改并四声篇海》引《俗字背篇》伊雕切，同"幺"。《古今韵会举要·萧韵》："幺，今俗作么。"今为"麽"的简化字。在例①和例②中，抄本鸿本用的是"麽"的俗体，盛蒲二本用的是"麽"的简化字。在例③中，各本用的都是"幺"的俗体。

乔

高公上，一行走着便说："今日必于~迁了。"（《禳妒咒》三·P.2775）

抄本与盛蒲二本皆如字，路本作"喬"。

按：~音［ₑtɕ'iau］，用作迁居的敬语。"喬"的俗体。字书无载，应为当时的新造字，今为"喬"的简化字。抄本用的是"喬"的俗体，盛蒲二本用的是"喬"的简化字。

乓

①又听的那雨儿打的那芭蕉叶~呀乓呀的点点的伤悲。我这等，不知你那里睡不睡。（《磨难曲》十九［西调］P.3065）

②听那喇叭嘻嘻哈哈，听那锁呐滴滴答答，一片人声吱吱呀呀，门前花炮~~乓乓。（《禳妒咒》八［西调］P.2793）

鸿本、抄本与路盛蒲三本皆如字。

按：~音［ₑp'iəŋ］，象声字，形容声音。字书无载，应为当时的新造字。

乓

①又听的那雨点儿打的那芭蕉叶乓呀~呀的点点的伤悲。我这等，不知你那睡不睡。（《磨难曲》十九［西调］P.3065）

②听那喇叭嘻嘻哈哈，听那锁呐滴滴答答，一片人声吱吱呀呀，门前花炮乓乓~~。（《禳妒咒》八［西调］P.2793）

鸿本抄本与其他各本皆如字。

按：~音［ₑp'a］，象声字，形容声音。字书无载，应为当时的新造字。

丶 部

乂

①一路途遥，蒙相别情～高，不饮也被旁人笑。（《禳妒咒》三［黄莺儿］P.2775）

②处处鸣锣玩耍，走遍城市乡村，无君子不养～人，费的那钱财有尽。（《禳妒咒》二十一·P.2843）

③常时愁怕尚成欢，犹想芳闺近玉颜，一自连朝发觉后，美人常当夜～看。（《禳妒咒》诗·P.2828）

④一个个～着腰，嚇嚇的喘粗气，都说："看去的晚了又说俺受了贿哩。"（《磨难曲》六·3005）

例①抄本与盛蒲二本皆如字，路本作"義"。例②抄本如字，路盛蒲三本皆作"异"。例③例④抄本如字，路盛蒲三本皆作"叉"。

按：例①和例②之～音［i˙］；例①之～是"義"的俗体；例②之～是"艺"的借字，耍猴谋生之人属于艺人，他本作"异"，欠妥。例③和例④之～音［tṣ'a］，例④之～表示以手抔腰的动作，例③之～表示佛教音译词"夜叉"的一个音节，当是"叉"字的异体。～今为"義"的简化字。在聊斋俚曲中，"叉"字写作"乂"还是写作"乂"有较大的任意性，比如同样在《禳妒咒》抄本中，第三回（见例③）写作"乂"，而在第二十一回的［银纽丝］中，则写作"乂"，如："床头上不是个女娇也么娃，分明卧着个母夜乂。"但作为"義"的俗体则只写作～，《俗字谱》之《通俗小说》《太平乐府》《白袍记》《目连记》《岭南逸事》亦作～。明·万历本《金瓶梅词话》亦有用例，如："两杆枪交～，上面挑着个灯笼。"（八十八回）参见"乂"。

头

①忙祝讚，忙磕~，财神在上听缘由，听我从~说一遍，诉诉穷人肚里愁。（《穷汉词》P.2737）

②恰好万岁来到近前，抬~见个老婆婆，便说："妇人你家有闲房借宿一晚何如？"（《增补幸云曲》五·P.3169）

抄本与盛蒲二本如字，路本作"頭"。

按：~音[t'ou]。例①之~表示开始；例②之~表头颅，"頭"的异体。字书无载，应为当时的新造字，今为"頭"的简化字。抄本用的是"頭"的俗体，盛蒲二本用的是简化字。

举

①~人说："乱处是太原合阳平。小弟来时，雇了二十名标枪，送过平原百里外就好了，我自己就来了。"（《磨难曲》二十二·P.3081）

②一手持住青丝发，鞭子一~不留情，嫩嫩的皮儿难扎挣。（《增补幸云曲》十[耍孩儿]P.3197）

鸿本抄本与盛蒲二本皆如字，路本作"舉"

按：~音[tɕy]。例①之~表示乡试录取；例②之~表示手向上的一种动作，"舉"的俗体。字书无载，应为当时的新造字，今为"舉"的简化字。鸿本用的是"舉"的俗体，盛蒲二本用的是"舉"的简化字。

觉（竞）

①嫂子说道休害羞，嗨，我心里欢喜你不~。（《琴瑟乐》[淄口令打叉]P.2683）

②忽见他家摧妆，不~心里怪爽利。仔说是日头扎了根，一般也有这一日。（《琴瑟乐》[淄口令打叉]P.2864）

抄本如字，路本作"覺"，盛蒲二本作"觉"。

按：~音［tɕyə̥］，指感觉，"覺"的俗体。字书无载，应为当时的新造字。"觉"为"覺"的简化字。

乙 部

乜

①于是拭了脸，劈珊瑚呱的声一耳根子，说："我看不上你~脏样。"（《姑妇曲》一·P.2478）

②用急才把地来卖，回家一个渣也无，你说你是个什么物？你看~南庄北院，那有你这样丈夫。（《俊夜叉》［耍孩儿］P.2727）

抄本与路盛蒲三本皆如字。

按：~应读［nieə̥］，义同"那"。然而，~，《广韵》弥也切，《通志·氏族略四》："~，蕃姓也。今秦垅多此姓，望出晋昌赵郡。"其音义与文皆不合，当为借形字。

书

①半世曾无安乐窝，~斋迁处住房挪。旧年邻舍才相识，又去南城二里多。（《禳妒咒》三·P.2777）

②太公说："这样媳妇子，要他怎的？不如把他送去。长命快写休~。"（《禳妒咒》十·2803）

抄本与盛蒲二本皆如字，路本作"書"。

按：~音［ʃy］。例①之~指书籍；例②之~指文契，"書"的俗体。字书无载，应为当时的新造字,今为"書"的简化字。抄本用的是"書"的俗体，盛蒲二本用的是"書"的简化字。

二　部

干

①相公大喜，领着到了后宅，又见房舍～净，铺盖整齐。(《蓬莱宴》三·P.2703)

②看见尺头和钗环，俩眼喜的没点缝。醒来依旧平皮差，呆不登的～发挣。(《琴瑟乐》[淄口令打叉] P.2682)

抄本与盛蒲二本如字，路本作"乾"。

按：～音[ˌkan]。例①之～义为清洁；例②之～义为徒然。《说文·干部》："干，犯也。从反入，从一。"与文不符。～实为"乾"的借字。朱骏声《说文通训定声·乾部》："干，假借为乾。"今为"乾"的简化字。抄本用的是"乾"的借字，盛蒲二本用的是"乾"的简化字。

亏

他家来人搬，依着母亲还待留俺。～着亲嫂嫂，他会行方便。(《琴瑟乐》[陕西调]·P.2689)

抄本与盛蒲二本如字，路本作"虧"。

按：～音[ˌk'uei]，义为承蒙，然而，《说文·亏部》："亏，於也，象气之舒～。"徐铉注："今变隶作于。"聊斋俚曲之～字应是只取"虧"之右边偏旁而成字，"虧"的俗体，非为古之"于"字，今为"虧"的简化字。抄本用的是"虧"的俗体，盛本用的是"虧"的简化字。

厂 部

厛

①他二舅自从报了仇总不去奉承那严世蕃，正做着刑～，着他一笔勾了。（《磨难曲》十三·P.3037）

②府～州县，看俺的鼻梁，两司合抚院，送礼百拾筐。（《蓬莱宴》[西调]·P.2705）

鸿本和抄本如字，路本作"廳"，盛蒲二本作"厅"。

按：～音[ˌt'iəŋ]，指官阶，"廳"的俗体。字书无载，应为当时的新造字。在聊斋俚曲中，"听"已作为"聽"的俗体使用（参见"听"），同时又被作为类推扁旁（声旁）造出～字。鸿本与抄本用的是"廳"的俗体，盛蒲二本用的是"廳"的简化字。

刂 部

刃

①公子说："等他来了我谢你二～银子罢。"李婆说："我去罢，这个地方久留不的。"（《禳妒咒》十五·P.2823）

②高公说："我看势不能到，不如凑上三十～银子，差人早早送去。"（《禳妒咒》二十二·P.2846）

抄本如字，路本作"兩"，盛蒲二本作"两"。

按：～音[ˈliaŋ]，重量单位，十钱为～。"兩"字的俗体，不是"刀刃"之"刃"字。"刃"字与文意不合。～字之点笔与撇笔交叉，而"刃"字之点笔与撇笔楷书规范写法不交叉，但隶篆交叉。

107

刚（劅）

①想起绣鞋未绣完，纤手便拈针和线。鞋底儿~~上罢，闷昏昏眼涩眉酸。（《禳妒咒》［耍孩儿］P.2797）

②咱爹~吃一杯酒，烤着火才不战战，怎么又叫他把身欠？（《墙头记》三［耍孩儿］P.2460）

抄本与盛蒲二本皆如字，路本作"刚"。

按：~音［ˌkaŋ］。义为时间短暂，"剛"的俗体。《俗字谱》之《太平乐府》《娇红记》《白袍记》《目连记》《金瓶梅》作~，今为"剛"的简化字。抄本用的是"剛"的俗体，盛蒲二本用的是"剛"的简化字。

刘

①山下有个周家庄，庄里有个周员外，仗义疏财，极其好善。他的夫人~氏生下一个儿子名唤周元。（《增补幸云曲》五·P.3169）

②高礼说："咱这临县有一个~太和，今年六十五岁了。一伙童生见他每日考，都戏把他。"（《禳妒咒》四·P.2779）

抄本与盛蒲二本皆如字，路本作"劉"。

按：~音［ˌliəu］，姓氏，"劉"的俗体。《篇海类编·器用·刀部》："~，同劉。"《俗字谱》之《通俗小说》《古今杂剧》《三国志平话》《太平乐府》《东窗记》《目连记》《金瓶梅》《岭南逸事》作~，今为"劉"的简化字。抄本用的是"劉"的俗体，盛蒲二本用的是"劉"的简化字。

凹

①就该拿助赵恶虎，割了他那脑袋~了他心，方才解解心头恨。（《寒森曲》一［耍孩儿］P.2629）

②当初辞别亲娘去，恨不将心~出来，死了撧了荒郊外。（《姑妇曲》［房四娘］P.2494）

抄本与路盛蒲三本皆如字。

按：~音［˳pa］，义为剖、剥。字书无载，应为当时的新造字，今通作"扒"。

刼

他给我五个金钱，这小人家谁敢使？不是短了皇纲，就是打~了王子。（《增补幸云曲》三·P.3164）

抄本如字，路本作"刧"。盛蒲二本作"劫"。

按：~音［˳tɕiə］，义为强取，"刧"的异体。《龙龛手鉴》："~，强取也。"《古今韵会举要》："劫，通作刼。"《广韵》："劫，强取也。俗作刼。"今通作"劫"。

刻

①世间若有不平事，表章不必到天门，许他立~就拿问。（《寒森曲》八［耍孩儿］P.2675）

②即将娘娘令旨么传，相从即~驾云还，闷恹恹，九天仙女也思凡。（《蓬莱宴》二［银纽丝］P.2699）

抄本如字，路盛蒲三本皆作"刻"。

按：~音［˳kʻei］，义为立即，"刻"的俗体。字书无载，应为当时的新造字。《俗字谱》之《东窗记》作~，《白袍记》《目连记》《岭南逸事》作"刻"。~应由"刻"进一步简化而成。

刡

奴家昏迷眼难开，自家的身子作不下主来。冤家呀，舍上奴家济着你~划。（《富贵神仙》［跌落金钱］P.2908）

抄本如字，路本作"擺"，盛蒲二本作"摆"。

按：~音［˚pai］，常与"划"组合成"~划"一词，义为把玩，处置。今通作"摆"。此字明·万历本《金瓶梅词话》中已有用例，如："教他任意端详，被他褪衣~划。"（第三十回）

109

㓁

忽见媒婆来提亲,喜的心里难刟~。仔求庚帖出了门,就是我的大运快。(《琴瑟乐》[淄口令打叉] P.2682)

抄本如字,盛蒲二本作"划",路本作"劃"。

按:~音[xuai²]。常与"刟"组合成"刟~"一词,义为把玩、处置,"劃"的俗体。字书无载,应为当时的新造字。

龟

①央及他,话儿把人活气杀。就是您达那老乌~,心头火也按不下。(《磨难曲》十九[呀呀油] P.3073)

②人都说黄河干了,爬出来一群乌~。(《寒森曲》四[耍孩儿] P.2653)

鸿本抄本皆如字,路本作"龜",盛蒲二本作"龟"。

按:~音[ₑkuei],是一种既能爬行又能游泳的水陆两栖动物,"龜"的俗体。字书无载,应为当时的新造字,今简化为"龟"。

剐

①一个秀才说:"生员是王~,因着二十多人进了宅子,把我的父亲燎死。"(《磨难曲》十四·P.3043)

②娘子……便说:"李鸭子,这是鸿渐~才归家,你待怎么?"(《磨难曲》十三·P.3036)

鸿本如字,路本作"剛",盛蒲二本作"刚"。

按:~音[ₑkaŋ],"剛"的异体,由草书楷化而成。《干禄字书》列作"通字",《俗字谱》之《东窗记》作~。明·万历本《金瓶梅词话》亦作~。如"太~则折,太柔则废。"(第一回)参见"刚"。

剅

做的那事儿,自己口里也难言,就是万刮凌~,也尽不的罪愆。(《禳妒咒》二十七[还乡韵] P.2865)

抄本如字，路本作"遲"，盛蒲二本作"迟"。

按：～音［ₒtʃ'i］，义为杀剐。字书无载，当为"剚"的俗体。"剚"，《集韵》先齐切，《玉篇·刀部》："剚，剡皮也。"《类篇·刀部》："剚，皮伤也。"《字彙·刀部》："剚，剚鱼。陈知切。"《日用俗字·饮食章第四》："清水洗剚鱼脏肚。"亦作"剚"。同出一人之作，何有～与"剚"的不同？很可能是传抄过程中出现的问题。但是，"剚"用于"凌剚"一词已经很晚。较早的用字是"遲"。《宋史·刑法志一》："凌遲者先断其肢体，乃抉其吭，当时之极法也。"可证。或许由于"遲"没有杀剐义，后来才换用"剚"的。抄本用的是"剚"的俗体，路本用的是传统用字，而盛蒲二本用的则是"遲"的简化字。

劘

①三官说："我安心瞧他空子，把他一刀子杀死，便自家～了头。"（《寒森曲》六·P.2665）

②张纳几乎把头～下来，抬在家中，卧在床上。（《慈悲曲》五·P.2532）

抄本如字，盛本作"抹"，路蒲二本例①作"磨"，例②如字。

按：～音［moº］，义为用刀割。字书无载，应为当时新造字，今通作"抹"。

鍘

你妈有儿望上进，弄的俺没儿嘴孤答；嘴孤答，咱休夸，把头伸上一处～。（《富贵神仙》七［倒板浆］P.2936）

抄本如字，路蒲二本作"揸"，盛本作"咋"。

按；～音［ₒtʃa］，义为用铡刀切。"铡"的异体。李鸭子之母持刀要和方氏拼命，宁愿和方氏一同把头铡掉，～字不误。作"揸"字亦通。至于"咋"字，一则词义不通，二则有违韵律。因为此处要求押平声韵,而"咋"字则读上声。

亻 部

们

①谁想那众娘子~早已知道了。都各人拿着那棒槌,来合和了家母一齐跑去。(《禳妒咒》一·P.2767)

②我昨日在街上听见人唱一个[山坡羊],甚是伤感,我唱唱与大爷~听听。(《禳妒咒》一·P.2767)

抄本与盛蒲二本皆如字,路本作"們"。

按:~音[mən],用在人称代词或指人名词后面,表示复数。"們"的俗体。《俗字谱》之《目连记》《金瓶梅》作~。《字彙》莫奔切,《正字通·人部》:"們,今填词家我們、俺們,读平声。"今为"們"的简化字。抄本用的是"們"的俗体,盛蒲二本用的是"們"的简化字。

伣

①夫妇方才定了~,找了个包袱包把煞。娘子说:"我嘱咐你一句话,拿到街上不可说是奴家。"(《蓬莱宴》[西调] P.2707)

②皇爷说:"你拿黄菊高酒来我吃罢。那混账酒我吃不贯,情愿多给你~钱。"(《增补幸云曲》七·P.3184)

抄本如字,路本作"價",盛蒲二本作"价"。

按:~音[tɕiaº],义为价值,"價"的俗体。字书无载,应为当时之新造字。《俗字谱》之《古今杂剧》作"侪",~当由此字进一步省减而成。抄本用的是"價"的俗体,盛蒲二本用的是"價"的简化字。~又被借作"假期"之"假"。如:"半年来愁闷煞,有人说'请'痒难抓,勃勃兴致按不下。出门的~儿实难告,反复思量说什么？"（《禳妒咒》二十·P.2838）。~，路盛蒲三本皆作"假"。

吵

①这个事真异样，不知那灵魂儿飞向前方。~冤家你说这是那里的账？（《禳妒咒》七·P.2789）

②屡次显灵还不信，那有这样~东西？还要把他尸灵治。（《寒森曲》三［耍孩儿］P.2653）

抄本如字，例①路盛蒲三本皆如字，例②路盛蒲三本皆作"潮"。

按：淄川方言憨傻曰［ˌtʃʻau］。但是《广韵·效韵》："~，初教切，~~，小子。"《集韵·巧韵》："~，小也。"又《集韵》弭沼切。其音义与文皆不相合。《汉语大字典》释作"用同'眇'。瞎了一只眼睛。"举蒲松龄《穷汉词》："俺如今又不~，又不傻，又不聋，又不哑。"《日用俗字·身体章》："瞎聋~哑有前因。"所举两例，皆为憨傻义，与释义不合。聊斋俚曲使用此字应为借形。

伤

①老王说："奶奶也不要哀~，往后也未必常常如此，待二日再看。"（《禳妒咒》十三·P.2185）

②羊落了半边，鱼落了中间，书房鸡也把胸脯儿揎。好~天，杀佛吃血，心里怎么安？（《禳妒咒》二十四［黄莺儿］P.2852）

抄本与盛蒲二本皆如字，路本作"傷"。

按：~音［ˌʃaŋ］，例①之~表示悲哀；例②之~表示损害，"傷"的俗体，今为"傷"的简化字。《俗字谱》之《通俗小说》作~，抄本用的是"傷"的俗体，盛蒲二本用的是"傷"的简化字。

体（体）

①夫人笑说："我儿这不好么？他如今中了举了，你往后可些须给他点~面。"（《禳妒咒》二十三·P.2849）

②论那老樊，为人还在德行间，但无个屋子顶，怎么成～面。"（《禳妒咒》[叠断桥] P.2787）

抄本与盛蒲二本如字，路本作"體"。

按：～应读[ᵗ'i]，指身躯。但《广韵·混韵》："～，蒲本切，粗皃，又劣也。"《正字通·人部》："～，别作笨，义同。"《龙龛手鉴·人部》："～，千内反，狱名。"其音义与文皆不符合。聊斋俚曲中，～用作"體"，应是借形，今为"體"的简化字。抄本用的是"體"的俗体，盛蒲二本用的是"體"的简化字。～用作"體"，明·万历本《金瓶梅词话》已见用例，如："娘子若服了我的药，必然贵～全安。"（十七回）

体

①受不尽热熬煎，口又涩，舌又干，浑身遍～流香汗。（《增补幸云曲》四 [耍孩儿] P.3167）

②咱门户不在一人下，～面也还撑的来，说声做亲还有人爱。（《增补幸云曲》）四 [耍孩儿] P.3189）

抄本如字，路本作"體"，盛蒲二本作"体"。

按：～为"体"的异体。参见"体"。

佪（个）

①大官人放倒身磕头几～，拜爹娘要登程两泪如梭，这也是天教我人离家破。（《慈悲曲》[劈破玉] P.2536）

②两～携手到了店里，梅庵分付筛上酒来，拿过几样果肴来，斟上酒。（《磨难曲》十二·P.3029）

抄本与鸿本如字，路本作"個"，盛蒲二本作"个"。

按：～音 [kuoº]，量词。"個"的俗体。字书无载，应为当时的新造字。参见"个"。

卷二 聊斋俚曲俗字考释

侭

①细思量，年年卖地不为常。还有地你就～着卖，没了地可该怎么样？（《蓬莱宴》[呀呀油] P.2705）

②性子发了要杀人，进了房门没了气。～他作精～他活，放不出个狗臭屁。（《禳妒咒》一[山坡羊] P.2768）

抄本如字，路本作"儘"，盛蒲二本作"尽"。

按：～音[tɕiəŋ˚]，义为任凭，"儘"的俗体。《俗字谱》之《通俗小说》《古今杂剧》《太平乐府》《娇红记》《目连记》《金瓶梅》《岭南逸事》作～，今简化为"尽"。

倅

我劝世人不要歪，阎王不怕你性子～。眼前虽着人难受，只怕折了你的儿孙、促了你的寿。（《姑妇曲》三·2495）

抄本与路盛蒲三本皆如字。

按：～音[tʃuə˚]，义为执拗、暴戾。从人灼声，字书无载，应是当时的新造字。

俲

①这一首西江月是说的不成人的憨蛋，不长俊的～种。（《俊夜叉》[开场] P.2725）

②～强人，嘲畜生，割了肉来胡触送，终朝每日瞎作蹬。（《俊夜叉》[淄口令打叉] P.2727）

抄本与路盛蒲三本皆如字。

按：～音[˳suŋ]，义为愚呆。《方言》卷三："庸谓之～，转语也。"但《汉语大字典》音 sōng，释作"愚蠢"，引蒲松龄《俊夜叉》："这西江月是说的不成人的憨蛋，不长俊的～种。"又《日用俗字·赌博章》："赌博真是～獃桃，本人犹说胜如嫖。"其释义不误，注音有失。《淄川方言志》作"尿"，标音[suŋ⁵⁵]。

115

俻

①娘娘要行，众神仙围绕起来说："众人～下来了几席果牒儿，望娘娘再坐一坐，也好给娘娘跟随的酬劳。"（《蓬莱宴》六·P.2720）

②江城说："气死我也。谁家的汉子他打？春香，拿棒槌来，我去和他讲。"公子说："差人～上马。"（《禳妒咒》十八·P.2832）

抄本如字，路本作"備"，盛蒲二本作"备"。

按：～音［pei˚］，例①之～义为预办；例②之～义为"鞴"的借字，指把鞍鞯套在马上。"備"的俗体。《俗字谱》之《目连记》《金瓶梅》作～。今简化为"备"。抄本用的是"備"的俗体，盛蒲二本用的是"備"的简化字。

侭

①宗大官，实是～，一个差，净了身，算来真是活倒运。（《俊夜叉》［耍孩儿］P.2727）

②就是相好，也是一霎，全然一点不中用，真正是个～王八。（《禳妒咒》十六［劈破玉］P.2826）

抄本与盛蒲二本如字，路本作"贫"。

按：～应读［ˌp'iən］，义为憨傻。但《玉篇·人部》："～，同伈。"《汉语大字典》引《新唐书薛廷诲传》："（薛廷老）在公卿间，～～不干虚誉，推为正人。"其音义与文皆不相合。此处～字当属借形。路蒲二本作"贫"亦不通，例②之"～王八"显然是骂的高公子小长命，而此人却是个富家子弟。

八（ˇ）部

兴

①那小痴异样聪明，教给他歌舞，一学就会，玩的一发~致。（《蓬莱宴》四·P.2708）

②山西大乱无人走，谷价就与珍珠同，谁敢~心上牛梦。（《磨难曲》二十二［耍孩儿］P.3081）

抄本与鸿本如字，路本作"興"，盛蒲二本作"兴"。

按：例①之~，音［ɕieŋ°］，意为兴趣；例②之~音［°ɕiəŋ］，义为萌生。"興"的俗体，今简化为"兴"。

养

①张老拄杖破衣上唱："~儿~女苦经营，乱叫爷娘似有情，老来衰残难挣养，无人复念老苍生。"（《墙头记》一·P.2444）

②酒色~的脾胃娇，他厌气时文不待瞧。我的天，学道瞎，真是瞎学道。（《禳妒咒》四［银纽丝］P.2779）

抄本与盛蒲二本皆如字，路本作"養"。

按：~音羊［°iaŋ］，例①之~义为生育；例②之~义为培养，"養"的俗体，今为"養"的简化字。抄本用的是"養"的俗体，盛蒲二本用的是"養"的简化字。

单

①我~你也孤，奴看你来你看奴。花呀你若是有神灵，对你把衷肠诉。（《蓬莱宴》五［叠断桥］P.2713）

②王知县看了报~，唬了一惊，即刻上马前来相尸。（《寒森曲》三·P.2643）

抄本与盛蒲二本皆如字，路本作"單"。

按：~音[ˌtan]，例①之~义为孤独；例②之~义为文件，"單"的俗体，今为"單"的简化字。抄本用的是"單"的俗体，盛蒲二本用的是"單"的简化字。~字明·万历本《金瓶梅词话》中已见用例。如："只分会地方改了报~，明日带来我衙门里来发落就是了。"（第三十四回）

人（入）部

个（個）

①死尸又不会说话，不知你埋在那~坑，好俺达望你来托梦。（《墙头记》四［耍孩儿］P.2468）

②哥哥今年才二十一，娶了~嫂子才十七，年纪还比俺小一岁，身量还比俺矮二指。（《琴瑟乐》［淄口令打叉］P.2681）

抄本与盛蒲二本如字，路本作"個"。

按：~音[kuoʰ]，量词，"個"的俗体。《集韵·簡韵》："箇，或作~，通作個。"《俗字谱》之《取经诗话》《通俗小说》《三国志平话》《太平乐府》《娇红记》《东窗记》《目连记》《金瓶梅》《岭南逸事》作~，今为"個"的简化字。抄本用的是"個"的俗体，盛蒲二本用的是"個"的简化字。

从

①那万岁自~四更天起身，无曾吃饭，肚中饥饿，欲待下马吃饭。（《增补幸云曲》三·P.3163）

②江城~屋里出来，见了高季说："三叔不必管俺家的闲账。"（《禳妒咒》二十二·P.2846）

抄本与盛蒲二本皆如字，路本作"從"。

按：~音[ˌtsʻuŋ]，介词，例①之~表时间之起始；例②之~表

卷二　聊斋俚曲俗字考释

地点之所自，"從"的古体。《说文·人部》："~，相听也。从二人。"段玉裁注："~者，今之從字。從行而~废矣。"《玉篇·从部》："~，今作從。"今为"從"的简化字。抄本用的是"從"的古体，盛蒲二本用的是"從"的简化字。

仝

~拜到爷娘前，一家大小都欢然，俺家新有翰林院。（《禳妒咒》三十 [耍孩儿] P.2874）

抄本如字，路盛蒲三本皆作"同"。

按：~音 [₋t'uŋ]，义为一同。《广韵》徒红切："~，同古文，出《道书》。"

会

①太公、太母上云："孩儿去应试，朝夕挂心间。相公，三月将尽，怎么~试的还没有信？"（《禳妒咒》二十·P.2873）

②书不~贩，我只~读。待做行商，谁走江湖？（《蓬莱宴》四·P.2705）

抄本与盛蒲二本如字，路本作"會"。

按：~音 [xueiˀ]，例①之~义为会合；例②之~义为擅长，"會"的俗体，今为"會"的简化字。抄本用的是"會"的俗体，盛蒲二本用的是"會"的简化字。

仦

解子说："呔，~的还不走开，装什么亲生的哩？"张春擦了擦泪，瞅了一眼说："谁是~的？"（《磨难曲》十八·P.3056）

抄本与路盛蒲三本皆如字。

按：~应读 [ʐʅˀ]，骂语。但《龙龛手鉴·入部》"~，古文，音财。"《字彙补·入部》"~，古文财字。"音义与文皆不合。聊斋俚曲使用此字应为借形。这种用法明·万历本《金瓶梅词话》

119

（五十一回）已见用例，如："俺们是雌剩髻髟~的。"

籴

①叫声胡朋你先去，买柴~米送到家，从容另作商议罢。（《俊夜叉》[耍孩儿] P.2726）

②宗兀人算完了，寻典主把死契交，大钱找上好几吊，安排着买柴又~米，挤留下几吊好做梢。（《俊夜叉》[耍孩儿] P.2726）

按：~音[ti]。义为买粮。"糴"的俗体。《干禄字书》列作"糴"的俗体。《广韵·锡韵》："糴，徒历切，市谷米，~，俗。"今为"糴"的简化字，抄本用的是"糴"的俗体，盛蒲二本用的是"糴"的简化字。

勹　部

勾

①吃了又斟，两人换盏又相巡。壶~四指高，只顾吃不尽。（《蓬莱宴》五·2712）

②彩鸾就跪下说："给娘娘磕头。"娘娘笑问："你自在~了么？"（《蓬莱宴》七·P.2719）

抄本如字，路盛蒲三本皆作"够"。

按：~应读[kəu³]，义为达到、满足。但《改并四声篇海》引《川篇》古候切。《刊谬补缺切韵·候韵》："句，俗作~。"《正字通·勹部》："俗谓除去曰~。"其音义与文皆不符合。在这里，~应为"够"的借形字。这种用法宋元以来白话作品中早已存在。如宋·秦观《满园花》："从今后，休道共我，梦见也不能得~。"

几（几）部

几

①你说这正德嫖院不大之紧，弄出了~件故事甚是出奇，是那~件呢？（《增补幸云曲》[开场] P.3154）

②住了~天，住了~天，心里滋味不能言，怕的是到晚来，独自睡不惯。（《琴瑟乐》[陕西调] P.2688）

抄本与盛蒲二本皆如字，路本作"幾"。

按：~应读[˚tɕi]，表示询问数目。但《广韵》："~，居履切。"《说文·几部》："~，踞~也。"《字彙·几部》："几，古人凭坐者。"其音义与文皆不合。~在这里应为"幾"的借形字，今为"幾"的简化字。抄本用的是"幾"的借形字，盛蒲二本用的是"幾"的简化字。

九

可笑是婆婆妈妈，~事儿絮絮答答。他给小儿长算卦，那瞎厮一溜胡吧。（《禳妒咒》五 [罗江怨] P.2784）

抄本如字，路盛蒲三本皆作"凡"。

按：~音[˳fan]，表示概括，"凡"的俗体。《干禄字书》列作"凡"的俗体。唐代碑刻中也有用例，如："君幼染父风，鄙居~俗，高蹈前哲长揖侯王。"（唐《张行满墓志》）《字彙·几部》："凡，俗作~。"

风

①四月夏初头，~约黄坡小麦秋。乍穿上素罗衣，越觉着腰肢瘦。（《禳妒咒》十一 [叠断桥] P.2805）

②今朝专为降香来，不曾带的礼合财，亲家若还不相信，先插一对金~钗。（《禳妒咒》[倒板浆] P.2790）

121

例①抄本与盛蒲二本皆如字,路本作"風"。例②抄本如字,路本作"鳳",盛蒲二本作"凤"。

按:例①之～音[ˬfəŋ],指流动的空气,"風"的俗体;例②之～音[fəŋ˚],指传说中的鸟中之王,"鳳"的俗体。今为"風"的简化字。

冫 部

准

人都说老马必砍头,还不知将来～不～。(《磨难曲》十三[劈破玉]P.3035)

鸿本与盛蒲二本皆如字,路本作"準"。

按:～音[ˬtʃyən],义为一定,"準"的俗体。《广韵》之尹切。《玉篇·冫部》:"～,俗準字。"北魏与唐代碑刻已有此字,如:"希以斯～古,千载共情也。"(北魏《元斌墓志》)"官不～才,位不充量。"(唐《王仁则墓志》)《干禄字书》列作"通"字,今为"準"的简化字。鸿本用的是"準"的俗体,盛蒲二本用的是"準"的简化字。

讠(言)部

议

①～论使人闻见广,笑谈使人闷怀消。(《禳妒咒》十一[耍孩儿]P.2804)

②樊子正上云:"昨日女婿寄宿我家,天明要和他作个商～,不料天未明早早去了,也罢也罢。"(《禳妒咒》十二·P.2809)

抄本与盛蒲二本皆如字,路本作"議"。

按：~音［iˀ］，义为谈论，"議"的俗体。《俗字谱》之《通俗小说》《目连记》作~，今为"議"的简化字。抄本用的是"議"的俗体，盛蒲二本用的是"議"的简化字。

訤（讠襄）

万岁饮干，那佛动心还待~他。万岁便叫丫头绰出残席安排寝帐，收拾睡觉。(《增补幸云曲》十七·P.3224)

路本如字，盛蒲二本作"讠襄"。

按：~音［iaŋˀ］，义为劝进。"讓"的俗体，今简化为"让"。

讠襄

见"訤"。

証

头回不说，三回不讲，单说二出北京，恐君不信，有西江月为~。(《增补幸云曲》一·P.3155)

抄本与盛蒲二本皆如字，路本作"證"。

按：~音［tʃiəŋˀ］，义为验证。"証"的俗体。"証"，《广韵》之盛切。《说文·言部》："証，谏也。"《广韵·劲韵》："証，谏証。""証"又与"證"通。《正字通·言部》："証，与證通。"段玉裁《说文解字注·言部》："証，今俗以証为證验字。"今为"證"的简化字。抄本用的是"証"的俗体，盛蒲二本用的是"證"的简化字。

诪

终日谁敢把气也么抽，瞧着没人暗泪流。忒也~，见了丈夫似有仇。(《禳妒咒》十［银纽丝］P.2802)

抄本与盛蒲二本皆如字，路本作"譸"。

按：~音［tʃiei］，义为反常。"譸"的俗体，今为"譸"的简化字。抄本用的是"譸"的俗体，盛蒲二本用的是"譸"的简化字。

訣（诙）

①他是举人有势力，你也不~另眼看，如何就把烧埋断？（《寒森曲》二［耍孩儿］P.2633）

②忽然间得横财，这才是命里~，好像在此久相待。（《寒森曲》二［耍孩儿］P.2677）

抄本如字，路本作"該"，盛蒲二本作"该"。

按：~音［ˌkai］，义为应当，"該"的俗体。《俗字谱》之《目连记》《金瓶梅》作"訣"，~字当由此字进一步省减而成。今简化为"该"。抄本用的是"該"的俗体。盛蒲二本用的是"該"的简化字。

诙

①美人难，今年十七尚孤单，若不是命里~，怎么得见娘子面？（《蓬莱宴》［呀呀油］P.2703）

②娘子说："依官人~怎么处？"相公说："依我说，还是求取功名，中了来就好了。"（《蓬莱宴》四·P.2708）

抄本如字，路本作"該"，盛蒲二本作"该"。

按：见"訣"。

讹

他就恼了脸儿，把我~喇，说道李婆子放屁，说的是什么？（《禳妒咒》十五［西调］P.2823）

抄本如字，路盛蒲三本皆作"讹"。

按：~音［ˌtsʻŋ］，义为指责、训斥。《玉篇·言部》："訛，同訾。"訾，《广韵》将此切，《广雅·释诂二》："訾，毁也。"今通作"呲"，变成送气音。而"讹"，《广韵》匹俾切，《玉篇·言部》："讹，具也，今作庀。"《集韵·纸韵》："讹，言具也。"

124

其音义与文皆不合。

说

①万岁听~，下马进店。店家~："老客待吃什么？"（《增补幸云曲》三·P.3163）

②且不~文箫日日思念，单表彩鸾领了娘娘令旨，一路寻思，这借书是男子做的，怎么叫我去取？（《蓬莱宴》三·P.2701）

抄本与盛蒲二本皆如字，路本作"说"。

按：~音［ₒʃyə］，指用话表达意思。"说"的俗体。《俗字谱》之《目连记》作~，今为"説"的简化字。抄本用的是"説"的俗体，盛蒲二本用的是"説"的简化字。

凵 部

画

①诸样事有法可治，惟独一样难堪：~帘以里绣床边，使不的威灵势焰。（《禳妒咒》一［西江月］P.2767）

②有福难消，百样思情难~描，明年这时候，准把孩子抱。（《琴瑟乐》［陕西调］P.2690）

抄本与盛蒲二本皆如字，路本作"畫"。

按：~音［xuaº］，例①之~指图画；例②之~指描绘，"畫"的俗体。《字彙·田部》："画，与畫同。"今为"畫"的简化字。抄本用的是"畫"的俗体，盛本用的是"畫"的简化字。

阝 部

陈

又和~美卿豁拳,丽华输了,子雅说:"妙妙,都斟上酒。"(《禳妒咒》十一·P.2805)

抄本与盛蒲二本皆如字。路本作"陳"。

按:~音[ˌtʃˈiən],姓氏,"陳"的俗体。《俗字谱》之《目连记》作~,今为"陳"的简化字。抄本用的是"陳"的俗体,盛蒲二本用的是"陳"的简化字。

力 部

劢

两人欢欢喜喜,走的好不有~,二十里多路一霎到了。(《寒森曲》三·P.2643)

抄本如字,路本作"興",盛蒲二本皆作"兴"。

按:~音[tɕiənˀ],义为力量,"劲"的俗体。"有劲"是高兴的意思。《玉篇·力部》:"劢,《埤苍》云:多力也。"《正字通·力部》:"劢,俗劲字。"抄本用的是"劲"的俗体,路盛蒲三本用"兴"字,亦通。

劳

①仲鸿说:"我亲手递一盅。"子正说:"不~不~。"(《禳妒咒》三·P.2775)

②娘娘欢喜动容颜,又~美酒助情欢,麻姑呀,相逢得遂平生愿。(《蓬莱宴》二[跌落金钱]P.2699)

抄本与盛蒲二本皆如字，路本作"勞"。

按：~音［lɔ］，义为劳驾。"勞"的俗体。《俗字谱》之《通俗小说》《古今杂剧》《太平乐府》《娇红记》《白袍记》《东窗记》《岭南逸事》作~，今为"勞"的简化字。抄本用的"勞"的俗体，盛蒲二本用的是"勞"的简化字。

势

①那万岁见~不好，牵马就走。(《增补幸云曲》三·P.3164)

②皮脸嫂子好多气，一戏不了又一戏，说长道短栖哩咱，看不上那下贱~。(《琴瑟乐》［淄口令打叉］P.2684)

抄本与盛蒲二本皆如字，路本作"勢"。

按：~音［ʃiº］，例①之~指一种趋势；例②之~指姿态，"勢"的俗体。《俗字谱》之《古今杂剧》《三国志评话》《太平乐府》《东窗记》《金瓶梅》《岭南逸事》作~，今为"勢"的简化字。抄本用的"勢"的俗体，盛蒲二本用的是"勢"的简化字。

又（ㄡ）部

劝

①江城奔出去说："我吊杀罢。"便去上吊，老婆子、小妮子都去~他、拉他。(《禳妒咒》十·P.2803)

②道士见~不醒他，便说："那人期限将满，娘娘不久就来叫他，你不舍人，只怕人舍了你。那时却休懊悔。"(《蓬莱宴》五·P.2711)

抄本与盛蒲二本皆如字，路本作"勸"。

按：~音［tɕʻyanº］，义为规谏，"勸"的俗体。《俗字谱》之《通小俗小说》《目连记》《金瓶梅》《岭南逸事》作~，今为"勸"的简化字。抄本用的是"勸"的俗体，盛蒲二本用的是"勸"的简化字。

双

①身上衣服没人洗,虱子虮子都成条,一~鞋穿的底儿吊。(《墙头记》一［耍孩儿］P.2445）

②帖儿去了,不觉两月并三朝,媒人不见面,极的~脚跳。(《琴瑟乐》［陕西调］P.2683）

抄本和盛蒲二本皆如字,路本作"雙"。

按:~音[ₑʃyaŋ],指两个,与单相对,"雙"的俗体。《字汇·又部》:"~,俗雙字。"《俗字谱》之《列女传》《取经诗话》《通俗小说》《古今杂剧》《三国志评话》《太平乐府》《娇红记》《白袍记》《东窗记》《目连记》《金瓶梅》《岭南逸事》作~,今为"雙"的简化字。抄本用的是"雙"的俗体,盛蒲二本用的是"雙"的简化字。

对

①喜相逢,一年冤气积满胸。~姐夫诉诉冤,出出那心酸痛。(《禳妒咒》十一［呀呀油］P.2808）

②正说着,只见从外边一~燕子翩翩飞入室中,小痴扑了一把,吊在地下,却是一双绣鞋。(《蓬莱宴》七·2719）

抄本与盛蒲二本皆如字,路本作"對"。

按:~音[tueiˀ],例①之~表向对;例②之~义同"双","對"的俗体。《俗字谱》之《通俗小说》《白袍记》《东窗记》《目连记》《金瓶梅》《岭南逸事》作~,今为"對"的简化字。抄本用的是"對"的俗体,盛蒲二本用的"對"的简化字。

欢

①园里去采花,忽见个媒婆到俺家,这场暗~喜,倒有天来大。(《琴瑟乐》［陕西调］P.2682）

②小六哥满心~喜，这长官仗义疏财。（《增补幸云曲》七［耍孩儿］P.3184）

抄本与盛蒲二本皆如字，路本作"歡"。

按：~音［ˌxuan］，义为喜悦，"歓"的俗体，今为"歡"的简化字。抄本用的是"歓"的俗体，盛蒲二本用的是"歡"的简化字。

变

①转眼~沧桑，这光景好异常。（《磨难曲》十二［黄莺儿］P.3031）

②~一块螺黛，画你那春山，~一瓶胭脂，近你的舌尖。（《蓬莱宴》［劈破玉］P.2701）

鸿本抄本与盛蒲二本皆如字，路本作"變"。

按：~音［pianº］，义为变化，"變"的俗体。《俗字谱》之《列女传》《取经诗话》《通俗小说》《古今杂剧》《三国志评话》《太平乐府》《娇红记》《白袍记》《东窗记》《目连记》《金瓶梅》《岭南逸事》作"变"，~当由此字进一步省减而成，今为"變"的简化字。鸿本抄本用的是"變"的俗体，盛蒲二本用的是"變"的简化字。

艰

①我作学匠，也是可怜，学生十个，束修八千，饭要吃，衣要穿，买柴籴米，打油称盐，人人情情，甚是~难。（《禳妒咒》八·P.2794）

②行步~难带血痕，腰中酸楚腿留疼，如今才识江城好，巴掌留心棍留情。（《禳妒咒》十七［诗］P.2831）

抄本与盛蒲二本皆如字，路本作"艱"。

按：~音［ˌtɕian］，义为不易，"艱"的俗体。《俗字谱》之《白袍记》《目连记》作~，今为"艱"的简化字。抄本用的是"艱"

的俗体，盛蒲二本用的是"艱"的简化字。

观

①太太说："娟娟，你看保儿科举，至如今不归家。别人是决科决甲的好秀才，漫在旁里~榜，你不过是全了场，就该归家，在那里做甚么？"（《磨难曲》二十一·P.3078）

②依他二舅说，保儿这半年文章大进，该令他~~场。（《磨难曲》十九，P.3064）

鸿本如字，路本作"觀"，盛蒲二本作"观"。

按：~音［ˎkuan］，例①之~义为看；例②之~义为初历、试做，"觀"的俗体。《俗字谱》之《白袍记》《东窗记》《金瓶梅》《岭南逸事》作~，今简化为"观"。

难

①这日吃着那白酒，说下若有一个遭~，大家一齐上前。（《禳妒咒》一·P.2767）

②两眼泪如梭，描鸾刺凤待怎么？绣上一对并头莲，叫俺心上好~过。（《琴瑟乐》［陕西调］P.2681）

抄本与盛蒲二本如字。

按：例①之~音［nanº］，义为不幸的遭遇；例②之~音［ˎnan］，义为不易，"難"的俗体。《俗字谱》之《白袍记》《东窗记》《目连记》《金瓶梅》《岭南逸事》作~，今为"難"的简化字。抄本用的是"難"的俗体，盛蒲二本用的是"難"的简化字。

鸡

①那一日在俺家里杀了一只~等亲家，才煮出来，我没犯寻思就把那胸脯揎下来包了包掖在腰里。（《禳妒咒》二十四·P.2852）

②枣面蒸成窝窝头，嫩~鲜鱼剁成鲊。（《禳妒咒》一［山坡羊］P.2768）

抄本如字，路本作"雞"，盛蒲二本作"鸡"。

按：~音[ˌtɕi]，家禽的一种，"雞"的俗体。《俗字谱》之《金瓶梅》作~（只是将下面的四点写作了一横）。今简化为"鸡"。抄本用的是"雞"的俗体，盛蒲二本用的"雞"的简化字。

夐

小年兄已到~门，十三四年正青春。现如今还又不曾聘，依我看绝妙无伦。（《禳妒咒》五［罗江怨］P.2783）

抄本如字，路本作"黌"，盛蒲二本作"黉"。

按：~音[ˌxuŋ]，指学校，"黌"的俗体。"黉"为"黌"的简化字。从聊斋俚曲俗字简化的情况看，"學"字头多简化成"文"，如"學""覺"等字皆从"文"。今~字从"又"，可能是抄写有误，抑或此偏旁初涉简化，写法不一所致。

ム　部

枀

仇家不敢记前仇，也跟着别人来，好像鸡~豆。（《磨难曲》二十六［叠断桥］P.3105）

鸿本如字，路本作"参"，盛蒲三本作"参"。

按：~音[ˌtsʻan]，指鸡啄食。"参"的俗体。《俗字谱》之《东窗记》《目连记》《金瓶梅》《岭南逸事》作~，今简化作"参"。鸿本用的是"参"的俗体，盛蒲二本用的是"参"的简化字。

叁

太太公母具不在，惟只撇下姊妹~。（《磨难曲》八［耍孩儿］P.3015）

路本如字，盛蒲二本作"仨"。

按：见"弎"。

酾

把人拿，把人拿，外头跑了够酨~。（《磨难曲》十九［呀呀油］P.3074）

鸿本如字。路盛蒲三本"够酨酾"作"十二三"。

按：按律此字入韵，此曲押"家麻"韵，"~"符合押韵要求。见"弎"。

叁

自从我出门离了家，只有俺俩没有~。叹煞咱，想起当初痛撒撒。（《磨难曲》七［银纽丝］P.3011）

鸿本如字，路本作"叁"，盛蒲二本作"仨"。

按：见"弎"

土（士）部

坏

①俊娇才，忽然见俺泪下来，他已是回了头，还没把良心~。（《禳妒咒》十一［呀呀油］P.2809）

②森人毛都长在桃花腮，柳眉都带些杀气来。我的天，愁~人真把人愁~。（《禳妒咒》十七［银纽丝］P.2829）

抄本与盛蒲二本皆如字，路本作"壞"。

按：~应读［xuai$^{\flat}$］，例①之~义为变得恶劣；例②之~义为程度深。然而，~，《广韵》偏杯切，《集韵》蒲枚切，《说文·土部》："~，丘再成者也。一曰瓦未烧。从土不声。"音义与文皆不合。《俗字谱》之《目连记》作~。聊斋俚曲与《俗字谱》将~用作"壞"字，当属借形，今为"壞"的简化字。抄本用的是"壞"

的俗体，盛蒲二本用的是"壞"的简化字。

声

①嫂子笑着把俺瞅，未曾说话先裂口，低低叫~您姑娘，如今你可得了手。(《琴瑟乐》[淄口令打叉] P.2688)

②又叫了两~，方娘子说："丫头，你去问问是做什么的"(《磨难曲》十一·P.3026)

抄本鸿本与盛蒲二本皆如字，路本作"聲"。

按：~音[ɕiəŋ]，量词。《改并四声篇海·土部》引《并了部头》："~，音聲，俗用。"《俗字谱》之《列女传》《取经诗话》《通俗小说》《古今杂剧》《三国志评话》《太平乐府》《娇红记》《白袍记》《东窗记》《目连记》《金瓶梅》《岭南逸事》作~，今为"聲"的简化字。抄本与鸿本用的是"聲"的俗体，盛蒲二本用的是"聲"的简化字。

坟

①十五是中元，家家祭祖先。异乡人舍~墓，好心酸。(《富贵神仙》五[玉娥郎] P.2918)

②三月里上~茔，家家麦饭过清明，谁家寡妇~头哭，唯有愁人不忍听。(《富贵神仙》十一[哭皇天] P.2958)

抄本与盛蒲二本如字，路本作"墳"。

按：~音[fən]，义为墓茔。"墳"的俗体。字书无载，应为当时的新造字，今为"墳"的简化字。抄本用的是"墳"的俗体，盛蒲二本用的是"墳"的简化字。

块

①这几日恶心成~，只怕要命染黄泉。(《寒森曲》二[耍孩儿] P.2636)

②铁拐李，把眼挤，若是休了便宜你，狠狠一下挡了你的生，

133

倒还刮了这~癖。（《俊夜叉》［淄口令打叉］P.2728）

抄本与盛蒲二本皆如字，路本作"块"。

按：~应读［kʻuai°］，例①之~义为疙瘩；例②之~是量词。然而，《龙龛手鉴·土部》："~，於决反。"《字彙补·土部》："~，音哕。见《字辨》。"其音义与文皆不合。聊斋俚曲用作"块"字当为借形，今为"块"的简化字。抄本用的是"塊"的俗体，盛蒲二本用的是"块"的简化字。

垫

葛天民说："这正寻思把这行头替给你罢，你还有陪~的。"（《禳妒咒》十七·P.2829）

抄本与盛蒲二本皆如字，路本作"垫"。

按：~音［tian°］，义为陪同，"垫"的俗体。《俗字谱》之《目连记》作~，今为"垫"的简化字。抄本用的"墊"的俗体，盛蒲二本用的是"垫"的简化字。

垓

将来一举人头上，将相声明遍九~，遍九~，到八抬，又做三边总制来。（《禳妒咒》三十二［倒板浆］P.2882）

抄本如字，路盛蒲三本作"垓"。

按：~音［˳kai］，义为域地，"垓"的俗体。字书无载，应为当时的新造字。

坨

难说司厅和抚院，都着横骨~了心，敢仔遭着清官问？（《寒森曲》二［耍孩儿］P.2634）

抄本如字，路盛蒲三本皆作"坨"。

按：~音［˳tʂʻa］，其义应为阻挡。然而，《集韵·麻韵》："隯丘名，或作~。"其义与文不合。~当为"叉"（音［˳tʂʻa］）的借字。

134

山东方言"叉"有"阻挡"义。如"他的车被叉住了。"这句话的意思就是说他的车被扣住不让行驰了。《日用俗字·庄农章二》:"柴道坨_茶堐防作塌,坝堰还恐水冲坍。""坨"在这里也是阻挡义。而"坨"字《集韵》余支切,《玉篇·土部》:"坨,地名也。"《正字通·土部》:"坨,俗陀字。"其音义与文皆相距甚远,不知所据。

塗

~谷神龙能破壁,阶庭小桂更生香。(《富贵神仙》九·P.2951)

抄本如字,路盛蒲三本皆作"壑"。

按:~音[xuo],沟壑,"壑"的俗体。字书无载,应为当时的新造字。

墻

①那水晶殿内外通明,看着那海水澄清,就像没~一般。(《蓬莱宴》二·P.2699)

②娘娘坐下,桌椅全没动,那~也照旧。(《蓬莱宴》七·P.2720)

抄本如字,路本作"牆",盛蒲二本作"墙"。

按:~音[tɕ'iaŋ],指墙壁,"牆"的俗体。《玉篇·土部》"~,正作牆。"《俗字谱》之《列女传》《三国志平话》《岭南逸事》作~。明·万历本《金瓶梅词话》中亦见用例,如:"猛可见了一个汉子扒伏在院~下。"(十回)今减化为"墙"。抄本用的是"牆"的俗体,盛蒲二本用的是"牆"的简化字。

扌 部

执

①但见江城随后怒冲冲的~着一根棍子赶进房中。(《禳妒咒》

十三·P.2815）

②天地间人情难料，好万岁休要~迷。（《增补幸云曲》二［耍孩儿］P.3159）

抄本与盛蒲二本皆如字，路本作"执"。

按：~音［ₒtʃi］，例①之~义为用手拿；例②之~义为坚持，"执"的俗体。字书无载，应为当时的新造字，今为"执"的简化字。抄本用的是"执"的俗体，盛蒲二本用的是"执"的简化字。此字明·万历本《金瓶梅词话》中已有用例。如："因把甘来兴儿叫到面前，跪下~证。"（二十六回）

扐

一个说："狗脂，如今不过是银钱世界，什么公道良心？且~他五两银子，盘费不了，给老婆买点人事。"（《磨难曲》十四·P.3038）

鸿本如字，路盛蒲三本皆作"歹"。

按：~音［ₒtai］，义为捞取。字书无载，应为当时的新造字。~的"捞取"义应是"逮"引申而来。"逮"有捉拿义，如"猫逮老鼠"。由"捉拿"引申出"捞取"是比较自然的。但在聊斋俚曲中这一引申义并没由"逮"字来承担，而是另造~字。路盛蒲三本作"歹"，当为借字。

报

①查点了一件不少，才回来~于商宅。（《寒森曲》八［耍孩儿］P.2676）

②有人~，"方二爷到。"娟娟退了，仲起进来，作了揖。（《磨难曲》二十七·P.3107）

抄本鸿本与盛蒲二本皆如字，路本作"報"。

按：~音［pauº］，义为告知，"報"的俗体。字书无载，应

136

为当时的新造字，今为"報"的简化字。抄本鸿本用的是"報"的俗体，盛蒲二本用的是"報"的简化字。

抲

①那金墩上去楼台，把嘴~了又~，施展着上前说话。(《增补幸云曲》十二·P.3203)

②成~的韭菜一抓儿，豆腐带水一窪儿，连皮的罗白一掐儿，挺硬的鸡蛋俩仁儿。(《禳妒咒》[山坡羊] P.2853)

抄本与路盛蒲三本皆如字。

按：~音[ᶜtsuo]，例①之~义为收拢；例②之~表事物存在的状态。从文意看，~与普通话中的"撮"并无不同，但普通话中的"撮"音"错"，而当时淄川方言该词的读音同"左"，现在山东方言很多地方仍然如此。写作"撮"则与方言的实际读音不合，所以另造"抲"字。这符合蒲氏"字随音变"的用字原则。

抔

倭卒牵了马来，说道："这马在坑里~瘸了。"(《磨难曲》二十九·P.3121)

路盛蒲三本皆如字。

按：~应读[ᶜpʻi]，义为两腿大距离分开。然而《玉篇·手部》："~，披也。"《集韵·脂韵》："~，披也。"又《集韵·灰韵》："~，手掬也。"其音义与文皆不合。~字用在这里当属借形。今通作"劈"。

抺

①吃碗饭也不计较，我虽穷也没到了~瓢。(《慈悲曲》三[怀乡韵] P.2520)

②不脱衣服，黑白一个替身无，就是待溺泡尿，也叫他儿~。(《姑妇曲》二[呀呀油] P.2490)

137

抄本和蒲本如字，例①路盛二本作"㧒"，例②路盛二本如字。

按：~音[puº]，义为抱持。《广韵》博故切。《说文·手部》："~，扪持也，从手，布声。"在淄川方言中为"抱"的异体。"㧒"，字书无载，疑为~之形误。

抈

铁拐李把眼挤，若是休了便宜你，狠狠一下~了你的生，倒还刮了这块癣。(《俊夜叉》[淄口令打叉] P.2728)

抄本与盛蒲二本皆如字，路本作"搿"。

按：~音[ˌtʃiəu]，义为击打。"搿"的俗体。字书无载，应为当时的新造字。《俗字谱》之《太平乐府》作"挌"，~当由此字减省其短竖一笔而成。

挺

他虽然大不通，到底是你的兄，怎使的按倒只管~。(《墙头记》三[耍孩儿] P.2463)

抄本如字，末三字"只管~"路盛二本作"使搥撑"，蒲本作"使搥拧"。

按：~应读[tiəŋº]，义为击打。按格律[耍孩儿]第三句应押去声韵，但~读上声，违律。~当为"梃"的形误。"梃"有去声一读，既可作动词用作"梃猪"，也有"击打"义，如阳谷方言至今还有"又打又梃"的说法。至于"拧""撑"二字读音与文皆不合。拧，《集韵》皮庚切，读平声；撑，《集韵》觑猥切，读上声，又除耕切，读平声，皆违律。

挡

江城背云："来的这样凶恶，我若~他，必定不妙，不如作个人情罢。"(《禳妒咒》二十二·P.2846)

抄本与盛蒲二本皆如字，路本作"擋"。

按：~音［taŋˀ］，义为制止、干涉，"擋"的俗体。《俗字谱》之《目连记》《岭南逸事》作~，今为"擋"的简化字。抄本用的是"擋"的俗体，盛蒲二本用的是"擋"的简化字。

押（挿）

四月里，小麦黄，稻~秧，困人天气日初长。（《磨难曲》十二［玉娥郎］P.3028）

鸿本如字，路盛蒲三本皆作"挿"。

按；~音［ₑtʂʻa］，义为插入，"挿"的俗体。字书无载，应为当时的新造字。

指

公差说："相公不必害怕。官府的意思是~望你几两银子，说验尸是个拿法。"（《寒森曲》四·P.2694）

抄本如字，路盛蒲三本皆作"指"。

按：~音［ˀtʃi］，义为冲着、向着，"指"的俗体。~与"指"的不同在于声符"旨"的简化。这种简化北魏碑刻中已经出现，如："被~除□寇将军。"（北魏《元濬嫔耿寿姬墓志》）《干禄字书》将"旨"列作"旨"的通字。《俗字谱》之《列女传》《取经诗话》《通俗小说》《古今杂剧》《三国志平话》作"指"，与~稍有不同。

捼

见"攗"。

拎

①就该脱下那小鞋底,照着嘴儿只管~,打煞怨的那一个?（《增补幸云曲》二十三［耍孩儿］P.3250）

②张讷吃了些饭，到了学里看了看张诚，回来上外屋里扫了扫，拾~了一铺。（《慈悲曲》四·P.2527）

抄本与路盛蒲三本皆如字。

139

按：~音[ˬtuo]，例①之~义为打击；例②之~是"掇"的借字。然而，~，《广韵》弋支切，《广雅·释诂二》："~，加也。"《集韵·纸韵》丑豸切："摓，析也，或作~。"其音义与文皆不合。~有打击义始见于《字汇》，《字汇·手部》："~，拍也。"符合文意。聊斋俚曲使用~字应是本于《字汇》。

挤（搚）

众人~看介。猴人说："谁与俺作个牌官？多是众爷的情，少是小人的运气。"（《禳妒咒》二十一·P.2843）

抄本与盛蒲二本如字，路本作"擠"。

按：~音[ˬtɕi]，义为拥塞，"擠"的俗体。字书无载，应为当时的新造字，今为"擠"的简化字。抄本用的是"擠"的俗体，盛蒲二本用的是"擠"的简化字。

捯

这就是养汉老婆不生子。秦橱说："怎么说呢？"吴恒说："奸~的没了种了。"（《禳妒咒》二十四·P.2852）

抄本如字，路本作"擣"。盛蒲二本作"捣"。

按：~音[ˬtau]，义为用细长的物体戳。"擣"的俗体。字书无载，应为当时的新造字，今通作"捣"。

捞

①大场入帘，一字不通瞎试官，一半个识文章，也未必~着看。（《蓬莱宴》四[叠断桥] P.2708）

②学着赌博指望赢，输了待~没有本。心里痒痒没处抓，跑前跑后抉着嘴。（《禳妒咒》一[山坡羊] P.2768）

抄本与盛蒲二本如字，路本作"撈"。

按：~音[ˬlau]，义为得到、捞取，"撈"的俗体。字书无载，应为当时的新造字，今为"撈"的简化字。抄本用的是"撈"的俗体，盛蒲二本用的是"捞"的简化字。

捆

旁里有张家两个侄子，一边一个，打顿～耳。娘子说："且不必打他。"（《磨难曲》十九·P.3073）

鸿本如字，"～耳"路盛蒲三本作"耳刮"。

按：～音［kuai］，义为击打，"摑"的俗体，今通作"掴"。～字明·万历本《金瓶梅词话》（十八回）中已见用例，如："你达达睡睡，就～死了。"

㧟

①婆婆来相，慌忙～上好衣裳，本等心里喜，还得装作羞模样。（《琴瑟乐》［陕西调］P.2683）

②宗家儿郎真不好，输的净光没饭搗，～米抽了屋上椽，烧米折了房上草。（《俊夜叉》［淄口令打叉］P.2726）

抄本与盛蒲二本如字，路本作"换"。

按：～音［xuan³］，指物物交易，"换"的俗体。字书无载，应为当时的新造字，今为"换"的简化字。抄本用的是"换"的俗体，盛蒲二本用的是"换"的简化字。

挿

杏花～乌云，可有谁看着俊？（《磨难曲》十二［金纽丝］P.3030）

鸿本如字，路盛蒲三本作"插"。

按："插"的俗体。《俗字谱》之《通俗小说》作"挿"，比～字少一点笔，参见"押"。

掂

展开包甚喜欢，又包煞～了～，约莫也有二两半。（《寒森曲》八［耍孩儿］P.2679）

抄本如字，路盛蒲三本皆作"颠"。

按：~音［ₑtian］，义为用手测试重量。《字汇·手部》："~，手~也。"而"颠"义为头顶，与文意不合，当为~的借字。

挤

①猴装昭君，众看江城，作~眼弄鼻介。（《禳妒咒》二十二·P.2844）

②那邻家百舍，~擦在堂前。呀！这一个瞧瞧，那一个掀掀，拿出一物，个个哄传。（《禳妒咒》八［西调］P.2794）

抄本如字，路本作"擠"，盛蒲二本作"挤"。

按："擠"的俗体。《俗字谱》之《金瓶梅》《岭南逸事》作~，参见"挤"。

𢴭

都拍手说："妙，妙！"即时从箭上~下来，争着烧。（《快曲》四·P.2760）

路盛蒲三本皆如字。

按：~音［ₑlu］，义为抓住圆柱表面滑动。《集韵·屋韵》："摝，振也，或作~。"今普遍写作"撸"。

捹

一见面着人消魂，心上痒何处抓闷，没~守就入了迷魂阵。（《禳妒咒》二十［罗江怨］P.2839）

抄本如字，路盛蒲三本皆作"操"。

按：~音［ₑts'au］，义为品行，"操"的俗体。字书无载，应为当时的新造字。

挽

乍下轿来好难走，将那送客~住手，踏着红毡进喜房，女婿站在房门口。（《琴瑟乐》［淄口令打叉］P.2686）

抄本与盛蒲二本皆如字。路本作"攙"。

按：~音［ˌtsʻan］，义为~扶，"攙"的俗体。《俗字谱》之《通俗小说》《古今杂剧》《太平乐府》《娇红记》《目连记》作~，明万历本《金瓶梅词话》亦作~。今为"攙"的简化字。抄本用的是"攙"的俗体，盛蒲二本用的是"攙"的简化字。

搂

①鸿渐说："你在前头，我~着你罢。"（《磨难曲》十三·P.3034）

②不管长来不管短，进门就是~抱俺。（《琴瑟乐》［淄口令打叉］P.2689）

鸿本、抄本和盛蒲二本如字，路本作"摟"。

按：~音［ˬlou］，义为拥抱。"摟"的俗体，今为"摟"的简化字。鸿本、抄本用的是"摟"的俗体，盛蒲二本用的是"摟"的简化字。《俗字谱》之《娇红记》《东窗记》《岭南逸事》作~，明·万历本《金瓶梅词话》（七十九回）亦作~，如："与西门庆做一处，相~相抱。"

捴

①使者说："就是三姑娘。玉皇封他孝义夫人，兼管~督水陆神祇。"（《寒森曲》八·P.2675）

②彩鸾看罢，~是前世的姻缘，便把凡心打动。（《蓬莱宴》二·P.2698）

抄本如字，路本作"總"，蒲本作"总"，盛本例①作"总"，例②作"终"。

按：~音［ˬtsuŋ］，例①之~义为全部；例②之~义为毕竟，"總"的俗体，今简化为"总"。《俗字谱》之《目连记》作~（亦作总），明·万历本《金瓶梅词话》亦作~，如："红粉轻衣，~是

尘劳之费。"（五十一回）

撥

①合庵骂道："真奴才。"遂~回马把他打了几鞭子说："我自己去看看。"（《磨难曲》二十六·P.3102）

②官人未曾来家，咱爹看着~出来了二十石谷，锁了门，我去贴封条的。（《禳妒咒》三十三·P.2886）

鸿本抄本俱如字，路本作"撥"，盛蒲二本作"拨"。

按：~音[ˌpo]，例①之~义为调转；例②之~义为分发。"撥"的俗体，今简化为"拨"。《俗字谱》之《金瓶梅》《岭南逸事》作~。

挡

半夜三更才来家，家里不敢把门~，拨开门闩钻进来，摸摸索索找饭操。（《俊夜叉》[淄口令打叉] P.2729）

抄本如字，路本作"擋"，盛蒲二本作"挡"。

按：~音[ˌtaŋ]，义为拦住，"擋"的俗体。"挡"为"擋"的简化字。明·万历本《金瓶梅词话》（四十六回）中已见用例，如："两名排军各揽杆，拦~闲人。"

摆

①人从众多，一片声喧，叫他一行行~列在两边，夹着大轿，呼呼扇扇。（《禳妒咒》八[西调] P.2794）

②喜孜孜夫妻来到，将进门锣鼓齐敲，行人~了够二里遥。（《禳妒咒》八·P.2795）

抄本与盛蒲二本皆如字，路本作"擺"。

按：~音[ˌpai]，义为排列，"擺"的俗体。《俗字谱》之《东窗记》《目连记》《金瓶梅》《岭南逸事》作~，今为"擺"的简化字。抄本用的是"擺"的俗体，盛蒲二本用的是"擺"的简化字。

卷二 聊斋俚曲俗字考释

捯

①带到堂上四十板，~签就打不许迟。（《磨难曲》十四［耍孩儿］P.3043）

②何大娘说："铁鬼脸满地~，——看丢出那丑来了。打杀人，我等着就是了。"（《姑妇曲》一·P.2483）

抄本与路盛蒲三本皆如字，鸿本作"撂"。

按：~音［liauº］，义为丢放。"撂"的异体。字书无载，应为当时的新造字，今通作"撂"。

掰

万岁流水挤眼，二姐方才包了~在怀中。（《增补幸云曲》二十一·P.3245）

路盛二本如字，蒲本作"掰"。

按："掰"，音［ˬpˋəŋ］，"捧"的俗体。字书无载，应为当时的新造字，今通作"捧"。

摊

若见他时，就像二月二的煎饼，皇爷说："怎么说？""就~了呢？"（《增补幸云曲》八·P.3186）

抄本与盛蒲二本皆如字，路本作"攤"。

按：~音［ˬtʻan］，义为绵软不支，"攤"的俗体。《俗字谱》之《岭南逸事》作~，今为"攤"的简化字。抄本用的是"攤"的俗体，盛蒲二本用的是"攤"的简化字。

搹

昨日霎嫌那猪肉没点好块儿，鸡肉~了不够几块儿。（《禳妒咒》二十四［山坡羊］P.2854）

抄本如字，路盛蒲三本作"搋"。

按：~音［ˬtɕi］，义为用筷子取物，"敁"的俗体。《集韵·支

145

韵》:"敧,以箸取物,或作㩱。"~,字书无载,应为当时的新造字。

撕(撕衙)

①他给你做了好的,我定然剥来~了。(《墙头记》三·P.2462)

②难说济着他摆划,合他大家过不成,大石头往他那锅里~。(《墙头记》二·P.2455)

抄本与路盛蒲三本皆如字。

按:~音[xəŋ°],例①之~义为丢弃;例②之~义为投掷。字书无载,应为当时的新造字。

撕

①家有丈夫把儿教成,谁说无达就该把书本子~?(《磨难曲》[皂罗袍]P.3050)

②恶虎为护那耳朵,带着七八个家丁,怕人再使砖头~。(《寒森曲》三[耍孩儿]P.2639)

鸿本与抄本皆如字,路盛蒲三本皆作"撕"

按:字书无载,应为当时的新造字。参见"撕"。

攤(搩)

①娘子说:"也罢,光~下他一个脚指头记着罢。"(《富贵神仙》九·P.2950)

②娘子说:"也罢了,论你这太欺心,就该把腿~掉。"(《富贵神仙》九[呀呀油]P.2950)

抄本如字,路本作"攤",蒲本作"搩",盛本作"砸"。

按:~音[̩tsa],义为敲击,"砸"的俗体。"搩"是将"攤"的声旁加以简化而成,两字也应属"砸"的俗体。今通作"砸"。

146

艹 部

芦

①接状的拿去递与按院说："下边有~龙县的秀才百姓保那马知县。"（《磨难曲》十四·P.3039）

②太公一看说："也亏你比着葫~画上瓢来，我切嘱咐你。"（《磨难曲》二十五·P.3098）

抄本与盛蒲二本皆如字。路本作"蘆"。

按：~音［°lu］，~龙，县名。"蘆"的俗体。《俗字谱》之《通俗小说》《三国志平话》《太平乐府》《娇红记》《白袍记》《东窗记》《目连记》作~。《字彙·艸部》："~，俗以~为蘆。"今为"蘆"的简化字。抄本用的是"蘆"的俗体，盛蒲二本用的是"蘆"的简化字。明·万历本《金瓶梅词话》（四十七回）中亦有用例，如："只听得~荻深处有人啼哭。"

荨

①都说娘娘极灵，我穷的这~，或者娘娘亦不怪我了。（《寒森曲》八·P.2679）

②伤心埋怨老爹娘，仔管留着咱做啥？如今年头没小人，时兴的闺女~不大。（《琴瑟乐》［淄口令打叉］P.2681）

抄本如字，路盛蒲三本皆作"等"。

按：~音［°təŋ］，例①之~为样子、情形；例②之~为等待，"等"的俗体。字书无载，应为当时的新造字。

菓

①众仙围绕起来说："众人备了几席~碟，望娘娘再坐一坐，也好给娘娘跟随的酬劳。"（《蓬莱宴》七·P.2720）

147

②隔了一日,又送了~子来。待了五六日就送了三次。(《姑妇曲》二·P.2491)

抄本与路本如字,盛蒲二本作"果"。

按:~音[ʰkuo],指点心。北魏碑刻中已有用例,如:"若仙客爱山水,玩园池,奇花异~莫不集之。"(北魏《元湛墓志》)《干禄字书》列为"果"的俗体。《广韵·果韵》:"菓",同"果"。在近代汉语里,~多指点心,其"果实"义多说成"果木"。

药

①佳人才子两相欢,何苦抛家去求仙?明被道士蒙汗~,迷将人性入深山。(《蓬莱宴》五[诗]P.2714)

②长命说:"犯着我手我也着实敲,到那近前休告饶。姐姐呀,量着肚子好吃~。"(《禳妒咒》二[跌落金钱]P.2772)

抄本与盛蒲二本皆如字,路本作"藥"。

按:~音[˳yə],义为药物。"藥"的俗体,今为"藥"的简化字。抄本用的"藥"的俗体,盛蒲二本用的是"藥"的简化字。

寸　部

寿

仙童打鹿,人才知道是老~星骑来的,不一时~星到。(《蓬莱宴》一·P.2695)

抄本与盛蒲二本皆如字,路本作"壽"。

按:~音[ʃiouʰ],指年岁、生命,"壽"的俗体。字书无载,应为当时的新造字,今为"壽"的简化字。抄本用的是"壽"的俗体,盛蒲二本用的是"壽"的简化字。

廾　部

廾

①又下了几着，数了数"一五一十……江城你懒了一块，还输了~着，支过钱来罢。"（《禳妒咒》九·P.2799）

②高公高母上云："小长命跟他三叔去考已是~余日，听说他考了好几日了，怎么不见回来？"（《禳妒咒》四·P.2778）

抄本如字，路盛蒲三本皆作"二十"。

按：~是个双音节字，音［ḷ］［ˬʃi］，义为二十。《玉篇·十部》："~，二十并也。今直为二十字。"

异

①自从娶了江城已经半年。那三个月恩爱~常，这三个月好虽好，只为着点小事儿把娇容一变就着人魄散魂消。（《禳妒咒》九·P.2796）

②子正说："我听的说你长进了，~常的欢喜。"（《禳妒咒》三十·P.2875）

抄本与盛蒲二本皆如字，路本作"異"。

按：~音［ˬi］，义为不同。但《说文·廾部》："~，举也。"《广韵·之韵》："~，已也。"其义与文不符。朱骏声《说文通训定声》："~，假借为異。"今为"異"的简化字。抄本用的是"異"的借字，盛蒲二本用的是"異"的简化字。

弃

可怜俺生在人群，逐日家~旧迎新，今辈子已是无好运。（《禳妒咒》二十［罗江怨］P.2840）

抄本与盛蒲二本皆如字，路本作"棄"。

按：~音［tɕ'iˀ］，义为放弃。《说文·芇部》："~，古文棄。"今通作"弃"。

大　部

夲

①这江彬即忙回府，把~做的停当，遂即转身入朝，叩首丹墀。（《增补幸云曲》一·P.3157）

②咱就同上历城县，只怕你爬到地下没了~。（《俊夜叉》［淄口令打叉］P.2730）

抄本如字，路盛蒲三本皆作"本"。

按：~音［ˬpən］，例①之~义为写给皇帝的奏折；例②之~义为根基。"本"的俗体。汉魏碑刻已有此字，如："具载~末。"（汉《白石神君碑》）"君孝友立身，仁信为~。"（北魏《韩震墓志》）《干禄字书》列作"本"的通字。《广韵·混韵》："本，俗作~。"

厺

①差人方才开口笑,什么大其个身不安？俗着俺~当堂辨。（《寒森曲》一［耍孩儿］P.2630）

②官退了堂，一些人护着赵恶虎正待~藏，二相公一石头打~。（《寒森曲》二·P.2634）

抄本如字，路盛蒲三本皆作"去"。

按：~音［tɕ'yˀ］，例①之~表示要做某事；例②之~表示趋向，与"来"相对。《玉篇·去部》："~，《说文》去。"《正字通·厶部》："~，去本字。"抄本用的是"去"的本字。今~废而"去"行。

夯

①万岁道："你实说罢，我是个~人。"六哥道："模样极好，就是脚大些。"（《增补幸云曲》八·P.3186）

②蠢的蠢，~的~，空有臭钱不帮寸，撅着肚皮装富汉，偏他交的是好运。（《穷汉词》P.2738）

抄本与路盛蒲三本皆如字。

按：~应读［pən²］，义为拙笨。然而《改并四声篇海》引《川篇》呼讲切，《篇海类编·通用类·大部》："~，揵~，大用力。又以肩举物。"其音义与文皆不合。~用作"笨"字多见于近代白话作品，当属借形。今通作"笨"。

上　部

夋

①劝~弟愁眉展放，我为你暂乐春宵。（《禳妒咒》十一［耍孩儿］P.2805）

②你找法相相那江城,若还是标志,也玷辱不了门庭。~与不~，那可是各人的命。（《禳妒咒》七［还乡韵］P.2789）

抄本如字，路本作"賢"，盛蒲二本作"贤"。

按：~音［￣cian］，义为有德行，"賢"的俗体。字书无载，应为当时的新造字。"贤"为"賢"的简化字。

口　部

号

①只有一身破衲，夜间盖着养生，绰~名为大起灵，一起满床

光腚。（《穷汉词》P.2737）

②自家三民，是那樊满城的汉子，绰~槌被石。（《禳妒咒》十七·P.2829）

抄本与盛蒲二本皆如字。路本作"號"。

按：~音［xau⁰］，指名称，"號"的俗体。《广韵·号韵》："~，亦作號。"今为"號"的简化字。抄本用的是"號"的俗体，盛蒲二本用的是"號"的简化字。

叹

①自从锁门之后，将近一月，起初还听见他长吁短~，这两日吟哦起来了。（《禳妒咒》二十一·P.2843）

②一日相公感~说："咱已有孩子，虽然快活，可只是日日凭着娘子抄书度日，这也不是长法。"（《蓬莱宴》四·P.2708）

抄本与盛蒲二本皆如字，路本作"嘆"。

按：~应读［t'an⁰］，指叹气。然而，《龙龛手鉴·口部》："~，音以。"又引《广韵》作"又"。其音义与文皆不合。聊斋俚曲以~代"嘆"当属借形。今为"嘆"的简化字。抄本用的是"嘆"的借形字，盛蒲二本用的是"嘆"的简化字。

后

①清晨~晌孝敬你，你一班脸上有笑容，怎么心眼全不动？（《墙头记》四·P.2467）

②忽见殿~一垂杨，满殿全遮日色光，只见那长条垂下有千丈。（《蓬莱宴》二［跌落金钱］P.2969）

抄本与盛蒲二本皆如字，路本作"後"。

按：~音［xou⁰］，例①之~义为较晚的；例②之~指背面。《俗字谱》之《通俗小说》《古今杂剧》《娇红记》《白袍记》《目连记》《金瓶梅》《岭南逸事》作~。朱俊生《说文通训定声》："~，

152

假借为後。"今为"後"的简化字。抄本用的是"後"的借字,盛蒲二本用的是"後"的简化字。

叱

可~一声人头落,千古大恨一时消。(《快曲》四[梆子腔]P.2762)

路蒲二本如字,盛本作"喳"。

按:~音[tṣ'a],象声字,形容声音。字书无载,应是当时的新造字,今通作"嚓"。

呚

①曹操……说:"众将,你们看看,我有头~没有?"(《快曲》二·P.2750)

②输的热了再去捞,投损结下人命债。沙窝里淘井越发深,这可是嘲~可是怪?(《俊夜叉》[淄口令打叉]P.2732)

例①路盛蒲三本皆如字,例②抄本与路本如字,盛蒲二本作"哇"。

按:~音[ua],语气词。《字彙补·口部》:"~,人名。"聊斋俚曲借其读音表示语气。今通作"哇"。

呍

又道浑身骨头碎,丢了杠子都咳~。(《寒森曲》四[耍孩儿]P.2653)

路蒲二本如字,鸿本作"嘤",盛本作"恬"。

按:~音[iau],义为嚎叫。《广韵》於交切。然而《汉语大字典》给该字的注音是 āo,则不妥。因为~与"嘤"同音,"嘤"又与"吆"同音。抄本《磨难曲》一:"依着我是两手扳肩,到了门上先嘤喝一声。"(P.2983)"嘤",路盛蒲三本皆作"吆"。而"嘤""吆"《汉语大字典》皆音 yāo。无论从古音来源看,还

153

是从现在的实际读音来看，~都应读成 yāo。至于"佸"字，其音义与文皆不合，不知所据。

听

①七月里到秋间，~寒蝉，桐叶飘飘下井栏。(《磨难曲》十二[玉娥郎] P.3028)

②鸿渐大喜说："极是，我自来糊糊突突，没想到这里。"依旧将银子包讫，~了~说："天已四更了，咱收拾睡罢。"(《磨难曲》十九·P.3069)

鸿本与盛蒲二本皆如字。路本作"聽"。

按：~应读[t'iəŋ]，义为用耳朵接受声音。然而，~，《广韵》宜引切，又牛谨切，《集韵》鱼其切，又鱼衣切。《说文·口部》："~，笑貌。"《玉篇·口部》："~，仰鼻。"《广韵·轸韵》："~，口大貌。"其音义与文皆不合。《正字通·口部》："~，俗借为聽字省文。"聊斋俚曲使用~字，应为借形。鸿本用的是"聽"的借形字，盛蒲二本用的是"聽"的简化字。

唉

①回头走走又徘徊，颠倒神思脚儿歪。我的天来~，害相思他定把相思害。(《蓬莱宴》[银纽丝] P.2668)

②身子虽是在云天，心儿却移在人间，我的天来~，乱心情却把心情乱。(《蓬莱宴》二[银纽丝] P.2699)

抄本如字，路盛蒲三本皆无"来~"二字。

按：~音[xɛ]，表叹息。"咳"的俗体。字书无载，应为当时的新造字。《俗字谱》之《目连记》作"唭"，~应由此字进一步简化而成。

咀

①大相公悄悄的向前把手去那~上试了试，大惊说："怎么不

喘气了？"（《寒森曲》一·P.2629）

②尿里赌，屎里卧，你和王八一处坐，鼻~黑乌不成人，说起羞杀鬼一个。（《俊夜叉》P.2728）

抄本如字，路盛蒲三本皆作"嘴"。

按：~应读[ˬtsuei]，口的通称。然而，~，《广韵》慈吕切，又子与切；《说文·口部》："~，含味也。"《仓颉篇·口部》："~，噍也。"其音义与文皆不合。聊斋俚曲使用此字应属借形。

哾

见"嚛"。

咋

见"囃"。

㕭

从来不曾讨饭吃，待要不讨肚里~。（《磨难曲》一[耍孩儿]P.2983）

鸿本与盛蒲二本皆如字，路本作"嗷"。

按：~音[ˬtʃiəu]，借指辘辘饥肠发出的响声，"嗷"的俗体。《集韵·虞韵》："~，叱声。"今通作"诌"。

虽

①我~人家不大大，生平赌博不疼钱。一半两银子也看不见。（《增补幸云曲》六[耍孩儿]P.3177）

②男子不羞，全把吃穿借女流，他~不作声，自家觉着脸皮厚。（《蓬莱宴》五[叠断桥]P.2710）

抄本与盛蒲二本如字，路本作"雖"。

按：~音[ˬsuei]，转折连词，"雖"的俗体。《俗字谱》之《太平乐府》《目连记》《金瓶梅》《岭南逸事》作~，今为"雖"的简化字。抄本用的是"雖"的俗体，盛蒲二本用的是"雖"的简化字。

响

①肚里咕噜如雷~，一堆饿火把心烧。（《墙头记》一〔耍孩儿〕P.2448）

②看了看吴孝那脖子上半截带子……才知道是跐着椅子上吊，坠断带子吊下来，撞倒那椅子才那样~亮。（《寒森曲》三·P.2642）

抄本和盛蒲二本皆如字，路本作"響"。

按：~音〔ᶜɕiaŋ〕，义为发出声音，"響"的俗体。字书无载，应为当时的新造字，今为"響"的简化字。抄本用的是"響"的俗体，盛蒲二本用的是"響"的简化字。~字明·万历本《金瓶梅词话》（一回）中已有用例，如："只听得一声~，簌簌地将那树枝带叶打将下来……磕磕把那条棒折做两截。"

㗛

见"㘗"。

咲

①每日在闪电影里存身，半虚空中度日，可~人也。（《墙头记》四·P.2466）

②两人正说话之间，江城从屋里出来，~嘻嘻的来到跟前说："大娘好！"（《禳妒咒》七·P.2790）

抄本如字，路盛蒲三本皆作"笑"。

按：~音〔ɕiau°〕，例①之~义为令人发笑；例②之~义为欢喜形于音容，"笑"的俗体。汉魏碑刻已见用例，如："时言乐~。"（汉《王政碑》）又如："歌~停音，琴觞罢席。"（北魏《元略墓志》）《干禄字书》列作"通字"。《俗字谱》之《三国志评话》《太平乐府》《娇红记》《目连记》作~。明·万历本《金瓶梅词话》（二回）亦作~，如："武松~道：'若得嫂嫂这般作主最好。'"

撈

①使银钱他把那好缺也么挑，当日的文章未必也么高，甚操淖，敲门砖把进士~。（《禳妒咒》四［银纽丝］P.2779）

②当初说四指面条，可原就不是~你。（《禳妒咒》九［耍孩儿］P.2798）

抄本与盛蒲二本皆如字，路本作"唠"。

按：~音［ˌlau］，例①之~义为取得；例②之~义为欺骗，"唠"的俗体，今为"捞"的简化字。抄本用的是"唠"的俗体，盛蒲二本用的是"捞"的简化字。

唻

嫂嫂笑着把俺瞅，未曾说话先~口。（《琴瑟乐》［淄口令打叉］P.2688）

蒲本如字，盛本作"睐"，鸿本作"裂"。

按：~音［ˀlɛ］，义为裂开。字书无载，应为当时的新造字。疑"裂"字在当时口语中丢失了［i］介音，出现了字音与口语音不符的现象，所以另造~字表示。这也符合蒲松龄用字"字随音变"的原则。

啯

①江城把头攮在子正那怀里~~的哭啼。（《禳妒咒》四·P.2875）

②丫环说："天将明嗄我去尿尿，看见大爷屋里还点着灯，我去偷听了听，大爷~~的哭。"（《磨难曲》二十二·P.3083）

抄本、鸿本如字，例①整句路盛蒲三本皆作"哭云"，例②路本作"嘓"，盛蒲二本作"啯"。

按：~音［ˌkuo］，象声字，形容哭泣之声，"嘓"的俗体。"嘓"，《广韵》古获切："口嘓嘓，烦也。"

呔

我只雄赳赳的闯进门，扑~。内问云："这是怎么？"笑云：

157

"扑~一声，我就跪下了。"（《禳妒咒》一·P.2767）

抄本与路盛蒲三本皆如字。

按：~音[˳tʻei]，象声字，形容下跪的声音（此音具有淄川方言小称音变的特点）。字书无载，应是当时的新造字。

哗

见"碎"。

嗨

嫂子说道你休害羞，~，我心里欢喜你不觉。（《琴瑟乐》[淄口令打叉] P.2683）

抄本与路蒲二本如字，盛本作"嗨"。

按：~音[ᶜmei]，叹词，表示一种高兴、得意的情绪。字书无载，应是当时的新造字。

呣

赵大姑~了一声，说："罢呀！你既等不的，我也不敢留你了。"（《慈悲曲》三·P.2519）

抄本与路盛蒲三本皆如字。

按：~音[˳mən]，表示应诺，相当于普通话的"嗯"。字书无载，应为当时的新造字。

啦

张炳之说："虽然说养活他那么大小~，还得察访他察访。"（《慈悲曲》二·P.2514）

抄本如字，路盛蒲三本作"哩"。

按：~音[·la]，"了"的俗体。字书无载，应为当时的新造字。

吗

①三更出门月色也~乌，萧条行李一鞭孤。（《富贵神仙》三[银纽丝] P.2900）

②孩子说："是是，那不是俺爹爹～？"（《磨难曲》二·P.2989）

抄本鸿本如字，例①路本作"麽"，盛蒲二本作"么"。例②路盛蒲三本皆作"呀"。

按：～音［·ma］，例①之～为衬字；例②之～表示反问语气。《字彙·口部》："嗎，俗罵字。"聊斋俚曲借来表示语气，今简化作"吗"。

嗄

①万岁呼～就是～，两贴赢了六钱银。（《增补幸云曲》六［耍孩儿］P.3178）

②吴孝一声不言语，也不管人听不听，公然又把前词奉。赵恶虎还没说～，几几乎笑倒王成。（《寒森曲》三［耍孩儿］P.2641）

抄本与路盛蒲三本皆如字。

按：～音［ʃaˀ］，"什么"的合音字，义为什么。《广韵》所嫁切，《玉篇·口部》："～，声破。"聊斋俚曲将～用作"什么"的合音字当属借字，今通作"啥"。

嘱

①蒙妹妹～咐叮咛，已约下群仙具到。（《富贵神仙》十四［桂枝香］P.2975）

②小主人……便说："跟随的，我～咐你，到家把这信全然休要提起，看看太太担心。"（《磨难曲》二十二·P.3082）

抄本与盛蒲二本皆如字，路本作"囑"。

按：～音［˚tʃy］，义为叮嘱，"囑"的俗体。《俗字谱》之《取经诗话》《太平乐府》《娇红记》《目连记》作～。《字彙·口部》："～同囑。"今为"囑"的简化字。抄本用的是"囑"的俗体，盛蒲二本用的是"囑"的简化字。明·万历本《金瓶梅词话》（四十六回）亦作～，如："～付你衷肠莫变，要相逢则除是动载经年。"

嚒

①张诚不待去，说："待合俺哥哥睡呢。"看他娘~喝了两句，才去了。(《慈悲曲》四·P.2527)

②两个正在那里挣，他娘知道了，出来~喝说："跟你啥事，不快上学去？"(《慈悲曲》四·P.2528)

抄本如字，路盛蒲三本皆作"吆"。

按：~音[ˌiau]，义为大声喊叫。字书无载，应为当时的新造字。该字的制造比较特殊，因为"么"通"幺"，便把"麼"的偏旁"么"当成了该字的读音。应把它看作"吆"字的异体。

嚓

①按院不认的，合他手下人~语~语，进来行了礼。(《磨难曲》十·P.3022)

②若是狗改了~屎，你说话就是那公鸡拂群。(《俊夜叉》[耍孩儿] P.2731)

鸿本、抄本与路盛蒲三本皆如字。

按：~音[ˌtṣ'a]，例①之~指耳语；例②之~义为吃。今通作"喳"。

嚌（囐）

①你只说你骂手好，我这打手也不~。(《富贵神仙》七[倒板浆] P.2937)

②手段不~，宫里人情能求来。那阁老合尚书，都和他有一拜。(《禳妒咒》五[呀呀油] P.2782)

盛蒲二本如字，抄本与路本作"囐"。

按：~音[ˌlai]，义为逊色。此字在聊斋俚曲中所在的位置都是押平声韵的，淄川方言又无恰当的现成字可用，只得另造~字。

此字有时又被易之以"嬾"或"赖"。如："他说的价虽不小，那木料委实不嬾。"（《翻魇殃》十一·P.2612）路本如字，盛本作"赖"。但是，"嬾""赖"《广韵》落盖切，皆读去声，语音不合。

嘴

见"嘈"。

喇（哫）

①张大说："这怎么处？"放声大哭："我那银爷～，我那钱爷～，你疼煞我了耶。"（《墙头记》四·P.2467）

②不觉的到夏天，愁人又见并头莲，我为你神仙都不做，怎么会舍我去求仙？我的哥哥～，咳咳我的皇天。（《蓬莱宴》五［憨头郎］P.2713）

抄本与路本如字，盛蒲二本作"哫"。

按：～应读［·iau］，语气助字。然而，～，《广韵》呼本切，又火酷切。《说文·口部》："～，食辛～也。"《玉篇·口部》："～，大啜曰～。"其音义与文皆不合。聊斋俚曲使用其字，当属借形。其实这种用法元曲中就已出现。如关汉卿《窦娥冤·楔子》："儿～，我也是出于无奈。"

嚾

批溜扑榻一片响，杀狼地动乱叫～。（《磨难曲》十一［耍孩儿］P.3026）

鸿本如字，路本作"讙"，盛蒲二本作"欢"。

按：～应读［xuan˚］，义为呼喊。"唤"的异体。《玉篇·口部》："～与唤同。"《说文·口部》："唤，呼也。"今通作"唤"。～又通"讙"，"讙"又借作"欢"。朱俊生《说文通训定声》："讙假借为欢。"《说文·欠部》："欢，喜乐也。"其义与文不合。

唯（咋哝）

①咱爹若能说句话，他也未必敢~着，耐两人都胆儿弱。（《寒森曲》六［耍孩儿］P.2665）

②我在芦龙做知县，方兴管辖着我什么？破着行看他把我~。（《磨难曲》十一［耍孩儿］P.3025）

抄本与路本如字，盛本作"咋"，蒲本作"哝"。

按：~应读［˚tsa］，"怎么"的合音字，义为怎么。然而，~，《广韵》仓杂切，《玉篇·口部》："~，助舞声。"其音义与文皆不合。~用作"怎么"的合音字，当属借形。

口　部

园

①王母看罢，又来坐下，着实欢喜，说："像蟠桃~里那头一种，八千年才开花一遭。"（《蓬莱宴》六·P.2716）

②头一种生在~，一开花八千年，我也不曾常常见。（《蓬莱宴》六·P.2716）

抄本与盛蒲二本皆如字，路本作"園"。

按：~音［˚yan］，指种植果树的地方，"園"的俗体。《俗字谱》之《通俗小说》《古今杂剧》《三国志评话》《娇红记》《白袍记》《金瓶梅》《岭南逸事》作~，今为"園"的简化字。抄本用的是"園"的俗体，盛蒲二本用的是"園"的简化字。

图

①花似美人~，好时全在半开初，错过好光阴，乱粉飞满路。（《蓬莱宴》五［叠断桥］P.2713）

②听说江城，一貌如花……穿上一件好衣服，真似一尊活菩萨，

若不然除了这个~他嗄？（《禳妒咒》八[西调]P.2793）

抄本如字，路本作"圖"，盛蒲二本作"图"。

按：~音[˛t'u]，例①之~义为图画；例②之~义为贪图，"圖"的俗体。字书无载，应为当时的新造字，今简化为"图"。

山　部

屾（岀）

①后娘只知有前窝，分~后窝就不公。（《慈悲曲》三·P.2518）

②叫了一声："大媳妇了~来，去做饭给你大妗子吃。"（《慈悲曲》三·P.2518）

抄本如字，咱盛蒲三本皆作"出"。

按：~应读[˛tʂ'y]，义为由内向外移动，"出"的俗体。然而《改并四声篇海·山部》引《龙龛手鉴》："~，音岁。"《字彙补·二部》："~，古岁字。"其音义与文皆不合。聊斋俚曲使用此字当属借形。其用字心理显然是把"出"字看作由两个"山"字上下叠加而成。

岀

①你说这正德嫖院不大之紧，弄~了几件故事甚是~奇。（《增补幸云曲》一·P.3154）

②这万岁头次~京，到了临清州，收了江彬，现任威南道。（《增补幸云曲》一·P.3155）

抄本如字，路盛蒲三本皆作"出"。

按：~音[˛tʂ'y]，例①之~义为发生；例②之~义为由内向外移动，"出"的俗体。字书无载，应为当时的新造字。其造字心理显然是把"出"看成了由两个山字上下叠加而成。《俗字谱》之

《目连记》《金瓶梅》作~。参见"岜"。

祟

①盼家门叫人焦灶,女孩儿生把气淘,十来多~还撒娇。(《禳妒咒》三［皂罗袍］P.2777）

②皇爷说:"爱卿谨言,有人听见怎了?"江彬说:"万~请上马走罢。"(《增补幸云曲》二·P.3161）

抄本如字,路本作"崴",盛蒲二本作"岁"。

按:~音[sueiº],义为年岁,"崴"的俗体。《汉语大字典·山部》:"~,同岁。"并引张江裁撰《北京~时志》。今简化为"岁"。

岂

①既不误了他读书,又省他出去放荡,~不妙哉?(《禳妒咒》二十一·P.2843）

②有俩钱就撑他娘那棍,~不知俺是小家子,怎么合俺做了亲。(《禳妒咒》九［耍孩儿］P.2799）

抄本与盛蒲二本如字,路本作"豈"的简化字。

按:~音[ˍtɕʻi],副词,表示反问,"豈"的俗体。字书无载,应为当时的新造字,今为"豈"的简化字。抄本用的是"豈"的俗体,盛蒲二本用的是"豈"的简化字。

巾　部

师

①有人说宗~下了道,早放他安排行李,也走的自在逍遥。(《禳妒咒》二十二［耍孩儿］P.2845）

②老孙婆子可再去对您大嫂说:"宗~下了道了,着他出来罢。"(《禳妒咒》二十二·P.2845）

抄本与盛蒲二本皆如字，路本作"師"。

按：～音［ˌʃi］，指学道之官，"師"的俗体，今为"师"的简化字。抄本用的是"師"的俗体，盛蒲二本用的是"师"的简化字。

䇗

①急慌忙拿过～笔，就待要写状一张。（《寒森曲》四［耍孩儿］P.2651）

②因着人命事重大，三批三检照常规，不过空把～笔费。（《寒森曲》二［耍孩儿］P.2635）

抄本如字，路盛蒲三本皆作"纸"。

按：～音［°tʃi］，指纸张，"纸"的异体。《广韵·纸韵》："䇗，同纸"。今"纸"行而～废。

彳 部

衝

哎哟了一大声，忽然间害头疼，像石头照着脑门～。（《寒森曲》五［耍孩儿］P.2654）

抄本如字，路盛蒲三本作"搇"。

按：见"搇"。

犭 部

独

①那一班婵娥玉女唱的唱、舞的舞，斟酒的斟酒，下菜的下菜，～有彩鸾斜依着白玉栏杆，手托香腮，全无情绪。（《蓬莱宴》

二·P.2700）

②这里吃着酒，看见女兵到了，慌极，都爬墙颠了，~有先父坐在上席，稳然不动。（《禳妒咒》一·P.2767）

抄本与盛蒲二本皆如字，路本作"獨"。

按：~音[ｃtu]，义为单一，"獨"的俗体。《俗字谱》之《列女传》《通俗小说》《古今杂剧》《三国志平话》《太平乐府》《娇红记》《东窗记》《目连记》《金瓶梅》《岭南逸事》作~，今为"獨"的简化字。抄本用的是"獨"的俗体，盛蒲二本用的是"獨"的简化字。

夕 部

梦

①才~见罗汉来，教俺暂把愁闷开，他说是前生冤孽债。（《禳妒咒》二十四［耍孩儿］P.2855）

②公子进去绣房，江城卧在床上说："今夜~见兰香来么？"（《禳妒咒》二十·P.2843）

抄本如字，路本作"夢"，盛蒲二本作"梦"。

按：~音[məŋ˚]，指做梦，"夢"的俗体。字书无载，应为当时的新造字。"梦"为"夢"的简化字。抄本用的是"夢"的俗体，盛蒲二本用的是"夢"的简化字。

夂 部

处

①身上痛对谁告诉？没人~自己声唤。（《墙头记》一［耍孩

儿〕P.2444）

②忽然想起喜绢来，床里床外到~找，谁知他正拿着瞧，才待去寺他笑着跑。（《琴瑟乐》〔淄口令打叉〕P.2687）

抄本如字，路本作"處"，盛蒲二本作"处"。

按：~音［tʂy²］，义为地方，"處"的俗体。字书无载，应为当时的新造字。"处"为"處"的简化字。

条

①一言才罢，忽见一棵垂柳，高有万丈，大有百顷，一~~把殿顶遮蔽。（《蓬莱宴》二·P.2669）

②你娘常把你达哄，说你赌博没点影，你达打你两~子，娇儿哭了三天整。（《俊夜叉》〔淄口令打叉〕P.2729）

抄本与盛蒲二本皆如字，路本作"條"。

按：~音［t'iau˳］，指细长的树枝，"條"的俗体。《俗字谱》之《古今杂剧》《三国志平话》《娇红记》《目连记》《岭南逸事》作~，今为"條"的简化字。抄本用的是"條"的俗体，盛蒲二本用的是"條"的简化字。

饣（食）部

馍（饝）

①周元听说，回家拿钱到了街上，买了几个~~。（《增补幸云曲》五·P.3170）

②教书为业，过的揭巴，这些人去，怎么打发，不用说赏钱，~~也是难拿。（《禳妒咒》八〔西调〕P.2793）

抄本如字，路本作"饝"，盛蒲二本作"馍"。

按：~音［˳mo］，一种面制食品，"饝"的异体。《字彙补·食部》：引《贯珠集》："饘，与𩝽同。又饼也。"今通作"馍"。

䬣

①一碗~子一壶茶，亲自送到灯儿下。（《富贵神仙》八［皂罗袍］P.2941）

②方娘子听了听交了二鼓，便回房顿了一壶茶，一碗~子送来。（《富贵神仙》八·P.2941）

抄本如字，路盛蒲三本皆作"欺"。

按：~音［tɕʻi］，一种面制食品，将面擀成薄片切碎而成，或炒食、或煮食。"欺"的俗体。字书无载，应为当时的新造字。《日用俗字·饮食章第四》作"欺"，如："包子冷上箅子馏，欺子炒焦就水餐。"《集韵·之韵》："欺，饼属。""欺"当为"欺"的借字。

䭃

冬里~猪五口，夏里养蚕十箔。（《姑妇曲》一［劈破玉］P.2477）

路蒲二本如字，盛本作"牤"。

按：~应读［tʂʻuaiˀ］，义为使猪多吃增肥。然而，《龙龛手鉴》徒端反，《字彙·食部》："~，米~。"《正字通·食部》："~，通作团。"其音义与文皆不合。聊斋俚曲使用此字，当属借形。所以如此，疑是因为"~"的声旁与"揣"的声旁相同，因而也就把"揣"的读音当成了~的读音了。~，《日用俗字·庄农章第二》作"𩜼"，注音"揣"，如："𥻘糊大料把猪𩜼揣，㪣捣杀抆净吃还醃。"

餡

你看偺爹吃了多大点子，若是您达，从来没见东西，不知待~多少哩。（《墙头记》一·P.2448）

抄本与路盛蒲三本皆如字。

按：~音［ɕyanˀ］，义为吃（含贬义）。字书无载，应为当时

168

的新造字。

饘

①那屋里一把斧子，便说："二成，你拿了去换俩～～来吃我吃。"（《姑妇曲》二·P.2487）

②问怎么，二成实说待换～～。（《姑妇曲》二[倒板浆]P.2487）

抄本与路本如字，盛蒲二本作"馍"。

按："饘"的俗体，参见"飰"。

丬 部

壮

①待我蹀着梯子爬过墙去，把门开了，嫂嫂领着几个～健妇人堵着江城，我和俺哥哥扭了锁，夺他出来便了。（《禳妒咒》二十二·P.2846）

②好不蹊跷，低头无语瞤了毛。这一来甚莽～，像有些不大妙。（《富贵神仙》四[银纽丝]P.2917）

抄本与盛蒲二本皆如字，路本作"壯"。

按：～音[tʃyaŋ˨]，例①之～义为健壮；例②之～义为冒失，借作"撞"。～为"壯"的俗体。汉魏碑刻已见用例，如："仁信明敏，～勇果毅。"（汉《赵宽墓碑》）又如："君虽处囚房，而～志厉踰。"（北魏《尔珠袭墓志》）《俗字谱》之《三国志平话》《东窗记》《金瓶梅》《岭南逸事》作～。《改并四声篇海·士部》引《俗字背篇》："～音壮，义同。俗用。"今为"壯"的简化字。抄本用的是"壯"的俗体，盛蒲二本用的是"壯"的简化字。

妆

①二月花朝，溪梅开过子生条。独自傍～台，懒把菱花照。（《禳

妒咒》十一［叠断桥］P.2806）

②懒待梳~，半是思郎半恨郎，渐渐热难行，怎么把归期望。（《禳妒咒》十一［叠断桥］P.2806）

抄本与盛蒲二本如字，路本作"妆"。

按：~音［ʨyaŋ］，义为化妆，"妆"的俗体。字书无载，应为当时的新造字，今为"妆"的简化字。抄本用的是"妆"的俗体，盛蒲二本用的是"妆"的简化字。

状

①每个秀才五两银子，每个百姓二两，求大家递~保他一保。（《磨难曲》十四·P.3038）

②吹打了三遍了，各人伺候罢。他若问，只就~上说便了。（《磨难曲》十四·P.3039）

抄本与盛蒲二本如字，路本作"狀"。

按：~音［tʃyaŋ˚］，指书状，"狀"的俗体。隋唐碑刻已见用例，如："行优昔~，德重先民。"（北齐《封子绘墓志》）又如："犹~芭椒，空而不实。"（隋《杨居墓志》）《干禄字书》列作"通字"。《正字通·犬部》："狀，俗作状。"《广韵》锄亮切。《俗字谱》之《通俗小说》《三国志平话》《娇红记》《白袍记》《东窗记》《金瓶梅》《岭南逸事》作~，今为"狀"的简化字。抄本用的是"狀"的俗体，盛蒲二本用的是"狀"的简化字。

将

①~铁马去了，央耐他砧声不要敲。（《磨难曲》十三［叠断桥］P.3033）

②做不做从你的心，你待做我也不嗔，做~起来也没人问。（《磨难曲》二十一［耍孩儿］P.3078）

鸿本与盛蒲二本如字，路本作"將"。

按：~音［ˌtɕiaŋ］，例①之~为介词；例②之~为助词，"將"的异体，今为"将"的简化字。鸿本用的是"將"的异体，盛蒲二本用的是"将"的简化字。明·万历本《金瓶梅词话》（七十九回）已作~，如："再不叫~应二哥，他也不在了，与花大舅做生日去了。"

广　部

序

异日回朝，传旨天下，盖下庙~，塑下金身。（《增补幸云曲》四·P.3169）

抄本如字，路盛蒲三本皆作"宇"。

按：~音［ˌy］，指庙宇。"㝢"的古文。《玉篇·广部》："㝢，今作宇。~，籀文。"今通作"宇"。

庄（庒）

今朝逢限该比较，咱~去了十个多，不知打死了哪一个？（《磨难曲》二［耍孩儿］P.2989）

抄本与盛蒲二本皆如字，路本作"莊"。

按：~音［ˌtʂyaŋ］，义为村落，"莊"的俗体。《俗字谱》之《通俗小说》《娇红记》《岭南逸事》作~，《正字通·艸部》："莊，田舍曰莊，俗作庄。"今为"莊"的简化字。抄本用的是"莊"的俗体，盛蒲二本用的是"莊"的简化字。明·万历本《金瓶梅词话》（三十回）中亦有用例，如："咱家坟隔壁赵寡妇家~子儿连地要卖。……我买了这~子，展合为一处。"

庅

张相公说："娘子送我家中看看，却不两全庅？"（《富贵神仙》五·P.2922）

抄本如字，路本作"麽"，盛蒲二本作"么"。

按：~音［‿mo］，表疑问语气，"麽"的俗体。《俗字谱》之《白袍记》《目连记》《金瓶梅》《岭南逸事》作~，今简化为"么"。

庒

①那时候可回本~，慢慢的把家门进。（《磨难曲》十九［呀呀油］P.3067）

②敞~南里有个八家店,这八家店里有九家子人家怕老婆。（《禳妒咒》一·P.2767）

鸿本抄本如字，路本作"莊"，盛蒲二本作"庄"。

按：《俗字谱》之《三国志平话》《太平乐府》作~。参见"庄"。

应

①方娘子叫："娟娟，你起来。"不听的答~，又叫："娟娟快起来，一大些人来拿您爹爹来。"（《磨难曲》十九·P.3073）

②置办妆，做成了衣服打头面，一点子不~心，倒摸着从头换。（《琴瑟乐》［陕西调］P.2684）

鸿本抄本与盛蒲二本皆如字，路本作"應"。

按：~音［iəŋ°］，例①之~义为回答；例②之~义为满足，"應"的俗体。《俗字谱》之《通俗小说》《目连记》《金瓶梅》《岭南逸事》作~，今为"應"的简化字。鸿本抄本用的是"應"的俗体，盛本用的"應"的简化字。

庙

①夫人下轿到了~里，说："待俺拈香则个。"（《禳妒咒》七·P.2789）

②五脏~里失了火，热焰腾腾烧肺肝，眼前干的黄花乱。（《增补幸云曲》四［耍孩儿］·P.3167）

抄本与盛蒲二本皆如字，路本作"廟"。

按：~音［miau˳］，义为供奉、祭祀人神的房屋，"廟"的俗体。《字彙·广部》："庙，俗廟字。"《俗字谱》之《通俗小说》《古今杂剧》《太平乐府》《娇红记》《东窗记》《目连记》《金瓶梅》《岭南逸事》作~。今为"廟"的简化字。抄本用的是"廟"的俗体，盛蒲二本用的是"廟"的简化字。

门（門）部

门

①爹正在家，妈正在家，又是~当户对的好人家。（《琴瑟乐》［陕西调］P.2682）

②灯烛交辉，叮咚一派，乐声摧。他家来迎亲，好生的增~楣。（《琴瑟乐》［陕西调］P.2685）

抄本与盛蒲二本皆如字，路本作"門"。

按：~音［˳mən］，指门第，"門"的俗体。《俗字谱》之《通俗小说》《目连记》《金瓶梅》作~，今为"門"的简化字。抄本用的是"門"的俗体，盛蒲二本用的是"門"的简化字。

闪

①亏了纯阳度脱我，不曾回家再留连，再留连~的我肝肠断。（《蓬莱宴》七［耍孩儿］P.2721）

②不管长来不管短，进门就是搂抱俺，头磕头儿亲又亲，声声埋怨俺把他~。（《琴瑟乐》［淄口令打叉］P.2689）

抄本与盛蒲二本皆如字，路本作"閃"。

按：~音［˚ʃian］，义为抛弃，躲离，"閃"的俗体。《俗字谱》之《金瓶梅》作~，今为"閃"的简化字。抄本用的是"閃"的俗体，盛蒲二本用的是"閃"的简化字。

闭

只爱他模样俊俏，谁知人面兽心，昨夜晚~了房门，着我在书房中合衣冷睡一夜，不曾合眼。（《禳妒咒》十·P.2801）

抄本与盛蒲二本皆如字，路本作"閉"。

按：~音［pi⁼］，义为关闭，"閉"的俗体。《俗字谱》之《金瓶梅》作~。今为"閉"的简化字。抄本用的是"閉"的俗体，盛蒲二本用的是"閉"的简化字。

问

恼恨媒人，讨了庚帖没回音，亲事成不成，教我可将谁来~。（《琴瑟乐》［陕西调］P.2682）

抄本与盛蒲二本皆如字，路本作"問"。

按：~音［uənº］，义为询问，"問"的俗体。字书无载，应为当时的新造字，今为"問"的简化字。抄本用的是"問"的俗体，盛蒲二本用的是"問"的简化字。

闯（闖）

我只雄纠的~进门，朴喊，内问云："这是怎么？"（《禳妒咒》一·P.2767）

抄本与盛蒲二本皆如字，路本作"闖"。

按：~音［ᶜtʃʰyaŋ］，义为猛冲。"闖"的俗体，今为"闖"的简化字。抄本用的是"闖"的俗体，盛蒲二本用的是"闖"的简化字。

闲

①洗了身子重净面，新衫新裤从头换，细细绞脸~了眉，霎时间缺嘛了一身汗。（《琴瑟乐》［淄口令打叉］P.2685）

②我说罢呀分~他，各支锅子把饭吃。（《墙头记》一·P.2444）

抄本如字，路本作"閒"，盛蒲二本作"开"。

按：~音［ˌkʻai］，义为不闭，"開"的俗体。《俗字谱》之《通俗小说》《古今杂剧》《目连记》《金瓶梅》作~，今简化为"开"。

闲（闲）

①一头睡着不肯~，摸了脸来又摸脚。（《琴瑟乐》［淄口令打叉］P.2686）

②进门来四下里观，道路清幽气象~。四壁独成一院落，面南也是屋三间。（《禳妒咒》七［倒板浆］P.2790）

抄本与盛蒲二本如字，路本作"閒"。

按：~音［ˌɕian］，例①之~义为没有事做；例②之~义为闲适，"閑"的俗体。《俗字谱》之《古今杂剧》《太平乐府》《金瓶梅》作~，今为"闲"的简化字。抄本用的"閑"的俗体，盛蒲二本用的是"闲"的简化字。

间

好快活，日出犹然恋被窝，早知人~这样欢，要做神仙真是错。（《蓬莱宴》［呀呀油］P.2703）

抄本与盛蒲二本皆如字，路本作"間"。

按：~音［ˌtɕian］，指空间，"間"的俗体。《俗字谱》之《取经诗话》《通俗小说》《古今杂剧》《目连记》《金瓶梅》作~，今为"间"的简化字。抄本用的是"間"的俗体，盛蒲二本用的是"间"的简化字。

闲

①富贵功名由命不由俺，雪月琴瑟无拘又无管，清~即是仙，莫怨身贫贱。（《琴瑟乐》［对玉环带清江引］P.2690）

②柳泉我无事，编成小曲~玩耍。（《琴瑟东》［对玉环带清江引］P.2690）

抄本如字，路本作"閒"，盛蒲二本作"闲"。

按：《俗字谱》之《通俗小说》《目连记》作~。参见"闲"。

闷

①鞋底儿刚刚上罢，~昏昏眼涩眉酸。（《禳妒咒》[耍孩儿] P.2797）

②高公说："老婆子只顾不来，是好是歹，好~人也。"（《禳妒咒》七·P.2791）

抄本与盛蒲二本皆如字，路本作"闷"。

按：例①之~音[məṇ]，义为压抑不舒；例②之~音[məṇ°]，义为烦闷不快，"悶"的俗体，今为"闷"的简化字。抄本用的是"悶"的俗体，盛蒲二本用的是"闷"的简化字。

闺

①急忙把头梳，改头绞脸用功夫，戴上新髽髻，辞了~女路。（《琴瑟乐》[陕西调] P.2685）

②从来~女给当不的儿，没哩是待留着咱养老？（《琴瑟乐》[淄口令打叉] P.2682）

抄本与盛蒲二本如字，路本作"闺"。

按：~音[ₑkuei]，指闺房，"闺"的俗体。字书无载，应为当时的新造字，今为"闺"的简化字。抄本用的是"闺"的俗体，盛蒲二本用的是"闺"的简化字。

闸

①十分受熬煎，仔是强~挣。（《琴瑟乐》P.2687）

②不觉明了天，待要起去只是怪懒耽。免强下牙床。~挣了好几番。（《琴瑟乐》[陕西调] P.2687）

抄本与蒲本如字，盛本作"扎"。

按：~音[ₑtṣa]，与"挣"结合构成"~挣"，义为争扎。字书无载，应为当时的新造字，今通作"扎"。

176

闹

①好不热~，满街看的塞满了，那人骑着马，紧靠我的轿。(《琴瑟乐》[陕西调] P.2686)

②~~吵吵，都说时辰不远了，母亲扯助我，泪珠腮边掉。(《琴瑟乐》[陕西调] P.2685)

抄本与盛蒲二本皆如字，路本作"鬧"。

按：~音[nauº]，义为喧闹，"鬧"的俗体。《俗字谱》之《古今杂剧》《金瓶梅》作~，今为"鬧"的简化字。抄本用的是"鬧"的俗体，盛蒲二本用的是"鬧"的简化字。

阁

①连年来作践非常，孩儿入~又穿房，跳圈儿乖破了红纱帐。(《禳妒咒》[耍孩儿] P.2775)

②蛾媚一竖胆战魂消。~老尚书也要上他的道。(《禳妒咒》[皂罗袍] P.2770)

抄本与盛蒲二本如字，路本作"閣"。

按：~音[ˬkuo]，例①之~指房屋；例②之~指官职，"閣"的俗体。《俗字谱》之《太平乐府》《金瓶梅》作~，今为"閣"的简化字。抄本用的是"閣"的俗体，盛蒲二本用的是"閣"的简化字。

闸

①十分受熬煎，仔是强挸~。(《琴瑟乐》P.2687)

②勉强着挸~下牙床，浑身无力骨头软。(《琴瑟乐》[淄口令打叉] P.2687)

抄本与蒲本皆如字，盛本作"挣"。

按：~音[ˬtsəŋ]，与"挸"结合构成"挸~"，义为挣扎。"闡"的俗体，今为"闡"的简化字。也作"挣"。

閞

①梅香烧汤，今番洗澡多加料香，恐怕人瞧见，忙把门~上。（《琴瑟乐》[陕西调]P.2684）

②把门~，行李递于小丫环。（《磨难曲》十九[呀呀油]P.3067）

抄本鸿本皆如字，路本作"關"，盛蒲二本作"关"。

按：~音[ˌkuan]，义为关闭，"關"的俗体。《玉篇·门部》："~，同關，俗。"《篇海类编·宫室类·门部》："~，關俗字。"《俗字谱》之《列女传》《古今杂剧》《三国志平话》《太平乐府》《娇红记》《白袍记》《东窗记》《岭南逸事》作~，今简化作"关"。

閴

那楼下的丫头们乱笑："你看这姐夫穷的，一条裤子也没有，还来~哩！"（《增补幸云曲》P.3217）

路盛蒲三本皆如字。

按：~音[ˌpʻiau]，义为嫖娟，"閴"的俗体。字书无载，应为当时新造字。《字彙补·门部》"閴，溺娼也。俗字。"今通作"嫖"。

闻

江城~进来，怒冲冲的说："我听的了，教您儿处治我。"（《禳妒咒》十·P.2802）

抄本如字，路本作"閴"，盛蒲二本作"闯"。

按：应为当时的新造字。参见"闯"。

氵 部

浛

①寻思一回没了~，俺成了前朝的一辈贤，就是杀人的王

十万。(《寒森曲》一[耍孩儿]P.2629)

②两个贪官到了城里,会同了会同,要给点拿~。(《寒森曲》二·P.2635)

抄本如字,路盛蒲三本皆作"法"。

按:~音[˳fa],指办法。《正字通·水部》:"法,《周礼》作灋。今从~。"今通作"法"。

济(濟)

①休笑汉子全不~,这里使不的钱和势。(《禳妒咒》一[山坡羊]P.2768)

②俺家的儿郎没点汉子星,~着你吵骂自宿到天明。(《禳妒咒》十[闹五更]P.2803)

抄本与盛蒲二本皆如字,路本作"濟"。

按:~音[tɕiˀ],例①之~义为救助;例②之~义为最大限度,"濟"的俗体。《俗字谱》之《取经诗话》作~,今为"濟"的简化字。抄本用的是"濟"的俗体,盛本用的是"濟"的简化字。

㝵

①趁人乱你揹着去罢,即忙走勿~留停。(《寒森曲》三[耍孩儿]P.2645)

②一伙人齐来救护,二相公~空先行。(《寒森曲》[耍孩儿]P.2645)

抄本如字,路盛蒲三本皆作"得"。

按:~音[˳tɕi],例①之~义为许可;例②之~义为得到,"得"的俗体。字书不载,应为当时的新造字。《俗字谱》之《东窗记》《目连记》《金瓶梅》《岭南逸事》作~。

济

江城笑说:"呀!他中了么?您大爷也该不怨我折掇他那儿

子了。若~他放风筝，怎么中了呢？"（《禳妒咒》二十三·P.2849）

抄本如字，路本作"濟"，盛蒲二本作"济"。

按："濟"的俗体。《俗字谱》之《列女传》《古今杂剧》《三国志平话》《太平乐府》《娇红记》《白袍记》《东窗记》《目连记》《金瓶梅》《岭南逸事》作~。参见"济"。

深

①忽进了~山一座，只见那山岭層層。（《寒森曲》六[耍孩儿]P.2663）

②主人椅子旁里坐，一个使锨一个使锹，半尺~露出大瓮沿。（《寒森曲》八[耍孩儿]P.2677）

抄本如字，路盛蒲三本皆作"深"。

按：~音[ₑtʃiən]，表示进入的尺度大，与"浅"相对。"深"的俗体。《俗字谱》之《列女传》《古今杂剧》《娇红记》《岭南逸事》作~。

湾

①厨房只一间儿，又是热杀人的天儿，搭炕杀人的烟儿，那汗成了~儿，又没人倒倒班儿。（《禳妒咒》二十四[山坡羊]P.2853）

②这个念头大差了，又从泥里到深~，自己差了将何人怨。（《墙头记》一[耍孩儿]P.2445）

抄本与盛蒲二本如字，路本作"灣"。

按：~音[ₑuan]，指水流弯曲之处，"灣"的俗体。《篇海类编·地理类·水部》："灣，俗作~"。《俗字谱》之《太平乐府》《东窗记》《目连记》《岭南逸事》作~，今为"灣"的简化字。抄本用的是"灣"的俗体，盛蒲二本用的是"灣"的简化字。

潑

①那水性~贼素不喜我，听的江彬二字，越发生气，雪上加霜。（《增补幸云曲》一·P.3157）

②第二怨怨姑娘，骂~妇太不良，心如蛇蝎一般样。（《增补幸云曲》十一［耍孩儿］P.3198）

抄本如字，路本作"潑"，盛蒲二本作"泼"。

按：~音［ˌpʻo］，义为蛮横，"潑"的俗体。字书无载，应为当时的新造字。"泼"为"潑"的简化字。《俗字谱》之《目连记》《金瓶梅》《岭南逸事》作~。

滩

光景如故，树木依然，庄东里那个~，庄西里那个湾。（《磨难曲》十三［劈破玉］P.3034）

抄本与盛蒲二本皆如字，路本作"灘"。

按：~音［ˌtʻan］，指河海边沿水时来时去的地方。"灘"的俗体。《俗字谱》之《岭南逸事》作~，今为"灘"的简化字。抄本用的是"灘"的俗体，盛蒲二本用的是"灘"的简化字。

澁

①受不尽热熬煎，口又~，舌又干。（《增补幸云曲》［耍孩儿］P.3167）

②鞋底儿刚刚上罢，闷昏昏眼~眉酸。（《禳妒咒》九［耍孩儿］P.2797）

抄本路本如字，盛蒲二本作"涩"。

按：~音［ˌṣei］，指因缺少水液而不滑润。《玉篇·水部》："~，同澀，俗。""涩"为"澀"的简化字。

忄 部

忉

吴彩鸾甚害～，娘娘叫他接文箫。（《蓬莱宴》七［耍孩儿］P.2721）

路盛蒲三本皆如字，抄本作"嚣"。

按：～应读［ɕiau］，义为羞。然而，～，《广韵》都牢切，《玉篇·心部》："都劳切，忧心皃。"其音义与文皆不合。"害～"就是"害羞"，山东方言许多地方把"羞"说成"嚣"，抄本作"嚣"，是个借字。～当为"灹"的形误。参见"灹"。

怀

①叫声娇娇，挟在～中搂抱着。（《蓬莱宴》五［叠断桥］P.2709）

②方氏歪倒身子，一头棲在～中说："想是仙人极俊的，你就忘了这结发夫妻了。"（《磨难曲》十二·P.3032）

抄本鸿本与盛蒲二本皆如字，路本作"懷"。

按：～应读［ɕuai］，指胸部。然而，《改并四声篇海》引《俗字背篇》音"副"，"怀，怒也。"其音义与文皆不合。聊斋俚曲使用此字，当是借形。《俗字谱》之《目连记》《金瓶梅》《岭南逸事》作～，今为"懷"的简化字。抄本用的是"懷"的借形字，盛蒲二本用的是"懷"的简化字。

怜

①受了无穷苦楚，还亏了爷娘不知，可～哪可～。（《禳妒咒》十·P.2801）

②你我真是老扯淡，从今后把他丢了，折掇煞休要可～。（《禳妒咒》十二·P.2811）

抄本与盛蒲二本皆如字，路本作"憐"。

按：~音[｡lian]，义为怜悯，"憐"的俗体。《广韵》落贤切，《集韵·先韵》："憐，《说文》'哀也'，或作怜。"《俗字谱》之《列女传》《通俗小说》《古今杂剧》《三国志平话》《太平乐府》《娇红记》《白袍记》《东窗记》《目连记》作~，今为"憐"的简化字。抄本用的是"憐"的俗体，盛蒲二本用的是"憐"的简化字。

恼

小相公见他娘越~了，这才躺下，打的连声嗬叫，说："不敢了，不敢了。"（《富贵神仙》八·P.2939）

抄本与盛蒲二本皆如字，路本作"惱"。

按：~音[ᶜnau]，义为发怒，"惱"的俗体。《俗字谱》之《古今杂剧》《目连记》作~，今为"惱"的简化字。抄本用的是"惱"的俗体，盛蒲二本用的是"惱"的简化字。明·万历本《金瓶梅词话》（五十一回）亦作~，如："老公公~了，将这几个人的名字送于朱太尉。"

宀　部

灾

①又没病，又没~，忽然间眼不开，说三官已在旁门外。（《寒森曲》八［耍孩儿］P.2680）

②奈何他三~未退，还有个大数难逃。（《慈悲曲》四［耍孩儿］P.2524）

抄本与盛蒲二本皆如字，路本作"災"。

按：~音[｡tsai]，义为劫难，"災"的俗体。《说文·火部》："烖，天火曰烖，或从宀，火。"今为"災"的简化字。抄本用的是"灾"的异体，盛蒲二本用的是"灾"的简化字。

宝

①原得那小蕞蕞山儿似的一堆元~，又离不了有一两个儿子孙拜相。（《磨难曲》一·P.2892）

②开坛十里似莲花，八洞闻香下马，洞宾留下~剑，昭君当下琵琶。（《增补幸云曲》七·P.3184）

抄本与盛蒲二本如字，路本作"寶"。

按：~音[ˬpau]，指珍贵之物，"寶"的俗体。《俗字谱》之《列女传》《取经诗话》《通俗小说》《古今杂剧》《三国志平话》《太平乐府》《娇红记》《白袍记》《东窗记》《目连记》《岭南逸事》作~，今为"寶"的简化字。抄本用的是"寶"的俗体，盛蒲二本用的是"寶"的简化字。明·万历本《金瓶梅词话》（四回）亦作~，如："惟春梅~石坠子，大红遍地锦比甲儿。"

实

①形容憔悴病新添，凄凉苦楚~可怜。（《磨难曲》十二[玉娥郎]P.3029）

②委~害羞，事到其间不自由，勉强脱衣裳，半推还半就。（《琴瑟乐》[陕西调]P.2686）

鸿本与盛蒲二本皆如字，路本作"實"。

按：~音[ˬʃi]，义为确凿，"實"的俗体。《俗字谱》之《通俗小说》《古今杂剧》《三国志平话》《太平乐府》《娇红记》《白袍记》《东窗记》《岭南逸事》作~，今为"實"的简化字。鸿本用的是"實"的俗体，盛蒲二本用的是"實"的简化字。

寔

①那枕柄不挨着~~的侥幸,他自家在道上又找上个小零。（《慈悲曲》三[劈破玉]P.2523）

②罢呀，爹娘面前也不害羞了，我就~说了吧！（《禳妒咒》六·P.2786）

抄本如字，路本作"寔"，盛蒲二本作"实"。

按："寔"的俗体。《说文·宀部》："~，止也。从宀是声。"《正字通·宀部》："~，与寔通。"今简化作"实"，参见"实"。

窓

①看看~儿外，明月上柳梢。透纱~将奴牙床照。（《富贵神仙》五［银纽丝］P.2920）

②早饭已罢，炉里添香，扫田刮地，净几明~。拔笔舒纸，写书几行。（《蓬莱宴》［西调］P.2707）

抄本如字，路盛蒲三本皆作"窗"。

按：~音［$_{c}$tʃ'yaŋ］，指窗户，"窗"的俗体。明·万历本《金瓶梅词话》（五十四回）已有用例，如："曲砌重栏，万种名花纷若绮，幽~密牖，数声娇鸟弄如簧。"

辶　部

边

①画帘以里绣床~，使不的威灵势焰。（《禳妒咒》一［西江月］P.2767）

②众秀才，百姓上，执着保状跪倒，接着的拿去，说："下~有芦龙县的秀才、百姓保那马知县。"（《磨难曲》十四·P.3039）

抄本与盛蒲二本皆如字，路本作"邊"。

按：~音［$_{c}$pian］，指方位，"邊"的俗体。《俗字谱》之《通俗小说》《古今杂剧》《太平乐府》《娇红记》《白袍记》《东窗记》《目连记》《金瓶梅》作~，今为"邊"的简化字。抄本用的是"邊"的俗体，盛蒲二本用的是"邊"的简化字。

过（過）

①盼~几番，盼到喜日上眉尖。他家来攛妆，怎惹的心撩乱？（《琴瑟乐》P.2648）

②小娘子，没奈何，顾个人看韵哥。几亩薄田还好~。（《蓬莱宴》六［耍孩儿］P.2714）

抄本与盛蒲二本如字，路本作"過"。

按：~音［kuoº］，例①之~义为曾经发生；例②之~义为度日，"過"的俗体。《改并四声篇海·定部》引《俗字背篇》："过，与過同，今列俗。"《篇海类编·人事类·定部》："过，俗過字。"《俗字谱》之《通俗小说》《古今杂剧》《太平乐府》《东窗记》《目连记》《金瓶梅》《岭南逸事》作~。今为"過"的简化字。抄本用的是"過"的俗体，盛蒲二本用的是"過"的简化字。

迁

半世曾无安乐窝，书斋~处住房挪，旧年邻舍才相识，又去城南二里多。（《禳妒咒》三［诗］P.2777）

抄本与盛蒲二本皆如字，路本作"遷"。

按：~音［ˌtɕ'ian］，义为迁徙，"遷"的俗体。《正字通》："迁，俗遷字，旧注'徙也'，'~葬也'，与遷训近。"《俗字谱》之《列女传》《通俗小说》《古今杂剧》《三国志平话》《太平乐府》《娇红记》《东窗记》《金瓶梅》作~，今为"遷"的简化字。抄本用的是"遷"的俗体，盛蒲二本用的是"遷"的简化字。

迊

①丢丢羞羞往外走，婆婆~门拉住手。（《琴瑟乐》［淄口令打叉］P.2683）

②不一时进了城，到了东街上，一个酒铺里，一个~出来，却

是他伯兄，名叫商政。(《寒森曲》五·P.2655）

抄本如字，路盛蒲三本作"迎"。

按：~应读[﹍iəŋ]，义为迎接。然而，《广韵·合韵》："币，遍也，周也。~，同币。"《集韵·合韵》："币，《说文》'周也，从反之而币也'，或作~。"其音义与文皆不合。聊斋俚曲使用此字，当属借形。《俗字谱》之《目连记》《金瓶梅》作~。

还（逯逯）

①他门户虽然不差，他女儿未知怎么，因此上心~牵挂。(《禳妒咒》[罗江怨] P.2784）

②忽然把云头落下，旧风景~在眼前。(《蓬莱宴》七[耍孩儿] P.2719）

抄本与盛蒲二本皆如字，路本作"還"。

按：~音[﹍xuan]，义为仍然，"還"的俗体。《俗字谱》之《通俗小说》《古今杂剧》《三国志平话》《太平乐府》《娇红记》《白袍记》《东窗记》《目连记》作~，今为"還"的简化字。抄本用的是"還"的俗体，盛蒲二本用的是"還"的简化字。

这

①那人道："谁不知你过关哩，你家里的门么？你走~等大意？"（《增补幸云曲》三·P.3163）

②媳妇来三月有零，夫妇和睦不相争，~番成了家门幸。(《禳妒咒》十三[耍孩儿] P.2813）

抄本与盛蒲二本如字，路本作"這"。

按：~音[tʃiə˚]，表指示，指比较近的人或事物，"這"的俗体。《俗字谱》之《目连记》《金瓶梅》作~，今为"這"的简化字。抄本用的是"這"的俗体，盛蒲二本用的是"這"的简化字。

逺

①仲鸿说："是谁家？"王婆说："~在临江，近在峡江。"（《禳妒咒》五·P.2782）

②虽没有千里万里，也隔着水~山遥。（《禳妒咒》四［耍孩儿］P.2778）

抄本与盛蒲二本皆如字，路本作"遠"。

按：~音［ᵒyan］，义为距离长，跟"近"相对，"遠"的俗体。《俗字谱》之《目连记》《金瓶梅》作~，今为"遠"的简化字。抄本用的是"遠"的俗体，盛蒲二本用的是"遠"的简化字。

迯

①但只是到了当官，虽然无事，自家觉着也难见人，除了外~还有什么生路？（《磨难曲》一·P.2983）

②方氏说："半夜三更，何人叫门？"鸿渐说："是~人还家。"（《磨难曲》十二·P.3032）

鸿本如字，路盛蒲三本皆作"逃"。

按：~音［ₑt'au］，义为逃亡，"逃"的俗体。《改并四声篇海·辵部》引《玉篇》："~，遁也，避也。"《字汇·辵部》："~，俗逃字。"《俗字谱》之《通俗小说》《古今杂剧》《太平乐府》《白袍记》《东窗记》《目连记》作~，今通作"逃"。

過

①骂一声死王八，还不~来快跪下？（《寒森曲》二［耍孩儿］P.2632）

②咳，我这几年在外，这垣墙也塌了半截，待俺跳~墙去。（《磨难曲》十二·P.2632）

抄本鸿本如字，路本作"過"，盛蒲二本作"过"。

按："過"的俗体。《俗字谱》之《目连记》《金瓶梅》《岭南逸事》作~。参见"过"。

退

①众人休得无礼,只怕是老爷的差官,那响马短了皇纲,他~敢在这里买饭吃?(《增补幸云曲》三·P.3165)

②这两日关前短了皇纲,一个也~没拿着哩。(《增补幸云曲》三·P.3163)

抄本如字,路本作"還",盛蒲二本作"还"。

按:见"还"。

逻

①大爷打了五十板,两个解子押出来,恐怕路上~受害。(《寒森曲》五《耍孩儿》P.2655)

②二兄弟心~温,想将来要~魂。(《寒森曲》五[耍孩儿]P.2655)

抄本如字,路本作"還",盛蒲二本作"还"。

按:见"还"。

退

①当初有个逞~给他算卦,丫头先和他说:"俺二姐极爱奉承,到那里哄他二两银子咱好分。"(《增补幸云曲》八·P.3187)

②他若人间找,那里问奴家,问逞也是胡占卦。(《蓬莱宴》二[银纽丝]P.2699)

抄本与路盛蒲三本皆如字。

按:~音[ʂəŋ²],"逞~"指以说唱、算卦谋生的瞎子。《汉语大字典》:"[逞逞]旧称卜卦算命的瞎子。道光年修《榆林府志·方言》:'逞逞',音纤生,俗呼声者之能巫卜也。'清·蒲松龄《蓬莱宴》第二回:'他若人间找,那里问奴家?问逞逞也是胡占卦。'路大荒《〈聊斋俚俗曲〉土语注释》:'逞逞,以卜算唱词为业的瞎子。'"所举"暹暹"一词之第二个"暹"字，皆为～之形误。

遭

①西王母欢喜下座，伸玉手摩弄一～。（《蓬莱宴》六［耍孩儿］P.2716）

②斧打凿凿又入木，遂叫那百姓～殃。（《寒森曲》七［耍孩儿］P.2669）

抄本如字，路盛蒲三本皆作"遭"。

按：～音［ˌtsau］，例①之～是量词；例②之～是动词，义为遇到。"遭"的俗体，《俗字谱》之《岭南逸事》作～，字书无载，应为当时的新造字。

⼳（⼳）部

归

泼妇离门凶气除，耳根清净眼丁无，莫愁姐姐～家去，自有人来叫姐夫。（《禳妒咒》十［诗］P.2803）

抄本与盛蒲二本皆如字，路本作"歸"。

按：～音［ˌkuei］，义为回返，"歸"的俗体。字书无载，应为当时的新造字，今为"歸"的简化字。抄本用的是"歸"的俗体，盛蒲二本用的是"歸"的简化字。

当

①园里去采花儿戴，惹起心里愁一块，花儿虽好要～时，颜色败了谁人爱？（《琴瑟乐》［淄口令打叉］P.2682）

②惟想～年，文君～妒，你接酒，我提壶，冷也卖，热也沽。（《蓬莱宴》四［西调］P.2705）

抄本与盛蒲二本皆如字，路本作"當"。

按：~音［ˬtaŋ］，例①之~义为赶趁；例②之~义为"以往""主持"。"當"的俗体。《俗字谱》之《通俗小说》《目连记》《金瓶梅》《岭南逸事》作~，今为"當"的简化字。抄本用的是"當"的俗体，盛蒲二本用的是"當"的简化字。

灵

①张二说："你居长，该守~，我去罢。"（《墙头记》四·P.2468）

②日色平西，家里的茶饭赖待吃，我的魂~儿，先往了他家去。（《琴瑟乐》［陕西调］P.2685）

抄本与盛蒲二本如字，路本作"靈"。

按：~音［ˬliəŋ］，例①之~指尸骸；例②之~指魂魄，"靈"的俗体。《正字通·火部》："灵，俗靈字。"《俗字谱》之《通俗小说》《古今杂剧》《三国志平话》《太平乐府》《娇红记》《白袍记》《东窗记》《目连记》《金瓶梅》《岭南逸事》作~，今为"靈"的简化字。抄本用的是"靈"的俗体，盛蒲二本用的是"靈"的简化字。

尸　部

屠

这日子好难挨，空有家不能来，来家又遭仇人害。千思万想没头~，因此想那榜放开。（《磨难曲》二十［耍孩儿］P.3075）

鸿本如字，"头屠"二字，路盛蒲三本皆作"指望"。

按：~音［ˬtu］，原指肛门，引申为尽头，"豚"的俗体。《日用俗字·庄农章第二》作~，如："庄稼忙乱无头~，只有冬月稍清闲。"《玉篇·尸部》："~，俗豚字。""豚"《广韵》丁木切，释作："尾下窍也。"

尽

①万岁说："景在何处？"江彬说："～在本上。"（《增补幸云曲》一·P.3517）

②朝里～奸刁，人人诡诈苦难招。（《蓬莱宴》五［叠断桥］P.2710）

抄本与盛蒲二本皆如字，路本作"盡"。

按：～音［tɕiənº］，义为全部，"盡"的俗体。《篇海类编·数目类·尺部》："～音盡，俗用。"《字彙·尸部》："～，俗盡字。"《俗字谱》之《列女传》《取经诗话》《通俗小说》《古今杂剧》《三国志平话》《太平乐府》《娇红记》《白袍记》《东窗记》《目连记》《金瓶梅》《岭南逸事》作～，今为"盡"的简化字。抄本用的是"盡"的俗体，盛蒲二本用的是"盡"的简化字。

尿

喊了一声说："好孽畜，谁想拿住他霎，他是推佯死了哩，这不是～了一泡尿颠了。"（《磨难曲》二十三·P.3091）

鸿本如字，路盛蒲三本皆作"溺"。

按：～音［niauº］，义为解小便，"尿"的古体。《日用俗字·身体章第一》亦有此字。如："女妳儿峻犹可说，止言屙～不为村。"《说文·尾部》："～，人小便也，从尾，从水。"《玉篇·尾部》："～，人小便，今作尿。"在聊斋俚曲中，～做动词使用，"尿"做名词使用。

弓 部

弥

今日里望亲家千千万万，小妮子不成人罪大～天，多亏好公婆

佛面相看。(《禳妒咒》十二[劈破玉]P.2812)

抄本与盛蒲二本皆如字,路本作"彌"。

按:~音[$_e$mi],义为填满、遮掩,"彌"的俗体。《集韵·支韵》:"彌,或作~。"今为"彌"的简化字。抄本用的是"彌"的俗体,盛本用的是"彌"的简化字。

弯

①秋波如绿水,两道柳眉~。(《增补幸云曲》四·P.3167)

②轿马直到大街前,转过一~又一~。不久看见元帝庙,门前仕女闹如山。(《禳妒咒》七[倒板桨]P.2789)

抄本与盛蒲二本皆如字,路本作"彎"。

按:~音[$_e$uan],例①之~义为弯曲;例②之~义为弯子。"彎"的俗体,今为"彎"的简化字。抄本用的是"彎"的俗体,盛蒲二本用的是"彎"的简化字。明·万历本《金瓶梅词话》(二十九回)中已见用例,如:"脸媚眉~,身不摇而自颤。"

弹

①有了银包腊~,就恭然大弄通堂。(《俊夜叉》[耍孩儿]P.2733)

②公子说:"我不敢赢瓜子了,咱赢~吧!不好不好,~你也不依打,咱赢钱吧。"(《禳妒咒》九·P.2798)

抄本与盛蒲二本皆如字,路本作"彈"。

按:例①之~音[tanʾ],指圆形的东西;例②之~音[$_e$tʾan],义为用手指弹击,"彈"的俗体,今为"彈"的简化字。抄本用的是"彈"的俗体,盛蒲二本用的是"彈"的简化字。此字明·万历本《金瓶梅词话》(五十六回)中已见用例,如:"可知他才学荒疏,人品散~哩。"

子（子）部

孙

①这快活，那王~公子跟不上。(《蓬莱宴》四[西调] P.2707)

②儿~自有儿~福，离别原是命里该，何必把个人愁坏？(《蓬莱宴》六[耍孩儿] P.2715)

抄本与盛蒲二本如字，路本作"孫"。

按：~音[ₒsuən]，指儿子的儿子，"孫"的俗体。字书无载，应为当时的新造字，今为"孫"的简化字。抄本用的是"孫"的俗体，盛蒲二本用的是"孫"的简化字。

孩

①一日相公感叹说："咱虽有了~子，虽然快活，可只是日日凭着娘子抄书度日，这也不是长法。"(《蓬莱宴》四·P.2708)

②咱也是命里该，五十才生个小婴~，如今将近十年外。(《禳妒咒》二[耍孩儿] P.2771)

抄本如字，路盛蒲三本皆作"孩"。

按：~音[ₒxai]，指儿女，"孩"的俗体。字书无载，应为当时的新造字。

女 部

妇

①老夫~适刚才，正喜他夫~得和谐，方且一言未落地，他从空中掉下个故事来。(《禳妒咒》十三[房四娘] P.2816)

②夫~从来无定准，打就打来称就称，到了床头使不的性。(《禳

妒咒》十九［耍孩儿］P.2836）

抄本与盛蒲二本皆如字，路本作"妇"。

按：~音［fu˚］，指有夫之女，"妇"的俗体。《俗字谱》之《目连记》《金瓶梅》《岭南逸事》作~，字书无载，应为当时的新造字，今为"婦"的简化字。抄本用的是"婦"的俗体，盛蒲二本用的是"婦"的简化字。

娇

①脸儿~嫩似雪霜，腰枝窈窕嫦娥样。（《禳妒咒》七［皂罗袍］P.2791）

②酒色养的脾胃~，他厌气时文不待瞧。（《禳妒咒》四［银纽丝］P.2779）

抄本与盛蒲二本如字，路本作"嬌"。

按：~音［ˌtɕiau］，例①之~义为柔美；例②之~义为娇气，"嬌"的俗体。《俗字谱》之《目连记》《金瓶梅》作~，字书无载，应为当时的新造字，今为"嬌"的简化字。抄本用的是"嬌"的俗体，盛蒲二本用的是"嬌"的简化字。

马（馬）部

驴

①员外去邻赴席，骑着~从北往南走，遇着赵恶虎从南往北走。（《寒森曲》一·P.2627）

②起脚到河南，得大病幸保全，失了~又把盘费断。（《磨难曲》十二［黄莺儿］P.3032）

抄本鸿本如字，路本作"驢"，盛蒲二本作"驴"。

按：~音［ˌly］，一种牲口，"驢"的俗体。《改并四声篇·马

195

部》引《俗字背篇》："驴与驢同，俗用。"《字彙·马部》："驴，俗驢字。"《俗字谱》之《白袍记》《岭南逸事》作～，今简化作"驴"。

験

老王便问："拿了人来了么？"差人说："俺～过他，委实有病。"（《寒森曲》二·P.2632）

抄本如字，路本作"験"，盛蒲二本作"验"。

按：～音[ianº]，义为查验，"験"的俗体。《改并四声篇海·马部》引《搜真玉镜》："騐，与验义同。"《俗字谱》之《金瓶梅》《岭南逸事》作～，今简化作"验"。

纟（糹）部

纲

万岁离了销金帐，前后走宫娥彩女，混江龙驾出朝～。（《增补幸云曲》一[耍孩儿]P.3156）

抄本与盛蒲二本皆如字，路本作"綱"。

按：～音[｡kaŋ]，义为朝廷的法纪，"綱"的俗体。字书无载，应为当时的新造字，今为"綱"的简化字。抄本用的是"綱"的俗体，盛蒲二本用的是"綱"的简化字。

绳

依势降人大管家，少不的请来上了～。（《寒森曲》一[耍孩儿]P.2630）

抄本如字，路本作"繩"，盛蒲二本作"绳"。

按：～音[｡ʃiəŋ]，义为绳索，"繩"的俗体。《广韵·蒸韵》："繩，俗作绳。"《俗字谱》之《古今杂剧》《三国志平话》《太平乐府》《白袍记》《东窗记》《目连记》《金瓶梅》《岭南逸事》作～，今简化作"绳"。

緫

他二舅自从报了仇，～不去奉承那严世蕃，正做着刑厅，着他一笔勾消了。（《磨难曲》十三·P.3037）

鸿本如字，路本作"縱"，盛蒲二本作"纵"。

按：～音［ˊtsuŋ］，义为一直、总是，"總"的俗体。《俗字谱》之《金瓶梅》《岭南逸事》作～，今简化作"总"。～又通"縱"，如："对镜照照玉颜，～然俊美有谁怜。"（《蓬莱宴》二［跌落金钱］P.2700）抄本如字，路本作"縱"，盛蒲二本作"纵"。"～然"即"纵然"。明·万历本《金瓶梅词话》（四十二回）亦通"纵"，如："～然费却万般心，只落得火灭烟消成煨烬。"

木　部

桥

路途半里何时到？转弯抹角又过小～，铺面两行一派人烟闹。（《禳妒咒》三·P.2777）

抄本与盛蒲二本皆如字，路本作"橋"。

按：～音［ˌtɕ'iau］，义为桥梁，"橋"的俗体。《俗字谱》之《目连记》《金瓶梅》作～，今为"橋"的简化字。抄本用的是"橋"的俗体，盛蒲二本用的是"橋"的简化字。

桁

仇福寻思着，田地都烧红了，我起出这一～来上地也好。（《翻魇殃》十一·P.2611）

路盛蒲三本皆如字。

按：~音［ɕiəŋ³］，量词，指上下叠加的层次，一层曰一~。然而，~，《广韵》户庚、胡郎二切，《集韵·唐韵》："木在足曰械，大械曰~。"《正字通·木部》："~，与航同。"其音义与文皆不合。聊斋俚曲使用其字，当是借形。

楼

①你家~舍垛成堆，俺家扎地也无锥。（《禳妒咒》七［倒板浆］P.2790）

②三更里吹灯上床也么眠，一床锦被半床闲。好可怜，细听谯~半夜天。（《磨难曲》十二［银纽丝］P.3029）

抄本鸿本与盛蒲二本如字，路本作"樓"。

按：~音［lou²］，指楼房，"樓"的俗体，《俗字谱》之《列女传》《取经诗话》《通俗小说》《古今杂剧》《三国志平话》《太平乐府》《娇红记》《白袍记》《目连记》《岭南逸事》作~，今为"樓"的简化字。抄本、鸿本用的是"樓"的俗体，盛蒲二本用的是"樓"的简化字。明·万历本《金瓶梅词话》（五十一回）亦作~，如："玳安旋从打后边~房里讨了手帕银子出来。"

犬　部

献

①时到了难留，奉圣旨先暂后奏，三声炮响~上人头。（《磨难曲》十四［桂枝令］P.3039）

②你大叔若在家，就不如把他~。（《富贵神仙》九［呀呀油］P.2948）

鸿本抄本与盛蒲二本皆如字。路本作"獻"。

按：~音［ɕian⁰］，指奉上，"獻"的俗体。《改并四声篇海·犬部》

引《俗字背篇》："~，音獻。"《字彙·犬部》："~，俗獻字。"《俗字谱》之《列女传》《通俗小说》《古今杂剧》《三国志平话》《白袍记》《岭南逸事》作~，今为"獻"的简化字。鸿本、抄本用的是"獻"的俗体，盛蒲二本用的是"獻"的简化字。

歹 部

殡

只顾去经营丧事，到~后咱再商量。(《墙头记》四〔耍孩儿〕P.2469）

抄本如字，路本作"殯"，盛蒲二本作"殡"。

按：~音［piən°］，义为葬埋，"殯"的俗体。《俗字谱》之《目连记》作~，今通作"殡"。明·万历本《金瓶梅词话》(七十九回)亦作~，如："择在二月十六日破土，三十日出~。"

丰（車）部

辈

①惟留夫妇儿孙~，共候群仙下界来。(《富贵神仙》十四〔桂枝香〕P.2975）

②可怜生在人群，逐日家弃旧迎新，今~子已是无好运。(《禳妒咒》二十〔罗江怨〕P.2840）

抄本如字，路本作"輩"，盛蒲二本作"辈"。

按：~音［pei°］，例①之~指辈分；例②之~指一生，"輩"的俗体。《广韵·队韵》："輩，俗作辈。"北魏碑刻中已有用例，如："弱冠飞声，腾拔群~。"(北魏《山晖墓志》)《干禄字书》

列作"通字"。《俗字谱》之《通俗小说》《古今杂剧》《娇红记》《目连记》《岭南逸事》作~，今简化为"辈"。

轻

①妹妹打了，姐姐又捶了，一夜不能翻身，临明稍觉~些。(《禳妒咒》十八·P.2831)

②罢罢，不如实说了罢，其罪还~。(《禳妒咒》十八·P.2832)

抄本如字，路本作"輕"，盛蒲二本作"轻"。

按：~音[ₜɕʻiɛŋ]，"輕"的俗体。字书无载，应为当时的新造字。《俗字谱》之《通俗小说》《目连记》作~。参见"轻"。

輕（轻）

龙离大海遭虾戏，虎离深山被犬~，天子离朝人不重。(《增补幸云曲》二[耍孩儿]P.3158)

抄本如字，路本作"輕"，盛蒲二本作"轻"。

按：~音[ₜɕʻiəŋ]，义为看不起，"輕"的俗体。《康熙字典·车部》："~，《玉篇》与輕同。"《俗字谱》之《取经诗话》《古今杂剧》《太平乐府》《东窗记》《金瓶梅》《岭南逸事》作~，今简化作"轻"。

轿

①丫头命重，新把璋弄，高尚书坐~八抬，还托他爷爷清梦。(《禳妒咒》三十一·P.2877)

②太公说："我方才合眼做了一个奇梦，梦见一把伞，一顶~，呵道进宅，问是什么人，说是尚书。"(《禳妒咒》三十一·P.2876)

抄本如字，路本作"轎"，盛蒲二本作"轿"。

按："轎"的俗体。《俗字谱》之《目连记》作~，参见"轿"。

轿（轿）

①～马直到大街前，转过一弯又一弯。（《禳妒咒》七［倒板桨］P.2789）

②家人说："来到樊大爷家门首。"夫人说："待俺下～进去。"（《禳妒咒》七·P.2790）

抄本如字，路本作"轎"，盛蒲二本作"轿"。

按：～音［tɕiau°］，指人抬的运人工具，"轎"的俗体。《俗字谱》之《通俗小说》作～，今简化为"轿"。

戈　部

战（戰）

①跪在床下，～～呵呵。似上杀场，就着刀剐。（《禳妒咒》十六［劈破玉］P.2826）

②十一月，数九天，冷胅块放面前，一行哈着浑身～。（《墙头记》一［耍孩儿］P.2445）

抄本与盛蒲二本皆如字，路本作"戰"。

按：～音［tʃian°］，义为发抖，"戰"的俗体。《俗字谱》之《目连记》作～，今为"戰"的简化字。抄本用的是"戰"的俗体，盛蒲二本用的是"戰"的简化字。

戰

①众秀才～～竟竟的说："大宗师老爷，生员并不曾使他一个钱。"（《磨难曲》十四·P.3040）

②众人～～介，李大说："小的们都是些乡民，那保正拨俺来，俺就来了。"（《磨难曲》十四·P.3040）

鸿本如字，路本作"戰"，盛蒲二本作"战"。

201

按："戰"的俗体。《俗字谱》之《列女传》《取经诗话》《通俗小说》《古今杂剧》《三国志平话》《太平乐府》《白袍记》《东窗记》《金瓶梅》《岭南逸事》作~。参见"战"。

瓦 部

甃

快打鸡子用油煎，吃点儿先把心窝~。(《墙头记》三［耍孩儿］P.2460)

蒲本如字，路本作"站"，盛本作"垫"。

按；~当为"甃"之形误。参见"甃"。

甃

不曾给令堂去抗腿，也不曾~腰给令达。(《寒森曲》二［耍孩儿］P.2633)

路蒲二本如字，盛本作"哈"。

按：~音［tian°］，~腰，是一种保健性的服侍，"甃"的俗体。"甃"，《广韵》徒念切："甃，支也，出《通俗文》。"《字汇·瓦部》："甃，支物不平。"盛本《墙头记》三［耍孩儿］："快打鸡子用油煎，吃点儿先把饥来垫。""垫"字抄本作"甃"。《日用俗字·庄农章第二》："蒲笠蓑衣防备雨，打扫苫括淳闹甃殿猪栏。"亦作"甃"，皆可证。俗体~是误将"坫"旁写成了"站"。今通作"垫"。

支 部

敨

吊在地叫呱呱，成了个小娃娃，手脚没有半~大。(《寒森曲》

六 [耍孩儿] P.2663）

路蒲二本皆如字，盛本作"拳"，抄本作"戳"。

按：~音[ʰtṣa]，义为张开大拇指与中指之间的距离。字书不载，当是"戳"字之形误。"戳"，《广韵》侧加切，《汉语大字典》释作："表示张开大拇指和中指（或小指）两端间的距离。"且引《西游记》（十回）："桥长数里，阔只三戳。"此字抄本于"戳"字下注"音查"，也是一证。

日　部

旧

皮里出来皮里亲，道来媳妇是他人。不知夫婿虽荣贵，还是当年~杵砧。（《禳妒咒》二十三·P.2850）

抄本与盛蒲二本如字，路本作"舊"。

按：~音[ᴄtɕiəuˀ]，义为过去的。"舊"的俗体。《龙龛手鉴·日部》："旧，其九反。"今为"舊"的简化字。抄本用的是"舊"的俗体，盛蒲二本用的是"舊"的简化字。

时

①也是我的~来了，一百样的都凑巧。（《琴瑟乐》P.2684）

②合该那张敖的~来，遂大喝一声："众人休得无礼。"（《增补幸云曲》三·P.3165）

抄本与盛蒲二本皆如字，路本作"時"。

按：~音[ᴄʃi]，指时运，"時"的俗体。《龙龛手鑑·日部》："~，'肯'的古文。"《俗字谱》之《取经诗话》《通俗小说》《古今杂剧》《三国志平话》《目连记》《金瓶梅》《岭南逸事》作~，今为"時"的简化字。抄本用的"肯"的古文，盛蒲二本用的是"時"

的简化字。

旷

一路上心如烈火，前来到～野山林。（《增补幸云曲》四［耍孩儿］P.3166）

抄本如字，路本作"曠"，盛蒲二本作"旷"。

按：～音［kʻuaŋ°］，义为空旷，"曠"的俗体。字书无载，应为当时的新造字，今简化为"旷"。

㬥

①于氏说："你出来做点活呀！光坐～子是咋着？"（《姑妇曲》二·P.2487）

②二相公说："二位请回，我自己去罢。跟我～子，我也没钱给你使。"（《寒森曲》五·P.2657）

抄本如字，例①路盛蒲三本如字，例②路盛蒲三本皆作"回"。

按：～音［tsʻau°］，表示动作的量词，"～子"犹如"一顿""一通"。字书无载，应为当时的新造字。

曺

①两相公哭嗥咷，擦着泪骂奸～，也不知该用什么药。（《寒森曲》一［耍孩儿］P.2629）

②能把我魂灵引去，我情愿就赴阴～。（《寒森曲》［耍孩儿］P.2652）

抄本如字，路盛蒲三本皆作"曹"。

按：～音［˰tsʻau］，例①之～指姓氏；例②之～指地府，"曹"的俗体。字书无载，应为当时的新造字。

贝（貝）部

赃

①知县~贪，比粮打死一生员。（《磨难曲》二十［叠断桥］P.3076）

②大相公一声大骂，赵恶虎休弄~腔。（《寒森曲》二［耍孩儿］P.2632）

鸿本、抄本如字，路本作"贼"，盛蒲二本作"赃"。

按：~音［ˌtsaŋ］，例①之~义为赃物；例②之~为"脏"之借字，"贼"的俗体，今简化为"赃"。明·万历本《金瓶梅词话》（七十三回）中已见用例，只是将声符右下边的一点省去写成"庄"字。如："真赃实犯拿住，你还赖那个？"

牛 部

牵

庆云一往又一还，照常吃饭又平安。母亲呀，不必将儿常挂~。（《富贵神仙》十一［跌落金钱］P.2957）

抄本如字，路本作"牵"，盛蒲二本作"牵"。

按：~音［ˌtɕʻian］，义为挂念。"牵"的俗体。字书无载，应为当时的新造字，今简化为"牵"。

毛 部

毡

①夫妻哭罢，公子才铺~给太太磕头。（《富贵神仙》十三·

P.2971）

②半领席一片～，一个锅子一个坛，找找休忘了笔和研。(《禳妒咒》[耍孩儿] P.2774)

抄本与盛蒲二本皆如字，路本作"氊"。

按：～音[ˌtʃian]，指毛毡，"氊"的俗体。《正字通·毛部》："毡，俗氊字。"今为"氊"的简化字。抄本用的是"氊"的俗体，盛蒲二本用的是"氊"的简化字。

攵　部

数

①一更一更～漏声，捱尽更点梦不成。(《磨难曲》十二[银纽丝] P.3029)

②少年英豪，埋着的功名不用咆。今科状元郎，～着日子到。(《蓬莱宴》五[叠断桥] P.2710)

鸿本、抄本与盛蒲二本皆如字，路本作"數"。

按：～音[ˊʃy]，义为计数，"數"的俗体。《俗字谱》之《列女传》《取经诗话》《古今杂剧》《三国志平话》《太平乐府》《娇红记》《白袍记》《东窗记》《目连记》《岭南逸事》作～，今为"數"的简化字。鸿本、抄本用的是"數"的俗体，盛蒲二本用的是"數"的简化字。明·万历本《金瓶梅词话》（八十六回）亦作～，如："使人一替两替叫了薛嫂儿去，尽力～说了一顿。"

斤 部

斷

①仙女临凡，他原和你有前缘，不久限期满，就和你姻缘~。（《蓬莱宴》五［叠断桥］P.2711）

②亏了纯阳度脱我，不曾回家再留连，再留连闪的肝肠~。(《蓬莱宴》七［耍孩儿］P.2721）

抄本（乙卯本。不注者为戊寅本）与盛蒲二本皆如字，路本作"斷"。

按：~音［tuanº］，义为截止，"斷"的俗体。《玉篇·斤部》："~，同斷，俗。"北魏碑刻已有用例，如："内含灵庆，外成克昌；克昌伊何？作范断机。"（北魏《元诱妻薛伯徽墓志》）《干禄字书》列作"俗字"。《俗字谱》之《列女传》《取经诗话》《通俗小说》《古今杂剧》《三国志平话》《太平乐府》《娇红记》《白袍记》《东窗记》《目连记》《岭南逸事》作~，今为"斷"的简化字。抄本用的是"斷"的俗体，盛蒲二本用的是"斷"的简化字。明·万历本《金瓶梅词话》（七十九回）亦作~，如："楼窗外就看见灯市往来，人烟不~。"

爪 部

爬

年少英豪，年少英豪，埋着的功名只用~。（《蓬莱宴》五［叠断桥］P.2710）

抄本如字，路盛蒲三本皆作"爬"。

按：~音［ˌpʻau］，义为用手或爪扒剖。《篇海类编·身体类·爪部》："~，~刮。本掊搔之字，当从指爪之爪，与掊同。"《日用俗字·庄农章第二》亦作~，如："角皮喂牛休抛撒，怕被鸡~密密苦。"而"爬"字音义与文不合，疑"爮"字之形误。

爱

①知疼知热好~人，软款温柔会玩耍。（《琴瑟乐》［淄口令打叉］P.2687）

②怪不的人~作媳妇，这个光景实在妙。（《琴瑟乐》［淄口令打叉］P.2686）

抄本如字，路本作"愛"，盛蒲二本作"爱"。

按：~音［aiᵒ］，义为喜爱，"愛"的俗体。《俗字谱》之《列女传》《古今杂剧》《三国志平话》《太平乐府》《娇红记》《白袍记》《东窗记》《目连记》《金瓶梅》《岭南逸事》作~，今简化作"爱"。

父　部

爷

①武宗~正德年，嘴火猴来临凡。（《增补幸云曲》一［耍孩儿］P.3155）

②来此已是高家门首，待俺进去相见："给大~合奶奶磕头。"（《禳妒咒》四·P.2782）

抄本与盛蒲二本皆如字，路本作"爺"。

按：~音［ˌiə］，例①之~是对官僚的尊称；例②之~是对旧时财主的尊称。"爺"的俗体。字书无载，应为当时的新造字，今为"爺"的简化字。抄本用的是"爺"的俗体，盛蒲二本用的是"爺"

的简化字。

爷

①当初明朝有一位戚继光戚老~，是挂印的总兵。（《禳妒咒》一·P.2770）

②大家都来商议说："老~领着百万兵马，怎么怕一夫人？咱不如反了吧！"（《禳妒咒》一·P.2770）

抄本如字，路本作"爺"，盛蒲二本作"爷"。

按：~为"爺"之俗体。参见"爷"。

月 部

奶

尖嘴嫂子栖哩咱，他说您姑又早~膀儿乍。（《琴瑟乐》P.2688）

抄本如字。路盛蒲三本皆作"奶"。

按：~音［ᶜnai］，义为乳房，"奶"的俗体。字书无载，应为当时的新造字。

腊

腚上裤，身上袄，转眼花花不见了，~月穿着雁过愁，这还说是我不好。（《俊夜叉》［淄口令打叉］P.2730）

抄本与盛蒲二本皆如字，路本作"臘"。

按：~应读［laʔ］，指阴历十二月。然而，~，《广韵》思积切，《广雅·释器》："~，脯也。"其音义与文皆不合。聊斋俚曲用~代"臘"，当属借形，今为"臘"的简化字。抄本用的是"臘"的借形字，盛蒲二本用的是"臘"的简化字。

腚

①进门来一句也没摔，~朝着床儿外，气一场跌了皮一块，大

娘子这一回不撞彩。(《慈悲曲》三[清江引]P.2523)

②转下打没人替你捱,那时节懊悔刚才,~上疼可也不自在。(《慈悲曲》四[罗江怨]P.2528)

抄本与路盛蒲三本皆如字。

按:~音[tiŋ°],指臀部。字书无载,应为当时的新造字。

䏢

不着我千补百纳,俩~~出来见人。(《俊夜叉》[耍孩儿]P.2730)

抄本与路蒲二本如字,盛本作"嫣"。

按:~音[｡ma],~~,指乳房。字书无载,应为当时的新造字。《淄川方言志》写作"妈妈"。

文　部

齐(齐)

①大家一~登门,把先父请去,说了来意。(《禳妒咒》一·P.2767)

②喜孜孜夫妻来到,将进门锣鼓~敲,行人摆了够二里遥。(《禳妒咒》八·P.2795)

抄本与盛蒲二本如字,路本作"齊"。

按:~音[｡tɕ'i],义为一同,"齊"的俗体。《俗字谱》之《取经诗话》《通俗小说》作~,今为"齊"的简化字。抄本用的是"齊"的俗体,盛蒲二本用的是"齊"的简化字。

㐺(㐺㐺)

①末扮陈~人上云:"自家陈昌候是也,丙子科中过乡榜。"(《禳妒咒》五·P.2783)

②家人说:"禀爷,已到高宅门首了。"陈~人说:"待俺下

马进去。"(《禳妒咒》五·P.2783)

抄本如字，路本作"舉"，盛蒲二本作"举"。

按：~音[˚tɕy]，指乡试考取的人，"舉"的俗字。《五音集韵·语韵》："~与舉通用，俗字。"今通作"举"。

斈

①那小痴异样聪明，教给他歌舞，一~就会，玩的一发兴致。(《蓬莱宴》四·P.2707)

②小痴不痴，伶俐异常，跟着娘子，~舞霓裳，跟着公子，~唱昆腔。(《蓬莱宴》四[西调]P.2707)

抄本如字，路本作"學"，盛蒲二本作"学"。

按：~音[˚ɕio]，指学习，"學"的俗体。《俗字谱》之《列女传》《通俗小说》《古今杂剧》《三国志平话》《太平乐府》《娇红记》《白袍记》《东窗记》《目连记》《金瓶梅》《岭南逸事》作~，今简化为"学"。

挙

①报子上云："报报报，佳音到，中~十三名，赏我一百吊。"(《禳妒咒》二十三·P.2848)

②夫人笑说："我儿这不好么，他如今中了~了，你往后可些须给他点体面。"(《禳妒咒》二十三·P.2849)

抄本如字，路本作"舉"，盛蒲二本作"举"。

按：~为"舉"的俗体。字书无载，应为当时的新造字。参见"㪯"。

斋

若不是我找的紧趁，他也就忘了书~。(《禳妒咒》二[耍孩儿]P.2773)

抄本如字，路本作"齋"，盛蒲二本作"斋"。

211

按：~音[ˬtʂai]，义为屋子，"齋"的俗体。字书无载，应为当时的新造字。参见"斋"。

㪯

不用商量，凭着满腹好文章，一~成名，直上玉堂，乌纱玉带，去左君王。（《蓬莱宴》四[西调]P.2705）

抄本如字，路本作"舉"，盛蒲二本作"举"。

按：~为"舉"的俗体。《篇海类编》作~。

齐

①众人才辞，看了看八百多席已是安排~备。（《蓬莱宴》一·P.2696）

②这一日吃着那白酒，说下，若有一个遭难，大家一~上前。（《禳妒咒》一·P.2767）

抄本如字，路本作"齊"，盛蒲二本作"齐"。

按：~音[ˬtɕi]，例①之~义为整齐；例②之~义为一同，"齊"的俗体。《正字通·文部》："斉，按：齊，省作斉，即~之讹。"《俗字谱》之《列女传》《古今杂剧》《三国志平话》《太平乐府》《白袍记》《东窗记》《目连记》《金瓶梅》《岭南逸事》作~。参见"齐"。

竟（竟）

他虽不作声，自家~着脸皮厚。（《蓬莱宴》[叠断桥]P.2710）

抄本如字，路本作"覺"，盛蒲二本作"觉"。

按：~音[ˬtɕio]，指感觉，"覺"的俗体。字书无载，应为当时的新造字。

斋（亲斋）

净业和尚入深山，苦苦修行三十年，洞中养个长生鼠，寺内~粮任他飱。（《禳妒咒》二十七·P.2863）

抄本与盛蒲二本皆如字，路本作"齋"。

按：~音［ˌtṣai］，义为屋子，"齋"的俗体。《康熙字典·文部》："~，《篇海》'同齋'。"《俗字谱》之《东窗记》《目连记》《岭南逸事》作~，今为"齋"的简化字。抄本用的是"齋"的俗体，盛蒲二本用的是"齋"的简化字。

斋

半世曾无安乐窝，书~迁处住房部。旧年邻舍才相识，又去城南地二里多。（《禳妒咒》三［诗］P.277）

抄本如字，路本作"齋"，盛蒲二本作"斋"。

按：~为"齋"的俗体。《俗字谱》之《取经诗话》《通俗小说》《古今杂剧》《太平乐府》《东窗记》《目连记》《金瓶梅》《岭南逸事》作~。参见"斋"。

竟

①相公吃过三杯，忽然~着心中宽阔，把那功名妻子一切看着都没要紧了。（《蓬莱宴》五·P.2714）

②长夜难熬，鼓打三更眼未交，祝赞屋里神，也着奴睡一~。（《蓬莱宴》五［采茶歌］P.2713）

抄本如字，路本作"覺"，盛蒲二本作"觉"。

按：例①之~音［ˌtɕio］，义为感觉；例②之~音［tɕiau°］，义为入睡。"覺"的俗体。字书无载，应为当时的新造字。参见"竟"。

火（灬）部

灯

①四点也未眠，五点也未眠，还合那银~伴。（《磨难曲》十九［楚

江秋〕P.3066）

②一更里昏沉～儿也么张，无情无绪卸残妆。（《磨难曲》[银纽丝] P.3029）

抄本与盛蒲二本皆如字，路本作"燈"。

按：～音[˳təŋ]，一种燃油的照明用具，"燈"的俗体。《正字通·火部》："灯，俗燈字。"《俗字谱》之《通俗小说》《古今杂剧》《三国志平话》《太平乐府》《娇红记》《白袍记》《东窗记》《目连记》《金瓶梅》《岭南逸事》作～，今为"燈"的简化字。抄本用的是"燈"的俗体，盛蒲二本用的是"燈"的简化字。

灱

①不然移了妹子去，翻尸检骨咱害～。（《寒森曲》四[耍孩儿] P.2605）

②一千才依填打上，白眉扯眼不害～，生篡出名色问你要。（《墙头记》四[耍陔儿] P.2471）

抄本如字，路盛蒲三本皆作"嚣"。

按：～音[˳ɕiau]，义为害羞，《广韵》许交切。而《广雅·释诂》："～，暴也，热也。"与文意不合。淄川方言把"羞"说成"嚣"，山东方言不少地方如此。用口语写"羞"时就常写作～或"嚣"。～应是个借字。

炻

老人家衣服要会做，绵的极厚要～皮。（《墙头记》[耍孩儿] P.2461）

抄本与路蒲二本皆如字，盛本作"弻"。

按：～音[˳xu]，义为贴住。字书无载，应为当时的新造字。今通作"糊"。"弻"，《广韵》其亮、鱼两二切，《玉篇·弓部》："弻，置罺于道也。"玄应《一切经音义》卷十八："弻，今畋猎家施弳以取鸟兽者，其形似弓也。"其音义与文皆不合，不知所据。

炉

①十一月来难上难，河腹坚，日色冷惨惨，火~不救寒。(《磨难曲》十二［玉娥郎］P.3028)

②老君献了个黄金~，大如柳斗，耀眼争光，安在娘娘面前。(《蓬莱宴》一·P.2696)

抄本与盛蒲二本皆如字，路本作"爐"。

按：~音[￠lu]，指炉子，"爐"的俗体。《篇海类编·天文类·火部》："~，俗爐字。"《俗字谱》之《取经诗话》《通俗小说》《古今杂剧》《三国志平话》《太平乐府》《娇红记》《目连记》《金瓶梅》《岭南逸事》作~，今为"爐"的简化字。抄本用的是"爐"的俗体，盛蒲二本用的是"爐"的简化字。

点

①一瘸一~的到了县里，对着老马如此这般告诉了一遍。(《磨难曲》十一·P.3027)

②吕祖说："娘娘不信，看我叫他一声，不要~化他，他也未必变成个道童。"(《蓬莱宴》六·P.2717)

抄本与盛蒲二本皆如字，路本作"點"。

按：~音[￠tian]，例①之~与瘸同义；例②之~为指点，"點"的俗体。《俗字谱》之《白袍记》《东窗记》《岭南逸事》作~，今为"點"的简化字。抄本用的是"點"的俗体，盛蒲二本用的是"點"的简化字。

炤

仰起巴掌~着脸，瓜得。内问云："是你打他么？"(《禳妒咒》一·P.2767)

抄本如字，路盛蒲三本皆作"照"。

按：~音［tʃiauº］，义为朝向。"照"的异体。《广韵》之少切，《广雅·释诂四》："~，明也。"《广韵·笑韵》："~同照。"

热

①大~如笼，无限鸣蝉噪暮空。（《禳妒咒》十一［叠断桥］P.2806）

②懒待梳妆，半是思郎半恨郎，渐渐~难行，怎么把归期望。（《禳妒咒》十一［叠断桥］P.2806）

抄本与盛蒲二本皆如字，路本作"熱"。

按：~音［iəº］，指炎热，"熱"的俗体。《俗字谱》之《古今杂剧》《白袍记》《岭南逸事》作~，今为"熱"的简化字。抄本用的是"熱"的俗体，盛蒲二本用的是"熱"的简化字。

烛

日头才落，明~高张，红炉煮酒，菓碟成行。（《蓬莱宴》四［西调］P.2707）

抄本如字，路盛蒲三本作"灯"。

按：~应读［ˌtʃy］，义为蜡烛。然而，~，本为"爌"的俗体。"爌"，《广韵》持中切，其音义与文不合。抄本将~用作"燭"，当属借形，《俗字谱》之《通俗小说》《古今杂剧》《太平乐府》《东窗记》《目连记》《金瓶梅》作~，今为"燭"的简化字。抄本用的是"燭"的借形字，盛蒲二本用的是"燭"的简化字。

礻 部

礼

①娘家差人来搬取，待要不回家，~上过不去。（《琴瑟乐》P.2688）

②大王说:"屡次厚费,怎么又送大~?"(《磨难曲》十七·P.3052)

抄本、鸿本皆如字,例①路盛蒲三本皆作"理",例②盛蒲二本如字,路本作"禮"。

按:~音[ºli],例①之~指礼俗;例②之~指礼物,"禮"的古体。《集韵·荠韵》:"禮,古作~。"《俗字谱》之《列女传》《取经诗话》《通俗小说》《古今杂剧》《三国志平话》《太平乐府》《娇红记》《白袍记》《东窗记》《目连记》《金瓶梅》《岭南逸事》作~,今为"禮"的简化字。抄本用的是"禮"的古体,盛蒲二本用的是"禮"的简化字。

祷

①万岁听说,着忙捻土焚香,望空~告:"小王有何德能,敢劳仙女送水。"(《增补幸云曲》四·P.3619)

②这佛动心又自己画了一个皇帝像,悬在帐中,朝夕~告。(《增补幸云曲》十·P.3195)

抄本与盛蒲二本皆如字,路本作"禱"。

按:~音[ºtau],义为祝告,"禱"的俗体。《俗字谱》之《白袍记》《东窗记》《岭南逸事》作~,今为"禱"的简化字。抄本用的是"禱"的俗体,盛蒲二本用的是"禱"的简化字。

祸

①这个媳妇天下少,来把公婆闹,除上打了人,还要去上吊,~临头还亏了休的早。(《禳妒咒》十[清江引]P.2803)

②若还是比你能我胜,定然有异~奇灾。(《寒森曲》八[耍孩儿]P.2680)

抄本与蒲本如字,盛本作"样",路本作"禍"。

按:~音[xuoº],义为灾殃,"禍"的俗体。《俗字谱》之《目连记》《金瓶梅》《岭南逸事》作～，今为"祸"的简化字。抄本用的是"祸"的俗体，盛蒲二本用的是"祸"的简化字。

禅

鼠儿年久通灵性，日日闻经又听～。(《禳妒咒》二十七·P.2803)

抄本与盛蒲二本如字，路本作"禪"。

按：～音[ₑtṣan]，指佛教经文，"禪"的俗体。《俗字谱》之《通俗小说》《古今杂剧》《三国志评话》《太平乐府》《目连记》作～，今为"禪"的简化字。抄本用的是"禪"的俗体，盛蒲二本用的是"禪"的简化字。明·万历本《金瓶梅词话》（八回）亦作～，如："一个个都昏迷了佛性～心。"

心 部

恶

①当初二老爷父亲被～虎打死，山东的军门就是山西人，如今是致仕在家，依旧横行作～。(《寒森曲》八·P.2677)

②说扯些谎也无～意，不过为成就婚姻。(《禳妒咒》五·P.2781)

抄本如字，路本作"惡"，盛蒲二本作"恶"。

按：～音[ₑuo]，义为凶恶，"惡"的俗体。《玉篇·心部》："恶，同惡俗。"《干禄字书》列作俗字。北魏碑刻已有用例，如"解脱三涂，～道永绝。"（北魏《丘穆陵亮妻尉迟氏造像记》）《俗字谱》之《取经诗话》《通俗小说》《古今杂剧》《三国志平话》《太平乐府》《娇红记》《白袍记》《东窗记》《目连记》《金瓶梅》《岭南逸事》作～，今为"惡"的简化字。抄本用的是"惡"的俗体，盛蒲二本用的是"惡"的简化字。

恋

①正德爷非等闲，天生下只好玩，贪花~酒偏能惯。（《增补幸云曲》一［耍孩儿］P.3155）

②昨夜晚他就把娘子来变，在怀中说话儿百样试单，他说你忘了我合他留~。（《磨难曲》十三［劈破玉］P.3035）

抄本鸿本与盛蒲二本皆如字，路本作"戀"。

按：~音［lian°］，义为爱怜，"戀"的俗体。《字彙·心部》："恋，俗戀字。"《俗字谱》之《取经诗话》《通俗小说》《古今杂剧》《三国志平话》《太平乐府》《娇红记》《白袍记》《东窗记》《目连记》《金瓶梅》《岭南逸事》作~，今为"戀"的简化字。抄本与鸿本用的是"戀"的俗体，盛蒲二本用的是"戀"的简化字。

您

①李氏说："哎呀，疼死我也。……~二婶子，你还好么？"（《墙头记》四·P.2473）

②嫂子笑着把俺瞅，未曾说话先裂口，低低叫声~姑娘，如今你可得了手。（《琴瑟乐》［淄口令打叉］P.2688）

抄本与路盛蒲三本皆如字。

按：~音［˚nei］，用于表敬的从幼称谓。《改并四声篇海·心部》引《俗字背篇》："~，你也，俗。"《字彙补·心部》："~，《中原音韵》与你同义，今填词家多用此字。"

悥

见"酮"。

弐（贰）部

弍

书铺里做一千~百钱卖了，还有一大些人讬他物色。（《蓬莱宴》四·P.2707）

抄本如字，路盛蒲三本皆作"二"。

按：~音[l̩]，义为二。《说文·二部》："弍"，"二"的古文。

弎（叁、叄、叅、叁）

①~俩钱攒穷不少，骰子牌再是不消。（《俊夜叉》[耍孩儿] P.2733）

②峡江有呆瓜，家中有个夜叉，夜叉若是赌打，我还打他俩~。（《禳妒咒》十七·P.2829）

抄本与路本如字，盛蒲二本作"仨"。

按：~音[sa]，"三个"的合音字，指三个。字书无载，应为当时的新造字。今通作"仨"。

弙

进门来先参哥嫂，叔侄~竟到高堂。（《禳妒咒》四[耍孩儿] P.2778）

抄本如字，路本作"弚"，盛蒲二本作"俩"。

按："两个"的合音字。字书无载，应为当时的新造字。参见"弚"。

弑

精细鬼，怜俐虫，他能把钱索通，他~说话极中用。（《磨难曲》[耍孩和] P.3042）

鸿本如字，路本作"ḷ俩"，盛蒲二本作"俩"。

按："两个"的合音字。字书无载，应为当时的新造字。参见"俩"。

俩

看见尺头和钗环，~眼喜的没点缝。（《琴瑟乐》[淄口令打叉] P.2682）

抄本如字，路本作"俩"，盛蒲二本作"俩"。

按："两个"的合音字。字书无载，应为当时的新造字。参见"俩"。

俩

仨~钱攒穷不少，骰子牌再是不消。（《俊夜叉》[耍孩儿] P.2733）

抄本如字，路本作"俩"，盛蒲二本作"俩"。

按："两个"的合音字。字书无载，应为当时的新造字。参见"俩"。

俩

①你有什么大体面，仗着~儿~秀才。（《寒森曲》一[耍孩儿] P.2627）

②~公子哭嚎啕，擦着泪骂奸曹。（《寒森曲》一[耍孩儿] P.2629）

抄本如字，路本作"俩"，盛蒲二本作"俩"。

按："两个"的合音字。字书无载，应为当时的新造字。参见"俩"。

俩（俩、俩、俩、俩、俩、俩）

①咬碎银牙，合该咱~是仇家。（《磨难曲》九[叠断桥] P.3019）

②峡江有个呆瓜，家中有个夜叉，夜叉若是开手赌打，我还打

他~仨。(《禳妒咒》十七·P.2829)

鸿本抄本与路本皆如字,盛蒲二本作"俩"。

按:~音[ˆlia],"两个"的合音字,义为两个。字书无载,应为当时的新造字。今通作"俩"。

酾

我说那老科子会弄他那真象,~眼挤打挤打的,不知弄了多少鬼哩。(《慈悲曲》二·P.2515)

抄本如字,路本作"俩"。盛蒲二本作"俩"。

按:"两个"的合音字。字书无载,应为当时的新造字。参见"俩"。

俩

①爹来时是秋间,今日来是冬天,别了爹又是~月半。(《墙头记》一[耍孩儿]P.2447)

②~畜生,这样诌,前生和我有冤仇。(《墙头记》二[耍孩儿]P.2455)

抄本如字,路盛蒲三本皆作"两"。

按:"两个"的合音字。字书无载,应为当时的新造字。参见"俩"。

弎

赌场里顽,嫖场里耍,丢了~,撇了俩,穷杀狗,还该打。(《穷汉词》P.2737)

抄本与路本如字,盛蒲二本作"仨"。

按:"三个"的合音字。字书无载,应为当时的新造字。参见"弎"。

石 部

砯

叫哥哥好糊涂,告一遭~磅蒲。(《寒森曲》二[耍孩儿]P.2638)

抄本与路盛蒲三本皆如字。

按:~音[ˏp'iŋ],象声字。《玉篇·石部》:"~,水击石声。"

磣

大王说:"你看看我投诚是受你的降么?你~杀我了。"(《磨难曲》三十四·P.3140)

路本如字,盛蒲二本作"唥"。

按:~音[˚tṣ'ien],义为丑陋、难看,"碜"的俗体。明·万历本《金瓶梅词话》(八十五回)中已见用例,如:"两个弄的好~儿,只把我合在缸底下一般。"而"唥"字《集韵》渠金切:"唥唥,崟险也。"其音义与文不合。

碗

①娘子吃了菜一~,一等等到日头转。(《俊夜叉》[耍孩儿]P.2727)

②不是小饭店,东西尽皆全,肉包蘸着蒜,~那大食团。(《增补幸去曲》七·P.3182)

按:~音[˚uan],一种盛饮食的器具,"碗"的俗体,字书无载,应为当时的新造字。

礶

热糟长放在炉边,又把那粉土打~。(《墙头记》二·P.2455)

抄本与路盛二本皆如字,蒲本作"罐"。

按:~音[kuan˚],义为罐子,"罐"的俗体。明·万历本《金

223

瓶梅词话》（八十回）中已见用例，如："取出两匹杭州绢，一双绒袜，四尾白鲞，四~蜜饯。"

目 部

羽

张二说："这件旧袍子穿了几年了，也是~的见的，你~我扎挂你一搀新。"（《墙头记》三·P.2461）

按：~音[k'an°]，义为看视，"看"的俗体。字书无载，应为当时的新造字。~由"看"的上下结构变成左右结构而成字。《琴瑟乐》卷首之《山中乐》诗亦作~，如："茅屋隐居最逍遥，山径崎岖宾客少，可~的无名花草，可听的暮鸦山鸡啸。"（《琴瑟乐》[山中乐]）

䁖

五更鼓儿天，满脸皆薰蜡烛烟，长拭眼角~，只觉灯光暗。（《磨难曲》二十五[叠断桥]P.3098）

鸿本如字，路盛蒲三本皆作"弦"。

按：~音[ʨʻi]，义为眼屎，"眵"的省变字，本字是"眵"。因为蒲松龄用字的原则是"字随音变"，尤其在用口语写成的俚曲中。其正字"眵"的声旁"多"已经与该字的读音不合，于是便造了个从目虫声的"䁖"来代替。但是"虫"的上一部件屮常被写作"厶"，如："张大抡打着说：'好恨人，使的我喘吁吁的，他倒嗤嗤起来。嚼杀我了。'"（《墙头记》二·P.2454）"嗤"抄本作"唙"。而"厶"这个部件又常被写作"口"，如："吴彩鸾甚害羞，娘娘叫他接文萧，一群仙女嗤嗤笑。"（《蓬莱宴》七[耍孩儿]P.2721）"嗤"乙卯抄本作"唙"，戊寅抄本作"唖"。可以看出，"虫"字旁经

224

过了一个"蚕—蚕—虽"的变化过程。所以由"瞳"变成了"瞠"也就成为可以理解的了。在《富贵神仙》十二回（P.2964）此字作"眵"。"眩"字音义与文不合，不知所据。

瞇

虽然说不成灾，却又自家看不上，坐在那桥里~瞪着俩眼，见一个庄里没有秋秸，便说这庄子成的是灾。（《磨难曲》一·P.2981）

鸿本如字，路盛蒲三本皆作"麻"。

按：~音［ma］，指眼睛半睁状，"䁑"的俗体。《类篇·目部》："䁑，缓视皃。"

罒 部

罗

今日弄出这个，明日弄出那个，这样可恨气杀闫~。（《禳妒咒》［虾蟆曲］P.2823）

抄本与盛蒲二本皆如字，路本作"羅"。

按：~音［luə］，阎~，指地狱之神。《俗字谱》之《通俗小说》《太平乐府》《白袍记》《东窗记》《目连记》《金瓶梅》《岭南逸事》作~。《篇海类编·器用类·网部》："~，俗羅。"今为"羅"的简化字。抄本用的是"羅"的俗体，盛蒲二本用的是"羅"的简化字。

罢

①那两个不孝儿子还怕便宜了我，又和我说："你不如情着吃~，俺吃什么你也吃什么。"（《墙头记》一·P.2445）

②戚老爷听~大喜，即时披挂整齐，明盔亮甲，拿着一口刀，耀眼争光。（《禳妒咒》一·P.2770）

抄本与盛蒲二本皆如字，路本作"罷"。

按：~音[paˀ]，例①之~为语气词；例②之~义为完毕，"罷"的俗体，今为"罷"的简化字。《俗字谱》之《金瓶梅》《岭南逸事》作~。抄本用的是"罷"的俗体，盛蒲二本用的是"罷"的简化字。

皿 部

盃

①少时酒到，舜华斟上一大~，送于官人。（《富贵神仙》五·P.2921）

②张敖说："长官到我衙门里吃~茶何如？"（《增补幸云曲》三·P.3165）

抄本如字，路盛蒲三本皆作"杯"。

按：~音[ｃpei]，义为杯子，"杯"的俗体。《广韵·灰韵》："盃，俗。"

盖

①异日回朝，传旨天下，~下庙宇，塑下金身。（《增补幸云曲》四·P.3169）

②七八十一秀才，爬个窝没有材，摘扇门来把尸~。（《磨难曲》一[耍孩儿]P.2982）

抄本鸿本与盛蒲二本皆如字，路本作"蓋"。

按：~音[kaiˀ]，例①之~义为建造；例②之~义为遮盖，"蓋"的俗体。《俗字谱》之《列女传》《取经诗话》《通俗小说》《古今杂剧》《三国志平话》《太平乐府》《娇红记》《白袍记》《东窗记》《目连记》《岭南逸事》作~。《正字通·皿部》："盖，俗蓋字。"今为"蓋"的简化字。抄本用的是"蓋"的俗体，盛蒲二本用的是"蓋"的简化字。

钅（金）部

錢

想是盘费短少，待要吃恐怕没~。（《增补幸云曲》三［耍孩儿］P.3163）

抄本如字，路本作"錢"，盛蒲二本作"钱"。

按：~音［˳tɕ'ian］，指货币，"錢"的俗体。《俗字谱》之《太平乐府》《白袍记》《东窗记》《金瓶梅》《岭南逸事》作~，今为"錢"的简化字。抄本用的是"錢"的俗体，盛蒲二本用的是"錢"的简化字。

鉄

①将~马去了，央及他砧声不要敲。（《磨难曲》十三［叠断桥］P.3033）

②王银匠上："生着一炉火，手拿一把~钳，热糟长放在炉边，又把那粉土打罐。"（《墙头记》二·P.2455）

鸿本、抄本如字，路本作"鐵"，盛蒲二本作"铁"。

按：~音［˳t'iə］，指一种黑色金属，"鐵"的俗体。《字彙·金部》："~，今俗为鐵字，非。"清毕沅《经典文字辨证书》卷五："~同鐵。"《俗字谱》之《古今杂剧》《三国志平话》《太平乐府》《娇红记》《白袍记》《东窗记》《目连记》《金瓶梅》《岭南逸事》作~。今简化为"铁"。鸿本抄本用的是"鐵"的俗体，盛蒲二本用的是"鐵"的简化字。

鍋

①烧干~子没有米，饿的鳖眼又钻圈。（《寒森曲》八［耍孩

儿]P.2679)

②我说罢了分开他,各支~子把饭吃,每人给他几亩地。(《墙头记》一[耍孩儿]P.2444)

抄本如字,路本作"鍋",盛蒲二本作"锅"。

按:~音[｡kuə],指蒸煮饭食的炊具,"鍋"的俗体。《俗字谱》之《目连记》《金瓶梅》《岭南逸事》作~,今简化为"锅"。

锣

①江城跑上云:"春香,掗着杌子,外边~响,咱去看看。"(《禳妒咒》二十一·P.2843)

②处处鸣~玩耍,走遍城市乡村。(《禳妒咒》二十一·P.2843)

抄本如字,路本作"鑼",盛蒲二本作"锣"。

按:~音[｡luo],一种铜制圆形打击乐器,"鑼"的俗体。《俗字谱》之《白袍记》《金瓶梅》《岭南逸事》作~,今简化为"锣"。

鋦

~子匠不钻眼,生钉这狗头。(《增补幸云曲》六·P.3178)

抄本与路盛蒲三本皆如字。

按:~音[｡tɕy],义为用锔子连接破裂的器物,今通作"锔"。

禾 部

种

买命算卦接皇帝,竹杆~火落场空,也是奴家前生命。(《增补幸云曲》[耍孩儿]P.3195)

抄本如字,路本作"種",盛蒲二本作"种"。

按:~音[tʃyŋ°],义为种植,"種"的俗体。字书无载,应

228

为当时的新造字，今简化为"种"。

称

①真可~郎才女貌，一双儿凤友鸾交，天生配就怎能逃？（《禳妒咒》八［皂罗袍］P.2796）

②怨不的宗师大覩也么~，他下的本钱也不轻，好营生，至少也弄个本利平。（《禳妒咒》四［银纽丝］P.2779）

抄本与盛蒲二本如字，路本作"稱"。

按：~音［˛tʃ'iən］，例①之~义为称说；例②之~义为称重量，"稱"的俗体。《俗字谱》之《列女传》《通俗小说》《古今杂剧》《三国志平话》《太平乐府》《娇红记》《白袍记》《东窗记》《目连记》《金瓶梅》《岭南逸事》作~，今为"稱"的简化字。抄本用的是"稱"的俗体，盛蒲二本用的是"稱"的简化字。

鸟（鳥）部

䴔（鴉）

龙宫海藏漏着脊，老~落在兽头边，燕子头上去生蛋。（《蓬莱宴》一［耍孩儿］P.2694）

抄本与路本皆如字，盛蒲二本作"鴉"。

按：~音［˛kua］，老~即"乌鸦"。"鴉"的俗体。字书无载，应为当时的新造字。蒲氏舍"鴉"而造~，是因~字从鸟瓜声，其声旁更能反映出该字的口语音，这也体现了蒲氏"字随音变"的用字原则。

鴉

见"䴔"。

鸾

①彩~正坐，娘娘回头看见，早知其意，便叫一声："彩~。"（《蓬莱宴》二·P.2700）

②却说彩~奉娘娘令指去取碧藕，一驾云头到了华山。（《蓬莱宴》二·P.2698）

抄本如字，路本作"鸞"，盛蒲二本作"鸾"。

按：~音［｡luan］，义为鸾鸟，"鸞"的俗体。《俗字谱》之《古今杂剧》《太平乐府》《娇红记》《东窗记》《岭南逸事》作~，今简化为"鸾"。

疒 部

痒（癢）

①~~刷刷，心里滋味不知待怎么？（《琴瑟乐》［陕西调］P.2689）

②乍穿着尺头不大紧，身上闷~似虫钻，霎时拿把的通身汗。（《增补幸云曲》五［耍孩儿］P.3174）

抄本与盛蒲二本如字，路本作"癢"。

按：~音［｡iaŋ］，义为刺痒，"癢"的俗体。《玉篇·疒部》："~，痛~也。"《集韵·养韵》："~，肤欲搔也，或作癢。"《俗字谱》之《太平乐府》《目连记》作~，今为"癢"的简化字。抄本用的是"癢"的俗体，盛蒲二本用的是"癢"的简化字。

痖

那~疤指指画画，哭哭啼啼，从袖里抽出一个帖来。（《磨难曲》十四·P.3044）

鸿本如字，路本作"啞"，盛蒲二本作"哑"。

按：~音［ᶜia］，义为不能说话，"瘂"的俗体。《集韵·马韵》："啞，瘖也。或作瘂。"《篇海类编·人事类·疒部》："瘂，音瘂不能言，与啞同。"今通作"哑"。

痴

①到如今不言不语，瞑着眼一似呆~。（《墙头记》四［耍孩儿］P.2467）

②小~不~，伶俐异常，跟着娘子，学舞霓裳。（《蓬莱宴》四·P.2708）

抄本与盛蒲二本如字，路本作"癡"。

按：~音［tʃʻi］，义为愚傻，"癡"的俗体。《玉篇·疒部》："~，~瘵，不达也。"《正字通·疒部》："~，俗癡字。"今为"癡"的简化字。抄本用的是"癡"的俗体，盛蒲二本用的是"癡"的简化字。

瘆

①好似害的相思病，也不是~~也不是痛，这口说不出那里的症。（《禳妒咒》六［还乡韵］P.2788）

②心~难挠，魂儿飞上九重霄，撒下汗巾子，看他要不要。（《禳妒咒》六［叠断桥］P.2786）

抄本如字，路本作"癢"，盛蒲二本作"痒"。

按：《俗字谱》之《岭南逸事》作~。参见"痒"。

穴　部

穷

①一个走南傍北，一个少吃俭用，受了无~辛苦，挣了个小小家当。（《墙头记》一·P.2444）

②娘子并不嫌~，两个如鱼得水，一刻不离，和好度日。(《蓬莱宴》三·P.2704)

抄本与盛蒲二本如字，路本作"窮"。

按：~音[˳tɕ'yŋ]，指贫穷，"窮"的俗体。《俗字谱》之《通俗小说》《古今杂剧》《三国志平话》《白袍记》《目连记》《金瓶梅》《岭南逸事》作~，今为"窮"的简化字。抄本用的是"窮"的俗体，盛蒲二本用的是"窮"的简化字。

窝

①好快活，日出犹然恋被~，早知人间这样欢，要做神仙真是错。(《蓬莱宴》三[呀呀油] P.2703)

②孩儿会爬，房中仙女貌如花。怎么从被~里，把俺往山里拉。(《蓬莱宴》五[叠断桥] P.2711)

抄本与盛蒲二本皆如字，路本作"窩"。

按：~音[˳uo]，指窝巢，"窩"的俗体。字书无载，应为当时的新造字，今为"窩"的简化字。抄本用的是"窩"的俗体，盛蒲二本用的是"窩"的简化字。

衤 部

袄

①员外平日好行善，施棺材、施棉~，所家也不富。(《寒森曲》一·P.2626)

②打头面，做裙~，忙的娘亲到处找。(《琴瑟乐》[淄口令打叉] P.2684)

抄本与盛蒲二本皆如字，路本作"襖"。

按：~音[˳au]，义为棉上衣，"襖"的俗体。《正字通·衣部》:"襖,俗作~。"今为"襖"的简化字。抄本用的是"襖"的俗体,盛蒲二本用的是"襖"的简化字。

裉

棉的极厚要炕皮,~里宽快才如意。(《墙头记》三〔要孩儿〕P.2461)

抄本如字,路盛蒲三本皆作"揩"。

按:~音〔kʻənᵒ〕,指上衣的腋下部分,今通作"裉"。"揩"与文意不合。

癶 部

發

①万岁说:"你休要~燥,你看下句:'剩下的却晒好醋。'"(《增补幸云曲》七·P.3183)

②金炉~异香,起彩云接楼房,香起来万里一般样。(《蓬莱宴》一〔要孩儿〕P.2696)

抄本如字,路本作"發",盛蒲二本作"发"。

按:~音〔ˌfa〕,义为发生,"發"的俗体。《俗字谱》之《古今杂剧》《白袍记》《东窗记》《目连记》《金瓶梅》《岭南逸事》作~。今通作"发"。

耳 部

耸

一个说:"你这个人好~,跪噪子当了什么?"(《磨难曲》二·P.2986)

路盛蒲三本皆如字，鸿本作"鬆"。

按：~音[ˍsuŋ]，义为愚呆。然而，《六书证讹·肿韵》："耸，生而耳聋曰~，从耳从声。"《字彙·耳部》："耸，聋本字。"其音义与文皆不合，当为"倯"的借字。

聪

①城南李知府看见那小高相公，~明俊秀，要给他做个丈人。（《禳妒咒》五·P.2781）

②我儿生的模样好，伶俐~明会弄乖，出门人人看着爱。（《禳妒咒》二[耍孩儿] P.2772）

抄本与盛蒲二本皆如字，路本作"聰"。

按：~音[ˍtsʻuŋ]，义为聪明，"聰"的俗体，今为"聰"的简化字。抄本用的是"聰"的俗体，盛蒲二本用的是"聰"的简化字。此字明·万历本《金瓶梅词话》（二回）中已见用例，如："既是你~明伶俐，恰不道长嫂为母？"

西　部

覄

冬宵被难温，翻来~去到更深。（《磨难曲》十三[叠断桥] P.3033）

鸿本如字，路盛蒲三本皆作"覆"。

按：~音[ˍfu]，义为反复，"覆"的俗体。字书无载，应为当时的新造字。《俗字谱》之《目连记》《金瓶梅》《岭南逸事》作~。

酾（酽）

他人物，丑的丑，他倒跟个俊的~。（《禳妒咒》一[山坡羊] P.2769）

抄本如字，路盛蒲三本皆作"㤅"。

按：~音[ˌkʻou]，义为脾气暴烈、泼凶，多用于女性。字书无载，应为当时的新造字。

光 部

烡

俺长了这么大小，从来没妄费分文，是怎么乜~花钱的自是有钱？（《穷汉词》P.2738）

抄本与路盛蒲三本皆如字。

按："~"音[kʻuaŋ˚]，义为无节制。字书无载，应为当时的新造字。

虫 部

虫

①那皂头王玉芝是精细鬼，快头李和宇是伶俐~。（《磨难曲》十四·P.3042）

②三更里月正圆，在外人好孤单，~声叫的人心乱。（《增补幸云曲》五[耍孩儿]P.3171）

鸿本、抄本与盛蒲二本皆如字，路本作"蟲"。

按：~音[ˌtʂʻyŋ]，指昆虫，"蟲"的俗体。汉魏碑刻已作是用，如："德及草~。"（汉《唐扶颂》）又如："出言而可雕虫，下笔而成雾□。"（北魏《元谭墓志》）（"虫"上加一撇是当时石刻用字的一种习惯。）《干禄字书》亦列作"蟲"的俗体。今为"蟲"的简化字。

235

虷（蚻）

休高了，看那臭虫勾不着，休光偏宜那芦~。（《磨难曲》二十八·P.3114）

鸿本与盛本皆如字，路蒲二本作"虷"。

按：~音[ˌtṣa]，指一种小蝉。字书无载，当为"蚻"之形误。"蚻"从虫札声。"札"误作"扎"，则路蒲二本作"虷"。而"扎"又误作"九"，故鸿本与盛本皆作~，皆形近致误。

虱

①你一个裤葬呵呵，总然成了~子窝。（《墙头记》一［耍孩儿］P.2450）

②万岁下马进去也没见那些好姐儿，都是些苍头白发，有纺棉花的，有纳鞋底的，有补补丁的，有拿~子的。（《增补幸云曲》七·P.3180）

抄本与盛蒲二本如字，路本作"蝨"。

按：~音[ˌʃi]，指人或动物身体上的寄生虫，"蝨"的俗体。《干禄字书》列作"蝨"的俗体，《字彙·虫部》："虱，同蝨。"今为"蝨"的简化字。抄本用的是"蝨"的异体，盛蒲二本用的是"蝨"的简化字。

虽

他~不作声，自家觉着脸皮厚。（《蓬莱宴》五［叠断桥］P.2710）

抄本与盛蒲二本皆如字，路本作"雖"。

按：~音[ˌsuei]，表示意思转折，"雖"的俗体。《俗字谱》之《太平乐府》《目连记》《金瓶梅》《岭南逸事》作~。今为"雖"的简化字。抄本用的是"雖"的俗体，盛蒲二本用的是"雖"的简化字。

卷二 聊斋俚曲俗字考释

蚕

见"蚕"。

蚕

①撒帐东，天丁力士劈~丛。（《禳妒咒》八·P.2795）

②天地之间，~们可以老了，墙儿可以倒了，饥困可以饱了，肮脏可以扫了，唯独这着骨的疔疮，几时是个了手呢？（《禳妒咒》一·P.2769）

抄本与盛蒲二本皆如字，路本作"蠶"。

按：~音[ₑts'an]，一种人工养殖的能作茧抽丝的昆虫，"蠶"的俗体。《广韵·覃韵》："蠶，俗作蚕。"《俗字谱》之《列女传》《通俗小说》《太平乐府》《岭南逸事》作~，今为"蠶"的简化字。抄本用的是"蠶"的俗体，盛蒲二本用的是"蠶"的简化字。

蜡

六月才把谷来种，蚂~吃了个地平川。（《磨难曲》一[耍孩儿] P.2981）

鸿本与路盛二本皆如字，蒲本作"蝗"。

按：~音[ₑtʃa]轻声，蚂~即"蝗虫"。然而，《说文·虫部》："~，蝇胆也。"段玉裁注："蝇生子为蛆，蛆者俗字。胆者正字，~者古字。"陆德明《经典释文》："蜡，祭名。夏曰清祀，殷曰嘉平，周曰~，秦曰腊。"其义与文皆不合。《广韵》锄驾切，~在此处，应为"蚱"的早期用字。《淄川方言志》"蝗虫"写作"蚂蚱"。但淄川方言不把"蝗虫"叫"蚂蝗"，"蝗"字不知所据。

蝉

①大热如笼，无限~鸣噪暮空。（《禳妒咒》十一[叠断桥] P.2806）

②年纪才六十四五，何愁不满屋貂~。（《富贵神仙》[耍孩

237

儿〕P.2974）

抄本与盛蒲二本如字，路本作"蟬"。

按：~音［ˌtʃ'ian］，一种夏天生在树上会叫、会飞的昆虫，"蟬"的俗体。《俗字谱》之《取经诗话》《通俗小说》《太平乐府》《目连记》作~，今为"蟬"的简化字。抄本用的是"蟬"的俗体，盛蒲二本用的是"蟬"的简化字。

篴

他看着是个英雄，人看着是个~虫。（《姑妇曲》三〔罗江怨〕P.2499）

路蒲二本如字，盛本作"㞞"。

按：~应读作［ˌsuŋ］，义为愚傻。然而，~，《汉语大字典》音cóng，引《方言》卷十一："春黍谓之~蟅。"其音义与文皆不合，当属借形。参见"㞞"。

舌　部

乱

①一群鬼，~哄哄，夹起来上了绳。（《寒森曲》五〔耍孩儿〕P.2659）

②我的天呀咳，~神思，越发神思~。（《磨难曲》十二〔银纽丝〕P.3029）

抄本与盛蒲二本如字，路本作"亂"。

按：~音［luan°］，义为没有秩序，没有条理，"亂"的俗体。汉魏碑刻已有用例，如："外布恩威，内施经略，绁折柳之柱，纪争荣之~。"（北魏《赫连悦墓志》）《干禄字书》列作"亂"的俗字。《广韵·换韵》："亂，俗作乱。"《俗字谱》之《列女传》

238

《取经诗话》《通俗小说》《古今杂剧》《三国志平话》《太平乐府》《娇红记》《东窗记》《目连记》《金瓶梅》《岭南逸事》作～。今为"乱"的简化字。抄本用的是"亂"的俗体，盛蒲二本用的是"乱"的简化字。

辞

①抬上两坛好酒，宰两个猪羊，大家到山上～别～别也好。(《磨难曲》十七·P.3052)

②员外不管事，大爷～了，也就不消说了。(《寒森曲》八·P.2676)

鸿本抄本与盛蒲二本如字，路本作"辭"。

按：～音[ts'ɿ]，义为告别、推辞，"辭"的俗体。《正字通·辛部》："～，俗辭字。"《俗字谱》之《太平乐府》《娇红记》《白袍记》《东窗记》《目连记》《金瓶梅》《岭南逸事》作～。今为"辞"的简化字。鸿本抄本用的是"辭"的俗体，盛蒲二本用的是"辞"的简化字。

离

①泼妇～门凶气除，耳根清净眼丁无。(《禳妒咒》十[诗]P.2803)

②光阴速，箭～弦，近来好似换了天，半年就有三年半。(《禳妒咒》[耍孩儿]P.2793)

抄本如字，路本作"離"，盛蒲二本作"离"。

按：～音[li²]，指离开，"離"的俗体。字书无载，应是当时的新造字。

竹　部

筹

①老天日日周，海一干下一~，一~就得八千寿。（《蓬莱宴》一［耍孩儿］P.2697）

②~蹰了一回，又不知他姓甚名谁，何处人氏，也就罢了。（《蓬莱宴》二·P.2699）

抄本与盛蒲二本皆如字，路本作"籌"。

按：~音［ₒtʃ'iou］，例①之~为用竹木削成的用以计数的小棍儿；例②之~是"踌"的借字，"籌"的俗体。《俗字谱》之《东窗记》《岭南逸事》作~，今为"籌"的简化字。抄本用的是"籌"的俗体，盛蒲二本用的是"籌"的简化字。

米　部

粮

①他说我年太高，不宜量把心操，八石~不用开口要。（《墙头记》一［耍孩儿］P.2445）

②我的郎，家里无有十石~，若还留着几亩地，也还可把胆来放。（《蓬莱宴》［呀呀油］P.2705）

抄本与盛蒲二本如字，路本作"糧"。

按：~音［ₒliaŋ］，义为五谷，"糧"的俗体。《玉篇·米部》："糧，穀也，粮，同糧。"汉魏碑刻已有用例，如："黍稷稻~。"（汉《白石神君碑》）又如："路不拾遗，余~栖亩。"（北魏《元熙墓志》）《干禄字书》列作"糧"的通字。今为"糧"的简化字。

抄本用的是"糧"的俗体，盛蒲二本用的是"糧"的简化字。明·万历本《金瓶梅词话》（四十九回）亦作～，如："因舍亲那边，在边上纳过些～草。"

麦 部

麦

①去秋无～青苗干，卖了小女卖小男。（《磨难曲》二十四［跌落金钱］P.3094）

②谯楼上鼓已敲，熬的～子黄了梢。看看已是良时到。（《禳妒咒》八［耍孩儿］P.2793）

鸿本抄本如字，路本作"麥"，盛蒲二本作"麦"。

按：～音［məiˀ］，指小麦，"麥"的俗体。字书无载，应为当时的新造字，今简化作"麦"。

足 部

跥

连年来，背着醋瓶耍把戏——～荡的也就轻快上来了。（《俊夜叉》P.2726）

抄本与路蒲二本皆如字，盛本作"逛"。

按：～音［ˀkuaŋ］，联绵字，～荡，义为器皿中的液体由于器皿的活动而激荡。字书无载，应是当时的新造字。

蹅

①颠倒费～躇，分身法俺又无，自然要往急处做。（《禳妒咒》三十一［黄莺儿］P.2879）

②我正～躇不定，可哪里安插这钗裙。(《蓬莱宴》六［耍孩儿］P.2717)

抄本与盛蒲二本如字，路本作"躊"。

按：～音［tʃʻiəu˚］，联绵字，～躇，义为犹豫不决，"躊"的俗体。《俗字谱》之《岭南逸事》作～，今为"躊"的简化字。抄本用的是"躊"的俗体，盛蒲二本用的是"躊"的简化字。

跦

①贪玩耍懒进书房，离了师傅无蜂王，上山爬岭济着你～。(《磨难曲》十六［皂罗袍］P.3049)

②你好似长嗓黄，把个尸丢在床，不知你上哪里～。(《墙头记》四［耍孩儿］P.2469)

例①鸿本与路盛蒲三本皆如字，例②抄本如字，路盛蒲三本皆作"撞"。

按：～音［tʃʻyaŋ˚］，义为到处闯荡、游逛。《汉语大字典》："音义未详。"也常写作"创"，如："出汉中到凤翔，由西安到平凉，延安临洮济着创。"(《慈悲曲》六［耍孩儿］P.2537)。(路盛蒲三本皆作"闯"，违律。)又如："红了脸，气昂昂，叫村女休装腔，谁着你来这井边创？"(《增补幸云曲》四［耍孩儿］P.3168)。(路盛蒲三本皆作"撞"。)"创"是～的借字。而"撞"字音义与文不合，不知所据。

蹂

回头不知那里去，跑来～倒大些人。(《蓬莱宴》一［耍孩儿］P.2695)

抄本与路蒲二本皆如字，盛本作"跌"。

按：～音［saŋ˚］，义为猛然推撞。字书无载，应为当时的新造字。今通作"搡"。作"跌"字，则成使动，与文意不合。

242

角　部

觧

①阎王大怒说："难道说我就拗不你，快给我锯~分身。"(《寒森曲》五·P.2659)

②员外说："这自然手扭脚镣~司~院，又怎么来到这里？"(《磨难曲》二十·P.3077)

抄本如字，路盛蒲三本皆作"解"。

按：例①之~音[˚tɕiai]，义为分开；例②之~音[tɕiai˚]，义为押送，"解"的俗体。《俗字谱》之《通俗小说》《古今杂剧》《三国志平话》《太平乐府》《娇红记》《白袍记》《东窗记》《目连记》《岭南逸事》作~。明·万历本《金瓶梅词话》（五十二回）亦作~，如："三个一条铁索，都~上东京去了。"

雨　部

霬

①王母在蓬莱山合群仙饮酒，才上了八碗菜，忽然见空中一条白~直插到坐前。(《蓬莱宴》六·P.2715)

②不一时吕祖领道童脚踏宝剑坠落尘埃。原来那白~就是那剑光。(《蓬莱宴》六·P.2715)

抄本与路蒲二本皆如字，盛本作"虹"。

按：~音[tɕiaŋ˚]，义为天空彩虹。字书无载，应为当时的新造字。聊斋俚曲弃"虹"字不用而另造~字，是因为"虹"字的声符"工"与口语音已经不合，所以另造声符为"将"的~字，这符合蒲氏"字随音变"的用字原则。

革　部

鞰

这万岁是个马上皇帝,最好私行游玩,有江彬做的行衣、青布衫、黄甲、绑腿~鞋、簷边毡帽。(《增补幸云曲》二·P.3160)

抄本如字,路盛蒲三本皆作"鞾"。

按:~音[ˌuŋ],义为高勒棉鞋,"鞾"的俗体。字书无载,应为当时的新造字。

髟　部

髱

急改口道:"报晓鸡,小~鳔,小~……"(《禳妒咒》八·P.2796)

抄本与路盛蒲三本皆如字。

按:~音[ˌtei],指男阴。字书无载,应是当时的新造字。

鬓(纂)

①吊了帽子看见~,缕缡塔撒甚么款?说说你还跳油锅,你的脸皮没一点。(《俊夜叉》[淄口令打叉]P.2728)

②三姐说:"咱今已是破了脸,摘了帽子看~,一行要休又要斫。"(《俊夜叉》[淄口令打叉]P.2729)

抄本与路蒲二本皆如字,盛本作"纂"。

按:~音[ˈtsuan],妇女梳在头部的发髻,"纂"的俗体。字书无载,应为当时的新造字。

鬏

①终日家顶着一个黑灰~儿,瞪着两个泪眼儿,守着一块肉板儿。(《禳妒咒》二十四[山坡羊]P.2852)

②挽上一个扬州~,插上一枝镀金钗,髻高倒有半尺外。(《禳妒咒》二十八[耍孩儿]P.2867)

抄本如字,路盛蒲三本皆作"纂"。

按:见"鬠"。

卷三　文本校勘

一　校勘说明

在聊斋俚曲传世的文本中，以路、盛、蒲三种版本流行较广。这三种版本在编辑过程中都做了认真校勘。路大荒称："这些俚曲递相传抄，错落乖讹的地方很多，遍假藏校订，但也有一些不能补正的。"[1]盛伟称："我这次辑校《全集》，依路氏编《聊斋俚曲集》为底本校勘，参考馆藏50年代在淄博组织的'聊斋遗著整理小组'所搜集、清抄的一套聊斋俚曲（共十四种）收录。"[2]邹宗良称："本书的校勘，参用了蒲先明先生提供的《墙头记》《富贵神仙》等数种俚曲的旧抄本或原过录底本。"[3]

经过这三次的校勘，可以说其中的不少衍脱错讹得到了纠正。但我们发现，里面还有不少问题存在，而且绝大多数的问题是在三个版本中同时存在的。这些问题在一定程度上影响了人们对《聊斋俚曲集》的阅读与研究，很有必要加以解决。

由于路、盛、蒲三个版本流行较广，所以本书主要依据其他版本对这三种版本进行校勘，指出这三种版本中存在的衍脱错讹之处。相反，这三种版本不误而其他版本存在的衍脱错讹之处，则一律不录。具体做法是：

---

[1] 见《蒲松龄集·编订后记》。
[2] 见《蒲松龄全集·编订后记》。
[3] 见《聊斋俚曲集·前言》。

1.属于认知上的错误,校。

2.属于缺乏资料而致的错误,校。

3.属于同义词差别的,不校。

4.属于同音词差别的,不校。

5.属于个别版本校对不细,偶尔致误的,不校。

6.脱漏或衍增对格律文意无妨者,不校。如:盛本"大相公既不行令",路本作"既不行令"。([翻魇殃]二·P.2552)

二　校勘实录

（一）《墙头记》校议

此篇据蒲松龄纪念馆藏《聊斋新编墙头记》抄本校路盛蒲三种版本。校勘先列抄本内容，后列路盛蒲三本内容，最后加按语说明正误。内容排列按在书中出现的先后次序。

1.身上疼时谁告诉？没人处自己声唤。（墙[1]一[耍孩儿]P.2444）
"声唤"路盛蒲三本均作"叫唤"。

按："声唤"是呻吟的意思，是说张老因身体疼痛，于无人处低声呻吟。《金瓶梅》："原来与那边卧房止隔着一层板壁儿，忽听妇人房里声唤起来。"（《金瓶梅词话》六十一回·P.817）[2]可征。而"叫唤"则指大声呼喊。这可用下面的一段话作证：

（张老白：）我要地，只怕不肯也是有的。……斗斗胆就要一要。……不免叫他一声："大汉子，大汉子。"张大说："吃的饱饱的，叫唤什么？"（墙一·P.2450）

显然，这里的"叫唤"是指张老对张大的呼喊。两相对照可以看出，"声唤"更符合文意。因为张老于无人处只能低声呻吟，不

---

[1] "墙"指篇名《墙头记》，"一"指该篇第一回，页数为盛伟编《蒲松龄全集》之总页数。下仿此。

[2] 见白维国编《金瓶梅词典》第472页。

可能大声呼喊。

2. 不因着情受他地土，俺只说俺是他达。（墙一［耍孩儿］P.2446）

"俺是他达"路盛二本如字，蒲本作"他是俺达"。

按："达"是淄川方言对父亲的称呼。这两句是说，张大之所以还称他父亲为"达"，是为了继承他父亲的土地，不然的话，他就说他是他父亲的"达"了。这本是作者对张大无耻嘴脸的无情揭露，而蒲本将"俺是他达"易为"他是俺达"，使得上下文意谬不可读。

3. 若是人说不必敬俺达，无论他极肯，我也就肯了；若是人说不必敬他达，无论他不依，我就不肯。（墙一·P.2446）

路盛蒲三本均作"若是人说敬俺达"。

按：这是张大在等待岳父光降时说的一段话。共有两层意思，第一层是同意不孝敬自己的父亲，第二层是同意孝敬自己的岳父（所谓的"他达"）。在语言表达上用了些否定句式，表面上看起来显得费解，实际上只是做了个小小的概念游戏。张大的这段话也确实符合他的思想和一贯行为，他确实不孝敬自己的父亲，而对其岳父却百般地殷勤、孝敬。对自己的这种行为还恬不知耻地自我吹捧说："世间有一等没良心的，看着自家的达漫是达，人家的达就不是达么？我可不是这样人。"但是，路盛蒲三本却都没走出这个小小迷宫，都删去了第一句的"不必"二字。这样，第一层的意思就变成了"同意孝敬自己的父亲"了。这与张大一贯虐待自己父亲的行为显然是不符的，进而张大置其父于墙头之上的精彩一幕也就成了无源之水，变成无法解释的现象了。

4. 他的达强及俺达，他的达俊及俺达。（墙一［耍孩儿］P.2446）

"俊"蒲本作"后"，路盛二本如字。

按："后"字不通。疑蒲本先将"俊"字误作繁体的"後"字，又弃繁体的"後"而用了简体的"后"。

卷三　文本校勘

5.张大……作揖磕头让座问："爹好么？"（墙一·P.2447）

"问"路盛蒲三本均作"阿"。

按："阿"字当是"问"字之形误。淄川方言亲属称谓词之前不带词缀。而且下文接着有"李氏也问"句。张大已问，"李氏也问"，句意方足。如果是个"阿"字，那么下文"李氏也问"句的"也"字便无着落。可知"问"字是，"阿"字非。

6.今日来是冬天，别了爹又是俩月半。（墙一［耍孩儿］P.2447）

"俩"路盛蒲三本均作"两"。

按："两"和"月"不能直接搭配。中间必须有量词"个"，说成"两个月"。"两"与"个"连用，口语中常说成一个音节，写成一个字。这个字的写法古今不同，抄本这里写成"俩"，现在都写成"俩"。

7.李老说："何不请来？"张大说："发劳病来不的呢，爹。"（墙一·P.2447）

"劳"路盛蒲三本均作"老"。

按："劳"当是"痨"的借字。"痨病"指肺结核。这种病在过去是不治之症，所以常被用作诅咒用语。这里张大说其父"发痨病"显然是对他父亲的诅咒。路盛蒲三本易"劳"为"老"则意义反而含混，因为"老病"既可指过去常得的疾病，也可指因年老而得的疾病。

8.寻常连茶叶没有，待笑话那里捞着？（墙一［耍孩儿］P.2448）

"叶"字路盛蒲三本皆脱。

按：按律此曲第七句是七字"3—4"式，抄本不误。脱"叶"字则成六字，违律。

9.坐不坏的板凳哈不干的河。闲来并不让他坐。（墙一［耍孩

253

儿］P.2448）

前句路盛蒲三本均作"坐不坏的板凳，喝不干的河"。

按：曲子的任何一句话，不管其衬字有多少，都要用一句话把它唱出来，不能因衬字多就唱成两句。此曲第五句虽衬字较多，句子较长，但仍然是"4—3"式的单一的句子，抄本作一句处理，不误。路盛蒲三本于"凳"字后断开，就使这句话变成了两个句子，这与此曲句子总数为八的要求不符。对曲子来说，写在纸上的应和嘴里唱出的保持一致。而且"哈"字反映的是口语音，不宜改"喝"。

10. 我劝你依牢本等。（墙一［耍孩儿］P.2450）

"牢"路盛蒲三本均作"老"。

按："依牢本等"是山东方言的一个成语，义为"牢靠本分"。三本易"牢"为"老"，则与原义不相符合。成语是个固定结构，没有特殊需要，使用时不可随意改动里面的成分。

11. 遇着刮风或下雪，锁在屋里不动身。（墙二［耍孩儿］P.2453）

"雪"路盛蒲三本均作"雨"。

按：同一回第五段唱词的头三句是"这天是腊月天，刮北风阵阵寒，胡子成了冻冻片"。天气如此寒冷，怎么可能下雨？"雪"字是。

12. 王银匠到这边，来找他要火钱。化锞儿欠下钱几串。（墙二［耍孩儿］P.2458）

"串"路盛蒲三本皆作"吊"。

按：按律此曲第三句入韵，而且押去声韵。抄本以"串"字收韵，与其他五个韵脚字"边钱间现[①]先"押韵，不误。作"吊"字，则不押韵，违律。

[①] 此字路盛蒲三本均作"见"。

13. 看我不出五日里，着你表里一攒新。（墙三［耍孩儿］P.2461）

"攒"路盛蒲三本均作"斩"。

按："一攒"也写作"一划"，是"全部、清一色"的意思。这里是指让张老穿的里里外外都是新的。三本易"攒"为"斩"不但意义不符，而词语搭配也讲不通。因为一方面"斩新"前面不能与"一"搭配，另一方面"一斩"在这里也不能成话。《增补幸云曲》二十六："万岁说：'快给他送三十两银子去，着他拣着那上好的绸缎，多叫几个裁缝流水快做出来，扎挂的一攒新，可来见我。'"可征。

14. 或是热面或冷淘，爹爹待吃就开口要。（墙三［耍孩儿］P.2462）

"冷淘"路盛蒲三本均作"冷酒淘"。

按："冷淘"是对"热面"说的。面条儿有热面、凉面之分，将热面用冷水一淘，就变成了凉面。"冷淘"在这里就是指的凉面。《聊斋赋集·煎饼赋》："更有层层卷摺，断以厨刀，纵横历乱，绝以冷淘。"可征。"冷酒淘"不知所据。

15. 他虽然大不通，到底是你的兄，怎使的按倒只管挺。（墙三［耍孩儿］P.2463）

"挺"路盛蒲三本均作"抨"。蒲本且注曰"音pēng，方言音hāng"。《淄川方言志》对此字的注音则是［xəŋ^{214}］。

按：按律此句押去声韵。山东方言"梃"读去声，表示"击打"，合律。"挺"当为"梃"的形误。"抨"读平声，违律。

16. 张二放手，张大跑了。（墙三·P.2463）

路盛蒲三本均作"张二说：'放手'"。

按：张二与张大扭打在一起，是经张老训叱之后才停止的，张二放手,张大才跑了。其意并无不通。三本于"二"字后增一"说"字,于意反而欠妥。张二与张大扭打,张二叫自己放手,固属荒唐,叫他的哥哥放手也有悖于扭打时的情形,既然是张二把张大按倒捶打的,怎么还叫张大放手呢?

17. 腰也伸不像弯弯木。(墙三[耍孩儿]P.2464)

盛本作"腰也伸不开极像弯弯木",蒲本作"腰也伸不直像弯木",路本如字。

按:人体热伸冷缩,这是常理。张老在未穿棉裤时,冻得弯着腰,像根弯曲的木头;穿上棉裤以后,觉得浑身热,像是入了伏。腰也伸直了,不再像弯曲的木头,文通理顺。说张老穿上了棉裤,浑身都热了,腰反而伸不开、伸不直了,则有悖于常理。

18. 张大赶上喘成一块:"这十来、这十来里路,跑炸了肺也。"张二喘道:"你什么、什么要紧?咱且定定,好去叫门。"(墙四·P.2468)

"这十来这十来里路""你什么你什么要紧"路盛蒲三本均作"这十来里路""你要什么紧"。

按:张大、张二去找王银匠都是拼命跑去的,跑到王银匠处已是气喘吁吁了,而且又急着说话。在这种情况下自然会因气喘而口吃的。张大重复"这十来"三字,张二重复"什么"二字,都是因气喘口吃而造成的。抄本的两处重复正生动、准确地表现了张大、张二两人的狼狈相。三本未细审文意,把重复部分删去,使这段描写大为减色。(因着急而口吃重复的例子,俚曲中比比皆是,此不赘。)

19. 若还是有点鍬眼,俺两个好去跟寻。(《墙头记》四[耍孩儿]P.2469)

"鍬"抄本如字,路本作"鍬",盛本作"窍",蒲本作"锹"。

按:~应读[ɕieu],义为缝衣之针。然而《汉语大字典》:

"~，一种打击乐器。"并引《太平寰宇记·南蛮四·渤泥国》："凡岁终十二月以七日为节，地热多风雨，民最乐，必坎鼓吹笛击~，抵掌歌舞为乐。""鍬"，字书无载，不知所据。"锹"是一种掘土工具，《集韵》千遥切。其音义与文皆不合。其实三字皆是"鍬"字之形误。"鍬"，《龙龛手鉴》音"休"，《字汇·金部》："鍬，长针也。"所谓"~眼"就是"针眼"，比喻找银子的线索之小。

20. 那教官才出饿牢，他就把你头啃掉。（墙四[耍孩儿]P.2471）

"饿"路蒲两本均作"铁"，盛本如字。

按：这两句是比喻教官敛财的。狱中犯人，食不果腹，常要忍饥。饥饿达到什么程度，下句之"把你头啃掉"就是生动的比喻。路蒲二本作"铁"字，则不能与下句之"把你头啃掉"照应。用"铁"修饰"牢狱"显系后人所为。

21. 银匠说："这不骂起来了？"张二说："我骂你值什么？"（墙四·P.2472）

"我骂你值什么"路蒲二本作"你值么"，盛本如字。

按：张大、张二得知其父并无银子后，对王银匠破口大骂。什么"狗叔""驴叔""杂毛材料""混账物囊"，其恶毒字眼无所不用其极。两个逆子为什么敢于如此欺人呢？用张二的话说就是"骂你值什么""骂你没查"。既然骂了白骂，当然也就大骂特骂起来，文通理顺。路蒲二本作"你值么"于文意倒有些欠通。张大、张二前面已把王银匠骂了个狗血喷头，后面又唱道"骂你没查"，而这里却说"你值么？"不但前后矛盾，而且于理牵强，既然王银匠不值你骂，你张二为什么还骂得如此厉害？

22. 想一想咬碎牙，你望俺倾了家，老贼可恨忒奸诈。（墙四[耍孩儿]P.2472）

"老贼可恨忒奸诈"蒲本作"老贼可恨忒也诈唠"。

按：按律此曲第三句押去声韵，抄本此句收"诈"字，与其他五个韵脚字"牙家滑下查"押韵，不误。蒲本此句收"唠"字，不押韵，违律。

23. 他却又千般哄诱，着俺去里头转钱。（墙四[耍孩儿]P.2473）

"转钱"路盛蒲三本均作"把钱转"。

按：按律此曲第八句押平声韵，抄本收"钱"字，与其他五个韵脚字"天田骗干饭"押韵，不误。"转"字不是平声韵，违律。

（二）《姑妇曲》《慈悲曲》校议

《姑妇曲》用路盛蒲三本互校，《慈悲曲》用蒲松龄纪念馆藏石印本校路盛蒲三本，格式同前。

1. 仗着爷娘从小教诲，那里有天生贤的呢？（姑一·P.2476）

"仗"盛本如字，路蒲二本作"若"。"贤"字盛本如字，路蒲二本脱。

按："若"是个假设连词，前一分句用了"若"字，下一分句当是前一分句的结果，但这里的第二个分句显然不是表示结果的。"仗"字是。路蒲二本脱"贤"字，语意欠通。

2. 冬里䐶猪五口，夏里养蚕十箔。（姑[①]一[劈破玉]P.2477）

"䐶"路蒲二本如字，盛本作"牡"。

按："䐶猪"是增强力度喂养肥猪，一冬养肥，春节卖钱，是勤俭持家的表现。"䐶猪"和"养蚕"对举，都是家庭副业，"冬里䐶猪"，"夏里养蚕"，各有其时。而"冬里牡猪"则语意欠明。

3. 早早新妆下镜台，停停久候侵门外。（姑一[倒板桨]P.2477）

---

① "姑"指篇名《姑妇曲》。

"早早"蒲本如字,路盛二本作"早儿"。

按:"早早"是时间名词重叠后做状语,并无不妥。用"早儿"则欠通。

4.那一日大成生了臊子气,直挣了一身汗,他病倒好了。(姑一·P.2479)

第二个"了"蒲本如字,路盛二本作"子"。

按:"了"用在这里表示动作的完成,一身汗出来了,病才好了,文通字顺。易"了"为"子"反而欠通。

5.既是母子不自在,要老婆怎的?(姑一·P.2479)

"既是"盛本如字,路蒲二本作"着他"。

按:"既是"是表示条件关系的连词,说明"要老婆"的条件是"母子自在",现在母子不自在,要老婆的条件不存在了,自然也就不要老婆了。"母子"是包括大成在内的。如果换成"着他",便把大成排除在外了,那么"他母子"所指也就不明了。

6.何大娘"儿呀""心肝"的叫着,合老王扶到他家,着他卧了。(姑一·P.2481)

"儿"盛本如字,路蒲二本作"哎"。

按:对晚辈的称叫用"儿呀""心肝"并无不妥。"哎呀"是表示惊叹的插入语,不属于称叫用语,何大娘不可能叫"珊瑚""哎呀"。再者下文有"何大娘……劝道:'我儿,你哭出血来了!休哭罢!'"之语,可见何大娘对珊瑚称之以"儿"不误。

7.听的说人人痛骂,恨不能把你嚼了。(姑一[房四娘]P.2482)

"嚼了"盛本如字,路蒲二本作"抛"。

按:此曲末句按律为七字句。盛本是。

8.你既然骑锅压灶,可就才只是发揣。(姑一[房四娘]P.2482)

"压"路蒲二本如字,盛本作"厌"。

按："骑锅压灶"表示欺人太甚。"厌灶"与文意不符。

9.沈大姨一眼看见，嗃了一惊，说："你这怎么来到这里？"（姑二·P.2485）

"你"蒲本如字，路盛二本脱。

按：有"你"字更为通顺。

10.为人又孝敬婆婆，敬的是口也难学。（姑二［劈破玉］P.2485）
蒲本如是，路盛二本"婆婆"断后。

按：此曲按律二、三两句皆入韵，"婆婆"断前符合押韵要求，"敬"字不入韵，断后则违律。

11.老蠢才真是呆，自家捘捘着漫自在。（姑二［倒板浆］P.2486）

"漫"盛本如字，路蒲二本作"没"。

按："漫自在"即相当自在。说"没自在"与文意不符。

12.一点不应心就掘，口边说："俺娘说来，你婆婆宜量什么好？"（姑二·P.2489）

蒲本如是，路盛二本"心"后断，"掘"后不断。

按："掘口边"不成话。"心"后不可断。

13.一清晨二成没在家，洗脸水没人端，一声的骂二成。（姑二·P.2486）

"一声的"路蒲二本如字，盛本作"不住声的"。

按：二者皆通，但"一声的"更能体现淄川方言特点。

14.婆婆难辞，婆婆难辞，大家趋小伏低的。（姑二［呀呀油］P.2489）

"低"各本均作"地"，径改。

按："伏地"与文意不符。"伏低"即趋小之意，符合文意。

15.大成黑白地守着，把眼熬坏了。（姑二·P.2489）

"熬坏"盛本如字，路蒲二本作"宿"。

260

按："熬坏"表意更确。"宿"实为"虚"之借字，山东方言指水肿或其他浮肿。

16. 安大成苦寻思，不过他想转便宜。（姑二［房四娘］P.2493）

"苦"盛本如字，路蒲二本作"要"。"想"盛本如字，路蒲二本脱。

按："苦寻思"即苦思冥想，符合文意。"要寻思"文意不通。大成经过苦思冥想，终于明白了臧姑不想分家的原因是想贪图便宜，所以"想"字不可没有。

17. 踢弄的别人不安生，你待安生也不能。（姑三［跌落金钱］P.2497）

"安"盛本如字，路蒲二本作"生"。

按："生生"不词，"安生"是。

18. 不止说瞎了钱，还着你捱夹榜。（姑三［叠断桥］P.2499）

"夹"蒲本如字，路盛二本作"来"。

按："夹榜"是一种刑具，"来榜"不词，"来"当是"夹"字的形误。

19. 说他方才见任华，怎么倒在地，怎么又爬查。（姑三［银纽丝］P.2497）

"见"盛本如字，路蒲二本作"是"。

按：这是安大成向母亲叙述他的所见所闻的，所以"见"字不误。"是"不如"见"字更确。

20. 见他让的恁，不寻思有别话。（姑三［叠断桥］P.2500）

"的"字他本均脱，径补。

按：按律此句应为五字，脱"的"字一则变成四字，违律，二则句子也不通顺。

21. 我和你做妯娌十年多，近来极像合你初会呀是的。我不知

怎么说，见了你极亲。（姑三·P.2502）

路盛二本"呀"后断，路蒲二本皆脱"不"字。

按："是"是"似"的借字，"是的"就是"似的"。"呀"断前，则"是的"便成了一个单独的插入语。这样的插入语是现代的说法，那个时候还没出现。脱"不"字更是文意不通。

22. 自是我不成才，怨爷娘甚不该。（姑三［耍孩儿］P.2502）

"才"盛本如字，路本作"了"，蒲本作"人"。

按："耍孩儿"第一句按律是入韵的。此曲押"皆来"韵，第一句收"才"字正好押韵，可见"才"字不误。"了"和"人"皆不押韵，违律。

23. 一来积了阴德，二来也能转钱。（慈①［西江月］P.2506）

"也"路盛蒲三本皆作"出"。

按："也"字表示"又"的意思，做状语，"出"字用在这里不成话。

24. 他姑一把拉过来，说："我儿，怎么你就瘦的这么样了？"（慈二·P.2513）

路盛蒲三本皆脱"样"字。

按："样"是"这么"的中心语，脱之则结构不完整，表意不明。

25. 孩子没娘托他姑娘，跟着他爹泪汪汪。（慈二［跌落金钱］P.2515）

路盛蒲三本皆脱第二个"娘"字。

按：此曲按律首句入韵。脱"娘"字则不押韵。

26. 就不吃啥，咱吧会子瞎话也好。（慈三·P.2518）

"会"路盛蒲三本皆作"嗓"。

---

① "慈"指篇名《慈悲曲》。

按:"嗓子"既不可做"吧"的补语,也不可做"瞎话"的定语,用在这里不成话。"会子"是"一会儿"的意思,文通字顺。

27.我的天来咳,捱骂难来,可又难捱骂。(慈三[银纽丝]P.2519)

路盛蒲三本皆脱第二个"难"字。

按:此曲按律末句为五字,脱"难"字则为四字句,违律。再者,此曲末句结构与上一句结构其成分应是前后调换的,脱"难"字则显示不出这种结构上的特点。

28.吃碗饭也不计较,我虽穷也没到了抪瓢。(慈三[还乡韵]P.2520)

"抪"路盛蒲三本皆作"捕"。

按:"抪"是个形声字,义为"抱持"。"抪瓢"喻指讨饭。"捕",字书无载,当是"抪"的形误。

29.纵不念书也无妨,就是家去见阎王。(慈三[还乡韵]P.2521)

"去"路盛蒲三本均作"去去"。

按:"家去"就是回家去,符合文意。"家去去"于此则甚觉别扭。衍一"去"字。

30.张炳之也没吃下饭去,临了剩一大些。(慈四·P.2526)

"没吃下饭去"蒲本作"没多吃,吃不下去",路盛二本"吃"后衍"不"字。

按:张炳之见张讷回到家里连饭都不敢吃,自然心里难过,吃不下饭去。说他"没多吃"或衍"不"字皆与文意欠符。

31.老婆说是狗屁圈,不如留着做觅汉。(慈四[跌落金钱]P.2527)

路盛二本脱"是"字,"圈"后不断;蒲本脱"是"字。

按:此曲第一句按律是七字,脱"是"字则成六字,违律。此曲每叠为四句，"圈"后不断，则为三句，亦违律。

32.休要心焦，我去釟上就是了，我若是釟不了，就是儿不孝。（《慈悲曲》[叠断桥] P.2528）

"釟"盛本作"霑"。

按：~指烧接金属。《广韵》博拔切。《玉篇·金部》："~，冶金也。"《集韵·黠韵》："~，冶金谓之~。"而"霑"《广韵》张廉切，《说文·雨部》："霑，雨露也。"《集韵·盐韵》："霑，通作沾。"其音义与文意不合。

33.张成就趴着他哥哥身上说："娘打我罢。"（慈四·P.2528）

"趴"路盛蒲三本皆作"爬"。

按："趴"是"趴"的古写。是胸腹朝下卧倒的动作。这里是张成为了保护哥哥才这么作的，改用"爬"字则有悖于情理。

34.骂了声狗男，一日两个肚儿圆。（慈四[叠断桥] P.2529）

"男"路盛蒲三本皆作"儿"。

按：按律此曲首句入韵，押"寒桓"韵，"男"字押韵，合律，"儿"字不押韵，违律。

35.张讷说："我既来了，再打听打听，若是没在阳间，再回来不难么？"（慈五·P.2534）

"来"路盛蒲三本皆作"去"。

按：这段话是张讷在阴间说的。因为一时没找到弟弟而怀疑弟弟不在阴间，但又不能断定就在阳间。如果就此便回阳间去，万一弟弟不在阳间，再回阴间来就难了。所以"来"字不误。改成"去"字，便与说话人的方位相矛盾了。

36.大官人听说苦告也么难，我好容易来这番。（慈五[银纽丝] P.2534）

"苦"路盛蒲三本皆作"若"。

按：大相公听吴妈妈叫他回阳间去，便苦苦地向吴妈妈诉说自己的难处，文通字顺。改成"若"字则文意不通。疑"若"为"苦"字形误。

37. 没个真实信，随即又回还，可不辜负了死一遍。（慈五［银纽丝］P.2534）

路盛蒲三本于"死"后衍"这"字。

按：此句按律是七字，将"了"字看作衬字，合律。增加"这"字，徒增累赘。

（三）《翻魇殃》校议

此篇用路盛蒲三本互校。格式同前。

1. 他虽然是个男子，我却还嫌他铺囊。（翻[①]—［耍孩儿］P.2548）

路蒲二本如字，盛本"铺"字前衍"胡"。

按："铺囊"指一个人相貌、才智都较差，这都是先天性的，前面加一"胡"字则变成人为的了，语意不通。而且按律此曲末句应为七字"3—4"式。衍"胡"字则难与律合。

2. 因着家里无人，就着仇录书房里读书，留着仇福在家里支使。（翻一·P.2549）

"就着仇录书房里读书"盛本如字，路蒲二本作"就没读书"。

按：下文（P.2553）有"他的诗文大有可观"句，可证仇录幼时是读了书的。

3. 言明笔落天平响，死活拉着出了门。（翻一［耍孩儿］P.2549）

"言明"盛本如字，路蒲二本作"安心"。

按："言明"即"说定"，和下面的"笔落"（即立文约）、"天

---

① "翻"指篇名《翻魇殃》，下同。

平响"（即称银子）都是卖人过程中的步骤。换成"安心"则文意不通。

4. 不用指点并吃喝，打发婆婆十分乐。（翻一［耍孩儿］P.2551）

"吃"蒲本如字，路本作"咉"，盛本作"饸"。

按："咉"是"吃"的古写。"饸喝"不词。

5. 魏名是输家，又搬了一个婊子藏在家里。（翻二·P.2553）

"婊子"盛本如字，路蒲二本作"老婆"。

按：根据妓女春娇的年龄，称作"婊子"为宜。他处对春娇作此称者，亦应作如是改。

6. 土条蛇这样奸贼也不要，百般地用心机引人去嫖。（翻二［劈破玉］P.2553）

"蒲"本如字，路盛二本"贼"后断，"要"后不断。

按：按律此曲首句入韵，押的是"萧豪"韵，"要"字押韵，合律。将"也不要"断后，则"贼"字不押韵，违律。

7. 我虽穷，吊钱于不在我眼中。（翻二［呀呀油］P.2554）

"于"路盛本如字，蒲本作"放"。

按："于"当为"入"的借字。"于""入"同音是当时淄川方言的特点。"放"字亦通，但显示不出方言特点。

8. 人说婊子没良心，他还有点良心查。（翻二［呀呀油］P.2555）

"查"盛本如字，路蒲二本作"芽"。

按："查"是"渣"的借字，"良心渣"比喻一点点良心，山东方言常用。"芽"表示旺盛与发展，山东方言似乎不说"良心芽"。

9. 仇福说："吃了一宿酒，合失了困那是的。"（翻二·P.2555）

蒲本如是，路盛二本"困"后断。

按："那"是语气词，"是"是"似"的借字。这是个比喻句子。"困"后断，"那是的"便不成话。

10. 从夜来只顾盘问,我或者没赌没嫖。(翻二[耍孩儿]P.2555)

蒲本断句如是,路盛二本将"我"断前。"或者"路蒲二本如字,盛本作"不曾"。

按:按律此曲末一句是七字"3—4"式,将"我"断前则成六字,违律。将"或者"改成"不曾"则意思相反,不打自招了,大谬。

11. 我看着上路糊迷了,又该去写纸撒招。(翻二[耍孩儿]P.2556)

路蒲二本如是,盛本"路"后断,"了"后不断。

按:按律此曲末两句都是七字"3—4"式。"路"后断,前边这句便成了五个字,违律。

12. 舍弟纵然作秀才,两考还得十千外。(翻三[耍孩儿]P.2559)

盛本如是,路蒲二本脱"舍弟"。

按:按律此句是七字,脱"舍弟"则变成六字,违律。

13. 使乜钱由不的心里待,分了家来去在你,寻思起那样的自在。(翻三[耍孩儿]P.2559)

蒲本如是,路盛二本"待"字断后。

按:此曲押的是"皆来"韵,按律此句入韵,"待"押韵,合律。断后则"里"字不押韵,违律。

14. 仇大郎赚卖本妻,郑知县怒杀赵烈。(翻四·回目名称P.2563)

"本妻""赵烈"路蒲二本如是,盛本分别作"姜娘子""赵阎罗"。

按:《翻魇殃》这一篇各个回目的名称都是用的七字句"3—4"式,[1] 易"本妻"为"姜娘子",易"赵烈"为"赵阎罗"则都成了八字,便破坏了这种统一的格式。

---

[1] 这种句式是明清章回小说常用的形式。

15.见一个小伙子牵着一匹马,仇福扶他上了牲口去了。(翻四·P.2565)

"上了牲口"盛本如字,路蒲二本脱。

按:仇福只是扶他妻子上了牲口,他妻子去了,仇福本人并没去。脱"上了牲口"就成了仇福扶他妻子一同去了。不合文意。

16.阎罗大怒,拿鞭子来待打。(翻四·P.2567)

路蒲二本如是。盛本"怒"后衍"说给我"。

按:路蒲二本用陈述句说阎罗拿来鞭子要打姜娘子,并无不妥。衍"说给我"后反不成话。

17.她娘一口气不长,撇下一个好家当。(翻五[耍孩儿]P.2570)

"长"路盛蒲三本均作"来"。

按:此曲押"阳唐"韵,按律此句入韵,"长"押韵,合律,"来"不押韵。

18.拿书本暖云窝里,去对着娘子咕哝。(翻七[耍孩儿]P.2587)

路盛蒲三本"去"皆断前。

按:按律这两句都是七字"3—4"式,将"去"断前,则末句变成六字,违律。

19.范大叔又没得罪,你不去着人担嚣。(翻八[耍孩儿]P.2590)

"你"字路盛蒲三本皆断前。

按:按律这两句都是七字"3—4"式,将"你"字断前,则末句变成六字,违律。

20.他日后通了人性,您两个再犯往来。(翻八[耍孩儿]P.2590)

"两"路盛蒲三本皆作"俩"。

按:"俩"就是两个,后面不可再带"个"字。"两"后面可以带"个"。

21.[皂罗袍]。(翻八·P.2591)

盛本如字，路蒲二本作［西调］。

按：从曲子的格律看，［皂罗袍］是也。

22.你上书房，只管读书，休要把心放。（翻八［皂罗袍］P.2592）

蒲本如是，路盛二本"房"后不断。

按：按律此曲末三句字数分别是四字、四字和五字，"房"后如果不断，便少了一句，违律。

23.只望人家倾了家，不如他他才心不恨。（翻八［呀呀油］P.2592）

蒲本如是，路盛二本"不"字前不断，两个"他"字之间断。

按：此曲按律末两句都是七字，将"不如他"断前，末一句便成了五字，违律。

24.把刘悦打了二十板，地土宅子都净了。（翻九·P.2598）

"土"蒲本如字，路盛二本作"上"。

按："地土"就是耕种的土地。"上"字显然是"土"字的形误。

25.大姐说："您大妗子，看见这个人像是眼生么？"（翻十·P.2607）

"您"路盛蒲三本皆作"你"。

按：在从幼称谓语之前冠以"您"字是山东方言的特点，不可将"您"字换成"你"字。

26.说话虽然是相戏，其实心里也贪图。（翻十一［耍孩儿］P.2611）

"相戏"盛本如字，路蒲二本皆作"想钱"。

按：上文确有"或有化的金银簪，未必不拾点金子片"的戏语，所以"相戏"二字不误。如果换成"想钱"，便与下句的"贪图"重复，变得俗不可读了。

（四）《寒森曲》校议

此篇据蒲松龄纪念馆藏《全集寒森曲》抄本校路盛蒲三种版本，格式同前。

1.打扑的仓粮净尽，一庄人具得存活。（寒[①]一[耍孩儿]P.2626）

"打扑的仓粮净尽"路盛蒲三本均作"打扫打扫的粮净尽"。

按：此曲第七句是七字句，音调节奏是"3—4"式，路盛蒲三本此句既不能构成"3—4"式，而且将"打扫"重叠后再带主谓短语之补语，也是山东方言乃至普通话语法规则不允许的。

2.只说起老实员外，远处人也知姓商。（寒一[耍孩儿]P.2627）

"处"路盛蒲三本均作"近"。

按：此曲第八句是说不光近处人知道员外姓商，远处人也知道员外姓商，只是省去了近处人的这一叙述，用一个"也"字把这层意思表示了出来。路盛蒲三本易"处"字为"近"字，则"也"字便无着落。如果三本非要用"近"字不可，那就得把"也"字改成"都"字。

3.商赵二家紧邻庄，员外有一片好地，赵恶虎着人来对他说，待要他的。（寒一·P.2627）

"庄"路盛蒲三本均作"屋"。

按："庄"字是。其证有二：（一）前文曾经写道"不说员外好处，却说邻庄麸子店有个举人，名是赵星，号是鄂湖"。这段话明明写着赵恶虎住在邻庄麸子店。（二）第八回有这样一段叙述"那歪子没什么折蹬，不能惊天，只能动地，邻近人家不肯买，都让商宅"。这段叙述说明商员外和赵恶虎不是邻近人家。既然不是邻近人家，又怎么能邻屋呢？可见"商""赵"二家是邻庄，不是邻屋。

[①] "寒"指篇名《寒森曲》，下同。

4. 赵恶虎头一名，三个奴才都行凶。驴夫看见有干证。（寒一[耍孩儿] P.2630）

"三个""有"路盛蒲三本分别作"俩""无"。

按：上文明明写道"两个管家，一个马夫，一齐上前，把员外扑通掀下来"，这两个管家加上一个马夫，正是三个，怎么会是"俩"？又，三个奴才行凶，员外的驴夫是亲眼看见的，驴夫就是干证。这"干证"明明是有，怎么又说成无？

5. 差人方才开口笑，什么大其个身不安？（寒一[耍孩儿] P.2630）

第二句路盛二本作"什么大事身不安"，蒲本作"什么大事心不安"。

按：淄川方言"个""过"同音，都读成合口呼。此处的"个"字实是"过"的借字。这样的例子聊斋俚曲中俯拾即是。如抄本《琴瑟乐》中有一曲是"眼望巴巴，眼望巴巴，盼的行礼到了俺家，真果甚齐整，也值千金价"。其中"果"字盛蒲二本均作"个"字。淄川方言"其"与"起"也是同音字，"其"当是"起"的借字。"大起"是淄川方言比较句的特点。这句话的意思是说身体最要紧，什么也大不过身体欠安这件事。这本是差人拿了赵恶虎银子后为赵恶虎"告病"找的说辞。银子少时不许告病，银子多了，不但允许告病，还说出这番话来，正勾划出差人的势利嘴脸。路盛二本作"什么大事身不安"，成了差人对赵恶虎身体欠安的追问，与文意不合。蒲本作"什么大事心不安"更是没有来由，因为前文只说赵恶虎告病，并没有提到他心里不安。

6. 不惟说免了消到，还要他做个主张。（寒二[耍孩儿] P.2631）

"惟"路盛蒲三本均作"为"。

按：此曲第七八两句是在说明赵恶虎又给王知县八百两银子的

两个目的，一是为了免除消到，二是为了让王知县给他作个主张，想个办法。第七句的"不惟"与第八句的"还要"正是这两个目的（也是这两个分句的）关联词。如果易"惟"为"为"，不光与故事情节不符，第八句的"还要"也没了着落。

7. 我把他家人着实打，他原不该肆猖狂。（寒二［耍孩儿］P.2633）

第二句路盛蒲三本均作"原不该肆猖狂"。

按：此曲第五句是七字句，音调节奏是"4—3"式，抄本不误。路盛蒲三本均为六字句，不能构成"4—3"式。

8. 赵恶虎凭着钱，东一千西两千，上下都买的蜜溜转。（寒二［耍孩儿］P.2634）

末句路盛蒲三本均脱"上""下"两字。

按：此曲第三句是七字句，音调节奏是"4—3"式。路盛蒲三本脱"上""下"两字，则成六字句，不能构成"4—3"式。

9. 若还是打个着，这一砖揭了锅。（寒二［耍孩儿］P.2634）

"若还是打个着"盛本作："若是照准了"，蒲本作"若是照准了他"，路本如字。

按：此曲首句入韵，且是六字"3—3"式。路本此句收"着"字，与其他五个韵脚字"锅过窝跺哥"押韵，符合要求。盛本此句收"了"字，蒲本此句收"他"字，皆不押韵。而且盛本此句为五字句，不能构成"3—3"式。

10. 两个贼烄讪讪的，便说："如今上司要人，他怎么解的呢？"（寒二·P.2635）

路盛蒲三本均作"叨"。

按：山东方言把"羞"说成"嚣"。此句"烄"字乃"嚣"的俗写，且这种俗写前后文中经常出现。如："不然移了妹子去，翻尸检骨咱害牣。"（寒四·抄本）"那个话不好学，到而今还害牣。"（寒六·抄本）两处"牣"字，路盛蒲三本均作"嚣"。此处"牣讪讪"即为"嚣讪讪"无疑，义为因羞惭而难为情，文通字顺。三本均易"牣"为"叨"，文意反而欠通。

11. 莱芜县奉上司，骑着马来相尸。来相尸就完了人命事。（寒二［耍孩儿］P.2635）

第二句路盛蒲三本均作"又完了人命官司"。

按：此句按律是七字句，音调节奏是"4—3"式，押去声韵。路盛蒲三本此句虽为七字句，但意义节奏却是"3—4"式，用"3—4"式的音调节奏演唱很不顺口；而且收"司"字，不符合去声韵要求，违律。

12. 那一日打他记的，我不是不敢承当。（寒二［耍孩儿］P.2635）

第一句路本如字，盛蒲二本均作"那一日打他时明明白白的"。

按：此曲第七句是七字句，音调节奏是"3—4"式，路本不误。盛蒲二本作十一字，即使除去衬字，也不能构成"3—4"式。

13. 那里有从公审断，真正辨是是非非？（寒二［耍孩儿］P.2635）

第一句路盛蒲三本均作"那里从公审断"。

按：此曲第七句是七字句，音调节奏是"3—4"式，抄本不误。路盛蒲三本此句均为六字句，不能构成"3—4"式。

14. 三日上一声传，今日要审这一案。（寒二［耍孩儿］P.2636）

第二句路盛蒲三本均作"今日要审这案"。

按：此句按律是七字句，音调节奏是"4—3"式，抄本不误。路盛蒲三本此句均为六字句，不能构成"4—3"式。

15. 就没了耳朵也死不了，抬上堂来粧唓哼。打起来看他什么病。

请如今当堂视验,就知道或重或轻。(寒二[耍孩儿]P.2636)

第二句、"病"、第四句,路盛蒲三本分别作"抬上来唯哼哼""病情""如今当堂亲验"。

按:此曲第二句是七字句,音调节奏是"4—3"式,第四句也是七字句,音调节奏是"3—4"式,抄本不误。这两句路盛蒲三本均作六字句,既不能构成"4—3"式,也不能构成"3—4"式。第三句押去声韵,抄本收"病"字,不误。路盛蒲三本收"情"字,则成了平声韵,违律。

16.两个商量且不葬,还要西行告总督。(寒二[耍孩儿]P.2637)
"总督"路盛蒲三本均作"一回"。

按:此句按律入韵。抄本此句收"督"字,与其他五个韵脚字"呼途怒部都"押韵,符合要求。路盛蒲三本此句均收"回"字,不押韵。

17.两个哥哥犯猜疑,家前院后打巡栏。(寒三[耍孩儿]P.2639)
"栏"路盛蒲三本均作"来"。

按:此句按律入韵。抄本此句收"栏"字,与其他五个韵脚字"天眠半遍言"押韵,符合要求。路盛蒲三本均收"来"字,不押韵。《增补幸云曲》二十三"王龙恐怕还输了,手儿好似打巡栏"句可征。

18.不看还好,拗开一看,都唬的目瞪口呆。只见那赵恶虎头在地下,肚子也开了,肠子淌了一炕。(寒三·P.2642)
"目瞪口呆""淌"路盛蒲三本均作"目瞪痴呆""满"。

按:"目瞪口呆"是个成语,表示吃惊后愣住的样子。成语的结构是固定的,没有特殊需要,不能随便改换里边的成分。其他三本将其中的"口呆"换成"痴呆",一则破坏了原来的成语结构,使之不再是个成语(因为"痴呆"单独是个词,"目瞪"在抄本里是成语的语素,在其他三本里则成了一个短语);二则其意义也不再与文意相符，因为"痴呆"是一种病态，与被吓得发呆不是一回事，显然，抄本作"目瞪口呆"不误。另外，其他三本易"淌"为"满"应属形近至讹。赵恶虎肚子被剖开，肠子自然要淌出来，而且淌了一炕，文通字顺。说成"满了一炕"反而欠通。

19.弟兄俩听说这话，想是他猜了几分。（寒三［耍孩儿］P.2643）

第二句路盛蒲三本均作"也是猜了八分"。

按：此句按律是七字句，音调节奏是"3—4"式，抄本不误。路盛蒲三本作六字句，不能构成"3—4"式。

20.这种事是如何，不知仇人是什么？（寒三［耍孩儿］P.2643）

"如何"路盛蒲三本均作"何如"。

按：此句按律入韵。抄本此句收"何"字，与其他五个韵脚字"么破多个戈"押韵，符合要求。路盛蒲三本收"如"字，不押韵。

21.打官司打半春，守父孝闭了门。（寒三［耍孩儿］P.2644）

"春"路盛蒲三本均作"年"。

按：此句按律入韵。抄本此句收"春"字，与其他五个韵脚字"门问心认人"押韵，符合要求。路盛蒲三本收"年"字，不押韵。

22.相公观罢，回来禀官说："是生员的妹妹。"（寒三·P.2644）

"回"路盛蒲三本均作"面"。

按：这段文字之前，有一段叙述是这么写的："老五叫他（按：指大相公）去看，进门一看，果然是三官。"这说明此时王知县验尸之后已经离开尸体，走出房门。大相公进门看验之后向王知县回禀认尸的结果，当然就得先从尸体旁边回来才能回禀，抄本不误。其他三本易"回"为"面"疑属形近致误，因为"面"的用法有"面议""面授""面谈"等，向无"面来"之说。

23.我去物色好材木，你可全把心放开。（寒四［耍孩儿］P.2646）

路盛蒲三本均作"我去物色材去罢，一日买着一日来，你可全把心放开"。

按：此曲共八句，从韵律与句式看，抄本完全符合要求，路盛蒲三本均衍"一日买着一日来"句。如果把此句并入第四句，一则句式不符"4—3"之要求，二则此句便成了入韵句，与押韵规则又有了矛盾。

24.二相公听说，暴叫如雷，说："到明日我去见他。"大相公说："你去也是这么着。"他兄弟两人没法。老夫人说："罢呀！那钱也是您爹爹挣的，咱就凑些给他。大不然人已死了，还觉的么？出上就叫他抬了去验看。"（寒四·P.2650）

路本作"二相公听说，暴叫如雷说：'罢哟！那个也是咱爷挣的，就凑些给他。大不然人已死了，还觉哩么？出上就抬了去。'"

盛蒲二本作"二相公听说，暴叫如雷，说：'罢哟！那个也是咱爷挣的，就凑些给他。到明日我去见他，也是真么等。'老夫人说：'大不然人已死了，还觉哩么？出上就抬了去。'"

按：这一段写的是王知县向商家要钱，商家一家人表示了不同的态度。大相公老成持重，考虑问题比较全面，回家后把王知县要钱的事告诉老夫人和二相公，共同商议解决的办法。二相公性子暴燥，而且疾恶如仇，一听这话就立即要去找王知县辩理，被大相公劝住。这些描写都符合两人的性格特点。老夫人见两个儿子没有办法，为了给儿子解忧，劝儿子或是送些钱去，或是同意验尸，都使得。这是以息事宁人为主，也符合老夫人的性格特点。所以说，抄本的这段描写还是可取的。而路本此段一方面写二相公听说此事后暴叫如雷，另一方面又写他毫不迟疑地同意向王知县送钱送尸，显得十分矛盾，且如此大事竟不让老夫人参与，也不近情理。盛蒲二本虽然把老夫人的话一半让给二相公说，但仍不符合二相公性格特点。尤其是又让二相公说出一句"到明日我去见他，也是这么等"

更是没有来由,因为前文从未出现过要二相公见王知县的文字,这句话在这里显得毫无着落。

25. 你若不能把他朝,还得我去替你告。(寒四[耍孩儿]P.2652)
"朝"盛蒲二本均作"治",路本如字。

按:此句按律入韵,抄本、路本此句收"朝"字,与其他五个韵脚字"烧劳孝告曹"押韵,符合要求。盛蒲二本此句收"治"字,不押韵。

26. 大相公说:"梦中的话只怕也全信不的。"(寒四·P.2652)
"也全信不的"路盛蒲三本均作"也全没信不的"。

按:大相公的话是在说明梦中的话不可完全相信,语句通顺,意思清楚,并无不妥。三本于"信"字前增一"没"字,反而意思不明。

27. 二相公回头观看,凶凶的像是拿人。(寒五[耍孩儿]P.2658)
"凶凶的"盛蒲二本均作"凶纠纠"。路本如字。

按:"凶凶的"是形容追赶商二官的一群鬼的形象和气势的,没有什么不妥。改作"凶纠纠"倒是有些不类了。"纠纠"是"雄健威武"的意思,常和"雄"在一起说成"雄纠纠",是个褒义词。而"凶"字表示凶恨、凶恶义,是个贬义词,不能和"纠纠"合在一起说成"凶纠纠"。

28. 那个鬼解下了一条带子,给他扎在腰里……扎上带子,果然就柱壮多了。(寒五·P.2659)
"柱"路盛蒲三本均作"住"。

按:"柱"在这里是"支撑"的意思,应该读成上声,[1]现在多写成"拄"。"柱壮"一词方言中早有用例。如戏剧《打城隍》:"屋里的不知柱壮不?许是嫁了。"其他三本易"柱"为"住",

---

[1] 见《广韵》上声麌韵知庾切。

音义皆失。(《禳》三[皂罗袍]"叫声妮,要立住壮"句,其"住"字抄本亦作"柱",可征。)

29. 阳世不能皆圣朝,阴间那得尽神尧?吉凶颠倒真难必,只要油锅炸不焦。(寒五[诗]P.2660)

"必"路盛蒲三本均作"比"。

按:"必"有"肯定、断定"义。《韩非子·显学》:"无参验而必之者,愚也。"汉马融《围棋赋》:"深念远虑,胜乃可必。"皆其例。商二相公的冤屈在人世间得不到昭雪,满以为到阴间阎王那里准能得到昭雪,为父亲报仇。谁知这阎王也"是个贪昧之神",使商二相公受了许多非刑,是吉是凶就很难断定了。所以此处"必"字不误。三本易"必"为"比",反倒与文意不合,因为这句话的意思并不是在做吉凶对比。

30. 二相公下殿来,这个谜好难猜。……两三步下了衕路,低着头着实徘徊。(《寒森曲》六[耍孩儿]P.2662)

"衕"抄本如字,路盛蒲三本皆作"衕"。

按:~为官府中的正道。《广韵》余陇切。《篇海类编·人事类·行部》:"~,~道,正阶,亦作甬。"《字彙·行部》:"~,今官府中路曰~道。"而"衕"字《广韵》助庚切,《玉篇·角部》:"衕,牛角长竖皃。"《广韵·庚韵》:"衕,角长皃。"《集韵·庚韵》:"兽角长曰衕。"皆与文意不合,疑"衕"为~字形误。

31. 似这等死恹不舍,还宜量锯解油烹。(寒六[耍孩儿]P.2662)

"舍"盛蒲二本均如字,路本作"捨"。

按:"死恹不舍"于文意不通。"舍"当为"答"的形误。"答"或写作"打",常和"恹"对举联合构成四字格成语。如上文的一段叙述:"二相公没奈何,跟他出来,恹头打脑,一步一步的慢走。"其中"恹头打脑"一词与"死恹不答"是一个意思,都是说的二相公情绪低落、没有精神的样子，且都是四字格成语。解决了"舍"为"答"的形误问题，那么路本作"捨"的问题也就迎刃而解了，显然"捨"是"舍"的同音借字。

32. 二相公大怒，咷叫了一声，听见人说："下来了。"（寒六·P.2663）

"咷"路盛蒲三本均作"跳"。

按："嗬"字抄本常写作"咷"。如："二相公把状掏出，跪马前痛哭号咷。"（寒六［耍孩儿］P.2664）三本均作"嚎嗬"。所以"咷叫"即是"嗬叫"，义为叫喊，[①]不误。写作"跳"字与文意不符，因为婴儿降生只会哭，不会跳。

33. 即刻把员外父女，发监钥放出狱牢。（寒六［耍孩儿］P.2665）

"父女"路盛蒲三本与抄本同，都作"父子"。

按："父子"当为"父女"之误。前面第五回有这样一段描写："飘飘渺渺，不一时到了阴城，解子投了文，把员外合三官都寄了监。"现在放出来的当是员外与三官父女。

34. 但能够把他亲近，一刀子杀在当堂。（寒六［耍孩儿］P.2665）

"堂"路盛蒲三本均作"场"。

按：此句按律押平声韵。抄本此句收"堂"字，符合要求。路盛蒲三本此句收"场"字，不是平声韵，违律。

35. 满总里几亩好地,给了他何以为生。（寒一［耍孩儿］P.2665）

第一句路盛蒲三本均作"满总几亩好地"。

按：此句按律是七字句，音调节奏是"3—4"式，抄本不误。

---

① 这个词淄川方言现在还在使用，写作"嗬叫"。《淄川方言志》第143页。

路盛蒲三本此句均为六字句。不能构成"3—4"式。

36. 却说那新泰县老王……刨燥了臊子，就呜呼尚飨了。（寒七·P.2666）

"臊子"路盛二本作"噪子"，蒲本作"嗓子"。

按："臊子"是个方言词，用在动词后面，表示本想做一番努力达到某种目的。抄本有时也写作"臊"字。路盛蒲三本于此字有随文改字的现象。他处还有几例，兹列举于下：

A 三官说："或是买药，或是商议打官司，哭臊子当了什么？"（寒一·P.2629）

路盛邹三本均作"歇子"。

B 两个正商议告状，三官跑过来说："哥们好糊突，告了臊子，不过如此。"（寒二·P.2637）

路盛二本作"一遭子"，蒲本作"遭子"。

C 二相公说："二位请回，我自己去罢。跟我臊子，我也没钱给你使。"（寒五·P.2657）

路盛二本作"回子"，蒲本作"回去"。

这几处的"臊子"意思与前面完全相同，都没用错，但他本都做了改动。其实这个词山东方言用得很普遍，菏泽、阳谷、桓台、莒县等地都有，《山东方言词典》记作"操子"。[①]

37. 主人椅子旁里坐，一个使锨一个使锹，半尺深露出大瓮沿。（《寒森曲》八［耍孩儿］P.2677）

"沿"，抄本如字，路本作"端"，盛蒲二本作"堰"。

按：~指边沿。"瓮"这种容器，有口有腹而无头无尾，"端"字显然与文意不合。而且端字所处的正是此曲押去声韵的位置，"端"

[①] 参见拙著《山东方言词典》第24页。

字读阴平，与曲律也不合。"堰"可看作~的借字。

38.脊受棍子腚受鞭，肉被烹煮皮缝鞯。（寒七［耍孩儿］P.2668）

"鞯"路盛蒲三本均作"罐"。

按：鞍鞯的制作多用牛皮。三本易"鞯"为"罐"反倒费解。因为淄川也好，新泰也好，都没有用牛皮缝罐子的做法。

39.又说他该受宰杀，罚他去世世为牛。（寒七［耍孩儿］P.2668）

"该受宰杀"路盛蒲三本均作"宰杀生灵"。

按：抄本之"该受宰杀"，是让赵恶虎变牛的目的，让赵恶虎以牛的身份进入轮回，每次轮回的实现都是以被宰而终，其原因就是赵恶虎为人时恶迹太多。而以"宰杀生灵"作为让赵恶虎变牛的原因，实在难以成立。一是赵恶虎并没有这方面的行为，前文（第一回）只写他"倚势行凶，霸人家田产，夺人家妇女"，并没写他宰杀生灵；二是在蒲松龄看来，宰杀生灵未必就是恶迹，这可从下文对王知县的处理看出来。二郎爷爷叫王知县到新泰县变猪，让全县的人称他的肉吃。要想吃猪肉，就得先杀猪。如果宰杀生灵有罪，甚至就该世世变牛，那谁还敢去从事宰杀？那二郎爷爷叫王知县变猪的目的不就落空了吧？所以，宰杀生灵不应成为叫赵恶虎世世为牛的理由。

40.快把他衣服剥去，上了磨慢慢的细研。（寒七［耍孩儿］P.2671）

第一句路盛蒲三本均作"快把衣服剥去"。

按：此句按律是七字句，音调节奏是"3—4"式。路盛蒲三本均为六字句，不能构成"3—4"式。

41.娘俩揭开材儿盖，忽一阵濛濛细雨，洒面目流下唇腮。（寒八［耍孩儿］P.2673）

"儿盖"路盛蒲三本均作"盖看"。

按：此句按韵入韵。抄本此句收"盖"字，与其他五个韵脚字"阶材怪来腮"押韵，符合要求。路盛蒲三本此句收"看"字，不押韵。

42.忽遇着大风大浪，一条黑龙在水里盘旋，坐的那船眼看就翻。（寒八·P.2674）

"眼看"路盛蒲三本均作"俨然"。

按："眼看就翻"就是马上就翻，有形势逐渐严重的意思，如不采取措施，将会船翻人亡。而"俨然就翻"则只是说明即时的时间内的一种状况，没有逐渐严重的意思，只是有惊无险之状，与文意不符。

43.于商宅永远为业，一任他耕种葬埋。（寒八[耍孩儿]P.2676）

第二句路盛蒲三本均于"耕"前衍"把"字。

按：耕种、葬埋都离不开土地。土地怎么使用，是用于耕种，还是用于葬埋，当然一任主人安排。土地既然归商员外永远为业了，那么土地的使用权自然也就归了商员外，用于耕种、用于葬埋，任凭商员外做主。其他三本于"耕"前增一"把"字反倒不通，"耕种"本是一种生产行为，怎么能被"葬埋"起来呢？

44.却说那商老爷点了山西的按院，当初二老爷父亲被恶虎打死，山东军门就是山西人，如今已是致仕在家，依旧横行作恶。（寒八·P.2677）

"山西""已是"路盛蒲三本均作"江西""也是"。

按：抄本是。其证据是这段下文：

奉旨抄了军门以后，又待了三四年，那山东臬司升了山西布政，着一个科道（按：路本将"道"作"里"）参了三十款，奉旨拿问，追了赃，问了辽东充军。

这段叙述出现了两次"奉旨"，两次奉旨的都应是商老爷。先是奉旨抄了"军门"，三四年后又奉旨拿问布政，十分清楚。奉旨拿问山西布政的当然应该是巡察山西官吏的按院。如果商老爷点的是江西按院，他又怎么有权拿问山西的布政呢？他如没权拿问，那么这奉旨拿问山西布政的又是何人呢？再说，这一节文字主要是记述商老爷品行与政绩的，如果商老爷是在江西坐按院，这些对山东臬司升到山西布政并被拿问的叙述与商老爷又有何干？另外，商老爷点了山西的按院，随着时间的推移，山东军门已退休回到山西，所以用"已是"是对的。作"也是"，不妥。因为副词"也"表示"同样"的意思，而前文并没有一个已是致仕在家的人与之对比。

45. 正遇着太爷偶然出庄闲走，看见歪子缕绸褡褴的不成个态状，便叫人送他袍一身、帽一顶、杂粮两石。（寒八·P.2679）

"缕绸褡褴"路盛蒲三本均作"褴褛搭撒"。

按："缕绸褡褴"是个方言成语，形容衣服破烂的样子。该词又写作"砌里搭撒"，如"砌里搭撒的精光腚，油嘴滑舌会嫖风，不想这花子能行令"（《增补幸云曲》十九），可征。三本将"缕绸"改成"褴褛"，这就破坏了原来的成语结构，因为"褴褛"是个独立的词"褡褴"是个语素，既不能独立存在，又不能和"褴褛"结合成词，放在这里不成话。

（五）《琴瑟乐》《蓬莱宴》校议

《琴瑟乐》用蒲松龄纪念馆藏抄本校盛蒲二本。《蓬莱宴》用蒲松龄纪念馆藏抄本校路盛蒲三本。格式同前。

1. 几多恨事满胸中，谁问苍天如梦？（琴①一[清江引]P.2681）

蒲本如是，盛本"谁"作"难"，"梦"作"何"。

按："难"当为"谁"字形之误。按律此句入韵，押"东青"

---

① "琴"指篇名《琴瑟乐》，下同。

韵。"梦"押韵,"何"不押韵。

2. 女儿泪涟涟,女儿泪涟涟,奴家正妙年。(琴一〔陕西调〕P.2681)

蒲本如是,首句盛本未重,"妙年"盛本作"青春"。

按:按律此句重复,不重复则违律。此曲押"寒山"韵,"年"字押韵;"春"字不押韵,违律。

3. 嗨,我心里喜欢你不觉。(琴·P.2683)

"你"蒲本如字,盛本作"我"。

按:这句话是对嫂子说的,"你"指嫂子,改为"我"字,意思便反了。

4. 身段娇,皮肉细,自家看着怪得意。(琴·P.2685)

"着"蒲本如字,盛本作"得"。

按:"得"字用在这里不成话。其次,在整个聊斋俚曲里结构助词从不用"得"字。

5. 这桩东西拿发人,怎么仔觉着屋里没处站?(琴·P.2685)

蒲本如是,盛本于"里"后衍"床沿"。

按:这是说的嫁娘打扮以后无处站立的感觉,与床沿无关,而且"床沿没处站"语意也不通顺。

6. 轻轻给我摘了头,伸手就来扯把俺。(琴·P.2686)

"头"蒲本如字,盛本作"帽"。

按:"头"指红盖头,是过去姑娘出嫁时顶在头上用的。改成"帽"字则不通,因为姑娘出嫁时不戴帽子。

7. 那日您到家,您两口子光景是怎么?(琴·P.2688)

"您到家"盛蒲二本作"到你家","是"字蒲本如字,盛本作"见"。

按:"您"指新娘新郎二人,"家"指新郎新娘两人之家。"是怎么"等于说"怎么样"。"到你家"行为主体欠明。

8. 既是他姑夫见你亲，想是不肯空一宿。（琴·P.2688）

"宿"蒲本如字，盛本作"宵"。

按：此句入韵，押"幽候"韵。"宿"入韵，"宵"不入韵。

9. 嫂子笑着把俺瞅，未曾说话先裂口。（琴·P.2688）

"裂"盛本作"睐"，蒲本作"唻"。

按："裂口"指开口笑。"唻口""睐口"皆费解。

10. 不如早送回，省的他两下里怨。（琴·P.2689）

"里"蒲本如字，盛本作"埋"。

按："怨"在这里是"恨"的意思，与"埋怨"不同。

11. 该快活处且快活，人能活到几十岁？（琴·P.2690）

"人能活到几十岁"盛蒲二本皆作"人生能有几千岁"。

按：人一生只能活几十岁，活到一千岁谁敢期望？所以用"几千岁"言人生之短显然是不妥当的。"千"可能是"十"的形误。

12. 这一日王母娘娘着一些仙女婵娥出离月宫。（蓬①一·P.2649）

"婵娥"路盛蒲三本皆作"嫦娥"。

按：天上婵娥无数，嫦娥只有一人。仙女和婵娥并举而且前面都用"一些"修饰，说明都不是一人。"嫦"字误。

13. 常言道海无边，有朝一日自家干。（蓬一［耍孩儿］P.2694）

路盛蒲三本于"道"后衍"河无头"。

按：按律此句是六字"3—3"式。衍"河无头"则变成九字句。

14. 那藕就像一只小船一般，这原是仙家的至宝。（蓬一·P.2694）

"仙家"路盛蒲三本皆作"神仙家"。

按："仙家"就是神仙，是个方言词，不说"神仙家"。下文

---

① "蓬"指篇名《蓬莱宴》，下同。

（P.2696）有"这都是仙家的宝物，吃一口就长生不老"之语，可证"仙家"一词不误。

15. 王母驾临蓬岛，满座都是神仙。（蓬一［西江月］P.2694）

"蓬岛"路蒲二本如字，盛本作"蓬莱岛"。

按：按律［西江月］此句是六字，增"莱"字则成了七字，违律。

16. 口啣灵芝忙跑进，仰头双膝跪当街。（蓬一［耍孩儿］P.2695）

"仰"路盛蒲三本皆作"迎"。

按：梅鹿口啣灵芝下跪，当然要仰起头来。说成迎头下跪则语意欠明。

17. 一颗夜明珠大如柳斗，做了宝瓶，照的大海通明。（蓬一·P.2695）

"夜明珠"路盛蒲三本皆作"月明珠"。

按："夜明珠"指夜里能发光的宝珠。"月明珠"不知何物，是否指在月光下才发光的珠子？似无此说。

18. 这野畜从那里来的？这等无状？（蓬一·P.2695）

"的"路盛蒲三本均作"得"，路盛二本中间不断。

按："得"在聊斋俚曲里不做结构助词。易"的"为得不符合当时淄川方言的实际。中间不断语意不顺。

19. 金炉发异香，起彩云接楼房。（蓬一［黄莺儿］P.2696）

"炉"路盛二本如字，蒲本作"殿"。

按：能发出异香的是金炉，不是金殿，而神仙们造的这所大殿一直没被说成金殿。

20. 众位坐定，有海屋老人来给娘娘磕头。（蓬一·P.2697）

"有"路盛蒲三本作"又"。

按：众仙对娘娘只是参拜，并未磕头。海屋老人是第一个给娘娘磕头的。宜用"有"字，不宜用"又"字。下文说"东海龙王又来磕头"时用了"又"字,因为前边有人磕过头了,他是第二个,可用"又"字。

21. 难按拿,一霎心里乱如麻。(蓬二[银纽丝]P.2698)

"拿"路盛蒲三本皆作"捺"。

按:此句按律应收平声韵,"拿"读阳平,合律。"捺"读去声,违律。

22. 彩鸾寻思:天上虽好,终没夫妇之乐。(蓬二·P.2698)

"终"路盛二本如字,蒲本作"总"。

按:做了神仙,终生没有夫妇之乐。"终"字表意确切。

23. 蝴蝶儿被细风飘,花枝儿趁月影摇。(蓬二[银纽丝]P.2698)

"细"路盛蒲三本皆作"狂"。

按:这是写的明月清风的景象,蝴蝶儿随细风飘飞,花枝儿趁月影摇曳。要是狂风,这种景象就不存在了。没这种景象怎么能把彩鸾的凡心打动?

24. 牵挂人,好教人牵挂。(蓬二[银纽丝]P.2699)

"人牵挂"路盛蒲三本作"人心牵挂"。

按:按律此曲的末两句的结构成分要前后调换。前句是"ABC",后句则是"CAB",调换后的语意基本相同。此段末两句的前一句是"牵挂人",后一句则应是"人牵挂"。说成"人心牵挂"就违反了格律的要求。

25. 此树移来自何方?你看他,一丝丝教人心欢畅。(蓬二[跌落金钱]P.2699)

"你看他"句路蒲二本脱。

按:按律此曲的三字句是不可缺少的,脱之则违律。

26. 人人都把名利图,谁肯抛家泛五湖?(蓬二[跌落金钱]P.2700)

"都"路盛蒲三本皆作"真"。

按:"都"是为"人人"而用的。"真"字不如"都"字确。

27. 相公说:"呀!没哩是个梦么?"(蓬三·P.2702)

"呀!没哩是个梦么?"路本作"这想必是个梦么",盛本作"呀,没哩,这想必是个梦么",蒲本作"是个梦么"。

按:路本表意前后矛盾,既用"想必"这样表肯定的词语,又用了表疑问的语气,前后不一。盛本"哩"后断,造成"没哩"单用,不成话。蒲本语意虽通,但不如抄本表达充分。

28. 娘子一霎抄了一罗,晌午错已是抄完了一部。(蓬四·P.2707)

"错"路盛蒲三本皆作"多"。

按:"晌午错"又说"午错"是个方言词,指正午稍后一点的时间。改成"晌午多"不但失去方言特色,而且句子也不通顺。

29. 比目鱼儿成对,并头莲花成双。(蓬四[呀呀油]P.2708)

"花"路盛蒲三本作"儿"。

按:这两句是对偶句,"鱼儿"对"莲花","花"改成"儿"则重复。

30. 炖茶用好水,煎来喷鼻香。(蓬四[呀呀油]P.2708)

路盛蒲三本作"烹茶来好用,水酌来喷鼻香"。

按:"水"哪有"喷鼻香"的?而且前后两句字数不一,违律。

31. 你说何如?莫若仍旧去读书。(蓬五[叠断桥]P.2709)

"何如"路盛蒲三本皆作"如何"。

按:此曲押"鱼模"韵,按律此句入韵。"如"押韵,合律;"何"不押韵,违律。

32. 少年英豪,埋着的功名只用爬。(蓬五[叠断桥]P.2710)

"爬"路盛蒲三本皆作"爬"。

按：此曲押"萧豪"韵，按律此句入韵。"刨"[①]押韵，合律；"爬"不押韵，违律。

33. 这几年大叔也算是自在，就是没人叫声爷爷，出上我向后叫爷爷奶奶，就中了状元是待怎么？（蓬五·P.2710）

"出"路盛蒲三本皆作"除"。

按："出上"是个方言词，有"大不了""忍痛割舍"等意思。《寒森曲》四（P.2650）："夫人说：'大不然既死了，还觉哩么？出上就抬了去'。"可征。换成"除"字则语意不通。

34. 正是少年，有甚忧愁不自然？（蓬五［叠断桥］P.2711）

"甚"路盛蒲三本皆作"怎么"。

按："甚"是"什么"的意思，做"忧愁"的定语，不误。换成"怎么"则语句欠通。

35. 不亏你殷勤劝省，着天上神仙全无。（蓬六［耍孩儿］P.2716）

路盛蒲三本"着"皆断前，且脱"劝"字。

按：此曲末句是七字"3—4"式。"着"断前则变成六字，违律。脱"劝"字句子不通。

36. 昨日送文萧到终南山上回来撞着他。（蓬六·P.2717）

"他"路盛蒲三本皆作"我"。

按：这句话的几个动作"送文萧""到终南山""回来"的施事者都是"我"。撞见桃树精（他）的也是"我"。也就是说，是"我"撞见了桃树精，而不是桃树精撞见了"我"，或者说，是"我"撞见了"他"，而不是"他"撞见了"我"。"他"字不误。换成"我"字，则主宾颠倒。

---

① 刨是"刨"的古写。

37.我要赏老柳仙一席,就教他同饮。(蓬七·P.2722)

"饮"路盛蒲三本皆作"饭"。

按:"同饮"指共同饮酒,"同饭"不词。"饭"显系"饮"之形误。

38.眼前见瀛洲十岛,叫人把名利全忘。(蓬七[耍孩儿]P.2722)

路盛蒲三本皆脱"见"字。

按:这是[耍孩儿]的第七句。按律此句是七字"3—4"式。脱"见"字则变成六字句,违律。

(六)《俊夜叉》《穷汉词》《快曲》校议

《俊夜叉》《穷汉词》用蒲松龄纪念馆藏抄本校路盛蒲三本,《快曲》路盛蒲三本互校。

1.籴米买柴送到家。(俊[耍孩儿]P.2726)

"籴"路盛二本如字,蒲本作"粜"。

按:"籴"字是。本段唱词第三句"锅里正等米来下"可征[1]。

2.你看乜南庄北院,那有你这样丈夫?(俊[耍孩儿]P.2727)

前句"你看乜南庄北院"路蒲二本均作"南庄北院"。

按:此句按律是七字"3—4"式,抄本不误。路蒲二本为四字句,不能构成"3—4"式,违律。

3.酒肉捣着心欢喜,一时没了就使作。(俊[耍孩儿]P.2728)

"使作"路盛二本作"是发作",蒲本作"发作"。

按:"使作"是个方言词,在这里指做出生气的动作[2]。路盛

---

[1] 第五段唱词两处"籴"字蒲本亦作"粜"字,亦误。
[2] 参见拙著《山东方言词典》第384页。

二本作"是发作",蒲本作"发作",皆失方言特色。

4. 昂赃气儿受不过。(俊[耍孩儿]P.2728)

"儿"路蒲二本作"死"。

按:"昂赃气儿"就是"昂赃气","儿"是个词尾,在这里读成独立音节,成为七字句,意思是说宗大官对老婆给的昂赃气感到难以忍受。路蒲二本易"儿"为"死",则无论读成"昂赃气死",还是读成"死受不过",皆语意不通。

5. 看着你没什仗势,倒不如死了干净。(俊[耍孩儿]P.2729)

后句路盛蒲三本均作"不如死了干净"。

按:此句按律是七字"3—4"式。路盛蒲三本脱"倒"字使成六字句,不能构成"3—4"式。

6. 钗环都是我输了,捱些菜瓜也应当。(俊[耍孩儿]P.2730)

前句盛本如字,路蒲二本均脱。

按:此曲共八句,路蒲二本脱第四句,全曲就只剩七句,违律。

7. 我一时爆燎性,你也骂的尽够了。(俊[耍孩儿]P.2731)

第一句路盛蒲三本均如字。

按:此句按律是七字句"4—3"式。抄本与路盛蒲三本均为六字句,显然违律。"我"字前疑脱一"是"字。

8. 他也不怕亲朋怪。(俊[耍孩儿]P.2732)

路蒲二本均作"也不怕亲朋怪"。

按:此句按律是七字句"4—3"式。路蒲二本作六字句,不能构成"4—3"式。①

9. 打头的好营生,引好人跳枯井,输赢的都叫他净打净。(俊[耍孩儿]P.2732)

---

① 盛本作"哪里顾的亲朋怪",句式亦合。

路盛蒲三本均脱"都"字,而且蒲本还把"输赢的"释作"输得"。

按:要想正确理解这第三句话的意思,首先要说清第一句之"打头的"是干什么的。过去农村设赌场,把赌场的主人称作"打头的"。每一轮赌后,打头的都要按输赢钱的比例抽取一定的费用,这种费用被称作"头钱儿",也有不按钱数比例,只按赌的次数抽取的。赌的人次越多,他抽的越多。假如第一轮甲输给了乙,便由乙来交付费用,第二轮乙输给了甲,便由甲来支付费用。不难看出,这甲乙是在轮流向打头的付钱。时间一长,不管是输的,还是赢的,都把钱付给了打头的,都弄了个"净打净"。至此,这第三句的意思就非常明显了,是在说"打头的"把输的、赢的都弄得身无分文。可见此句既不可无"都"字,也不可把"输赢的"解释成"输得"。

10.①今日你也怨不的,从今成人彖不的,再不成人劝不的。(《俊夜叉》[淄口令打叉] P.2732)

②他进学何曾彖他进,不彖进他就作秀才。不彖中焉知不作举人?(《磨难曲》十九[耍孩儿] P.3064)

"彖"抄本鸿本如字,路盛蒲三本皆作"猜"。

按:~音[tʻuanº],义为断定,《广韵》通贯切,《集韵·换韵》:"~,《易》断卦辞。"《易·乾》:"~曰,大哉乾元。"孔颖达疏:"夫子所作~辞,统论一卦之义,或说其卦之德……按褚氏、庄氏并云:~,断也,断定一卦之义,所以名为~也。"作"猜"字音义与文皆不合。例①的[淄口令打叉]押的是"寒桓"韵去声,韵脚在每句的倒数第三字上。~与"怨""劝"押韵,合律,而"猜"字不能押韵,也不合律。

11.若是他执迷不悟,到如今两手攀肩。(俊[耍孩儿] P.2733)

"他"字路盛蒲三本皆脱。

按：此句按律是七字句"3—4"式。路盛蒲三本均作六字句，不能构成"3—4"式。

12. 大年初一，将三炷名香，三盏清茶，磕了一万个响头，就把财神爷爷来祝讚祝讚。（穷[①]·P.2737）

"将三"路盛蒲三本作"烧"。

按："三炷"与"三盏"对举，"名香"与"清茶"对举，显然用的是对偶句式。改用"烧"字，一则将"三炷"变成了一炷，不成对偶，二则因"三盏清茶"不能作为"烧"的宾语，而变得没有着落。

13. 我亟待仰攀你，怎么再不肯和我见面？（穷·P.2737）

"仰攀"路盛蒲三本作"扬誉扬誉"。

按："仰攀"是"巴结"的意思，作者穷甚，想巴结财神也是情理中事。为了巴结，就想和财神见见面，但财神却不肯见面，于是通篇充满了对财神又期待又埋怨的情绪，没看出对财神有扬誉的意思。而且既要扬誉财神，去扬誉就是了，又何必要苦苦要和财神见面？"仰攀"是。

14. 捞着你亲亲的，捞不着你窘窘的。（穷·P.2737）

"捞着你"路盛蒲三本作"捞着你着"。

按："你"后之"着"字衍。下一句"你"后无"着"字，可征。

15. 丢了仨，撂了俩，穷杀狗头还该打。（穷·P.2737）

"头"路盛蒲三本皆脱。

按：用"狗头"喻人、骂人更普遍一些，直接用"狗"喻人、骂人也说得通。

[①] "穷"指篇名《穷汉词》，下同。

16. 是怎么㾮花钱的自是有钱？（穷·P.2738）

路盛二本如是。蒲本作"是怎么㾮花钱？自是有钱？"

按：此句本是作者对那些胡乱花钱的人反而有钱，不枉费分文的人反而没钱这种现象的质问。蒲本中间断开，而且删去"的"字，反而不通。

17. 是几两，是几件，或是字或是漫。（穷·P.2738）

"漫"路盛蒲三本皆作"幕"。

按：从押韵规律看，此句应是入韵的，"漫"与上句的"件"和下句的"串"都押韵，合律。"幕"不押韵，违律。而且铜钱的两面分别称作"字""漫"，不称作"字""幕"。

18. 烧不死顺江边,烧不死必然齐逃窜。（快①—[黄莺儿]P.2747）

第二个"烧不死"盛本如字，路蒲二本脱。

按：按律此句应是七字。脱"烧不死"三字则成五字，违律。

19. 我听着军师调遣，到这里叫人难猜。（快一[耍孩儿]P.2747）

蒲本如是。路盛二本"遣"后不断，"里"后断。

按：按律这两句都是七字"3—4"式。"里"后断句，前后两句都不是七字"3—4"式，违律。

20. 论兵法无正规，那敌人看是谁？（快一[耍孩儿]P.2747）

蒲本如是，路盛二本"谁"后衍"来"。

按：此曲押的是"灰堆"韵，"谁"字押韵，合律。"来"字不押韵，衍"来"字则违律。

21. 不日间两国到了手，这老瞒快乐非常。（快二[耍孩儿]P.2749）

"老瞒"盛本如字，路蒲二本作"境"。

---

① "快"指篇名《快曲》，下同。

按：按律此句是七字"3—4"式，把"老瞒"改成"境"则成了六字，违律。

22. 若是会的，着这里安下一队人马，不罢了咱么？（快二·P.2750）

"着"路盛蒲三本皆断前，径改。

按："着"是个使令动词，"着"在这里是"令"的意思。断前则句子不通。

23. 颜良文丑把头枭，那时已把恩情报。（快二[皂罗袍]P.2754）

蒲本如是，"那"字盛本作"报"，"那时已"路本重复。

按："那"改作"报"语意不顺。"那时已"重复使用也没必要。

（七）《禳妒咒》校议

此篇用山东省图书馆藏抄本校路盛蒲三本，格式同前。

1. 到了跟前一看，那王喘气已是不喘气了。（禳①一·P.2767）

"一"路盛蒲三本皆作"看了"。

按：大伙儿认为王喘气本是一条不怕老婆的好汉，结果被老婆吓死，十分吃惊。"一"字更能表示大伙吃惊的心情。

2. 这里大家正吃着酒，看见女兵到了，慌极。（禳一·P.2767）

路盛蒲三本"着"字后有"血"字。

按：淄川人在结盟时没有饮血酒的习惯，而且前文也没饮血酒的交待。存疑。

3. 这一日吃着那白酒说："若有一个遭难，大家一齐上前。"（禳一·P.2767）

"白"路盛蒲三本作"血"。

---

① "禳"指篇名《禳妒咒》，下同。

按：疑"血"为"白"之形误所致。存疑。（参见前条）

4. 大家约了一道怕老婆会，都不敢做会首。（襄一·P.2767）

"首"路盛蒲三本皆作"头"。

按：民间组织的各种会社负责人只称"会首"，不称"会头"。（按：下文两处"会头"亦应作如是校。）

5. 大家一起登门，把先父请去。（襄一·P.2767）

"登"路盛蒲三本皆作"到"。

按：既然专门来请会首，当然应说"登门"，以示敬重。

6. 唯独这娘子起了火，没处藏没处躲。（襄一［山坡羊］P.2768）

路盛蒲三本"子"后皆衍"人"字。

按："娘子人"不词。

7. 本等是家小人家，千头百脑难招架。（襄一［山坡羊］P.2768）

"脑"路盛蒲三本皆作"穗"。

按："头"和"脑"并举都表示头绪。"千穗"则表意不明。

8. 枣面蒸成窝窝头，嫩鸡鲜鱼剁成鲊。（襄二［山坡羊］P.2768）

这两句路本脱。"鲊"盛蒲二本作"炸"。

按："鲊"指碎肉，此句是说把鸡鱼剁成碎肉。"剁成炸"不成话。

9. 鞭子手软不能摔，烂了棒槌折了拐。（襄一［山坡羊］P.2769）

"摔"路蒲二本作"撺"，盛本作"牵"。

按：此曲押"皆来"韵。"摔"押韵，合律。"撺""牵"不押韵，违律。

10. 叫江城女孩，叫江城女孩，步步走来，在后边谁相待。（襄三［香柳娘］P.2776）

路盛蒲三本"来"后不断，"边"后断。

按：此曲押"皆来"韵，"来"押韵，"来"后需断。"边"

不押韵,且此曲第三句是四字格,"来"后不断则成七字,违律。

11. 我那儿心志高,十三岁望进学,跟他叔叔去进道。(禳四[耍孩儿]P.2778)

"道"路盛蒲三本皆作"场"。

按:此曲押"萧豪"韵,按律此句押去声韵。"道"是去声字,押韵,合律。"场"一则不押韵,二则不读去声,违律。

12. 使银钱他把好缺也么挑,当日文章未必高。(禳四[银纽丝]P.2779)

"他"路盛蒲三本作"也"。

按:"他"在这里显然是指的学道,换成"也"字则不顺。

13. 人物不好不成对,没有根基也昂赃。(禳五[耍孩儿]P.2781)

"基"路盛蒲三本皆作"茎","昂赃"路盛蒲三本皆作"赃囊"。

按:一个家庭的根基包括祖辈父辈的出身、事业、家庭经济状况、地望等多种因素,不光是穷富问题。"基"字是。"昂赃"和"赃囊"皆通。

14. 有个闺女,有个闺女,模样手足远近没。(禳五[呀呀油]P.2782)

"远近没"路盛蒲三本作"一件无差"。

按:此曲押"虞模"韵,按律此句入韵。"没"字押韵,合律。"差"字不押韵,违律。

15. 一件亲事说不成,倒走的俺这腿儿细。(禳五[呀呀油]P.2782)

"说不"他本作"没既"。

按:"亲事说不成"通顺,"亲事没既成"不通顺。

16. 夫人说:"哈哈,你仔说他小,隔着十来里多路他又咱打

听了来哩。"（襄五·P.2785）

"咱"路盛蒲三本作"先"。

按："又咱"是"已经"的意思，是个方言词。"又先"虽通，失去了方言特色。

17. 罢呀！爹娘面前也不害羞了，我就实说了罢。（襄六·P.2786）

"不害羞了"路盛二本作"害不羞的"，蒲本作"害不的羞"。

按："害不羞的"固然不成话，"害不的羞"亦与文意不合，爹娘面前是可以害羞的。长命只是为了自己的婚事才鼓起勇气不害羞的。

18. 夫人哈哈大笑说："这就奇了。"（襄六·P.2787）

"夫人哈哈大笑说"路盛蒲三本作"把夫人笑极了，哈哈"。

按："把夫人笑极了"欠通。

19. 轿马直到大街前，转过一湾又一湾，不久看见元帝庙，门前士女闹如山。闹如山，卷起帘，下轿登门瞻圣颜。（襄七［倒板浆］P.2789）

路盛蒲三本脱"又一湾"，"庙"后不断，"前"后断，第二个"闹"字前衍"士女"，"帘"后不断，"轿"后断。

按：此曲牌格律是"7平，7平，7（仄）7平。‖3重，3平，7平"。抄本与之正合。第二句脱"又一湾"则成四字，"庙"后不断"前"后断，一则使第三句收平声，二则使第四句变成五字。衍"士女"则使第五句成为"5重"，"帘"不断一则使六七两句字数违律，二则"轿"字不押韵，也违律。因为此曲押的是"寒山"韵，"帘"字才押韵。

20. 那樊子正虽穷，也不是市井无赖。（襄七·P.2789）

"不是"路盛蒲三本作"比不的"。

按："比不的"是说明二者有相似之处，但又有许多不同。根据樊子正的为人，这一说法显然不当。用"不是"二字直接否定才符合文意。

21. 小小金莲只半揸，只半揸。活菩萨，真叫男儿要爱煞。（禳七［倒板浆］P.2790）

路盛蒲三本脱"活菩萨"。

按：按律此曲后两句是"3平，7平"。脱"活菩萨"则违律。

22. 不用你提筐剜菜只要你贤。（禳八［西调］P.2795）

"提筐剜菜"路盛蒲三本皆作"挟筐"。

按："提筐剜菜"表示受穷，比"挟筐"意思明确。

23. 有俩钱就撑他娘那棍。（禳九［耍孩儿］P.2799）

"俩"路盛蒲三本作"两"。

按："俩"是"两个"的意思，说"俩钱"可以，说"两钱"则不可以。

24. 江城怒将夫人推倒，又拉着太公衣领。（禳十·P.2803）

"倒"字路盛蒲三本皆脱。

按：此句作为叙述句，无"倒"字句意则不完整。而且下文有"公子忙将爹娘扶起"句，可知"倒"字缺少不得。

25. 俺家的儿郎没点汉子星，济着你吵骂自宿到天明。（禳十一［闹五更］P.2803）

"的"路盛蒲三本皆作"你"。

按：结构助词"的"在这里表明"儿郎"的归属，当然属于"俺家"，不属于"你"。作"你"字，悖于伦俚。

26. 千伶俐百样娇，怎么性儿那样乔，这般凶恶谁能料？（禳十一［耍孩儿］P.2804）

"乔""料"路盛蒲三本皆作"娇""招"。

按："乔"是形容江城性情乖僻的。"娇"是用来夸讲江城美貌的，"娇"用在"性子"后面当然不妥。按律此曲末句是押去声韵的，"料"读去声，合律；"招"读平声，违律。

27. 八月露零，新月昏昏愁里生。（禳十一[叠断桥] P.2806）

"零"路盛蒲三本作"寒"。

按：此曲押的是"耕青"韵，按律首句入韵，"零"字押韵，合律；"寒"字不押韵，违律。

28. 离别一年，府仰后儆岁月迁。（禳十一[叠断桥] P.2807）

后一句路盛蒲三本皆作"嘱咐你从今岁月还"。

按："从今岁月还"语意不通。

29. 把小女再收回，磕响头一千个。（禳十一[呀呀油] P.2808）

"千"路盛蒲三本皆作"个"。

按："一千个"是夸张的说法，表达无限感激的心情。改成"一个个"则显得平淡无味。

30. 夫人说："这也还未定如何？"（禳十三·P.2813）

"定"字路盛二本脱，蒲本作"知"。

按："未定如何"是指江城两口关系发展情况吉凶未卜。脱"定"字则句子表意不明。

31. 那江城又会扭作，那俩眼儿溜笃笃，皮狐子变了个江米人，就是个引汉子的老妖精，弄的小哥哥一场相思，几乎害杀。（禳十三·P.2813）

路盛蒲三本皆作"那江城又会扭作了两眼儿，渔妈妈的皮狐子，变了个江米人，就是个引汉子的老妖精，弄的俺小哥哥一相思几乎害杀"。

按："扭作"是对人的姿态而言，不是对"两眼儿"而言。"溜笃笃"是指眼珠转得灵活，说成"渔妈妈"就不通了。变换人形乃是所有皮狐子的一贯伎俩，为什么非要说成渔妈妈的呢？"一场相思"是名词性短语,做"害"的宾语,文通字顺,而"一相思"则是个谓词性的短语,做"害"的宾语就不通顺了。

32. 替板的长了一腚疥疮,没人打就痒痒。(襄十三·P.2814)

"疥"路盛蒲三本皆脱。"长了"路本脱。

按:腚上长疮,走路也疼,坐着也疼。哪有还需要人打的道理?但如果长了疥疮,情况可就大不相同了。疥癣虫一进攻,长疥疮的人痒得受不了,抓之不及,真想用板子打几下。所以必须长了疥疮才有这种感觉。

33. 把心捶,我生平作了什么非?(襄十三[银纽丝]P.2815)

"平"路盛蒲三本皆脱。

按:"生平"指人的一生,脱"平"字,"我生"则语意不通。

34. 请姐夫休怕他,犯着你手着实捶。(襄十三[耍孩儿]P.2816)

"休怕他"盛本作"你休怕","捶"盛本作"排"。

按:此曲押的是"家麻"韵,按律第一、第二两句应押平声韵,"他"和"捶"都读平声,而且押韵,合律。"怕"读去声,"排"不押韵,皆违律。

35. 今日看来真畜类,知道那羞耻是什么?这样东西要他咋?(襄十三[耍孩儿]P.2816)

"今日"路盛蒲三本皆脱,"咋"作"煞"。

按:按律第一句为七字,脱"今日"则成五字,违律。"咋"是"做啥"的意思,改作"煞",语意不通。

36. 这就该碎尸万断,还着那狼拖狗㘔。(襄十三[耍孩儿]P.2816)

盛本作"碎尸万段还着那狼卸尾巴"。蒲本脱。

按:按律这两句为七字"3—4"式,抄本合律。盛本的改动不但违律,连意思也不通了。蒲本脱漏,成了残段。

37. 是怎么这半年来,好像到了女人国里?(襄十四·P.2819)

"半"路盛蒲三本作"年"。

按:"这年年来"不成话。

38. 从来口念说风流,那过板话儿不曾哈。(襄十四[刮地风]P.2820)

"话"路盛蒲三本作"活"。

按:"过板话儿"指"过头的话儿"。"过板活儿"则不成话。疑"活""话"的形误。

39. 李婆子咬着指头,扯着长声说:"噫!夏里的皮袄不收拾。"(襄十六·P.2820)

"扯"路盛蒲三本皆作"扎"。

按:"长声"只能是扯出来的,不是扎出来的。

40. 任拘俺家里收拾着几个汉子,他也不敢哼着俺。(襄十六·P.2826)

前句路盛蒲三本作"枉勾家里梦见俩汉子",后句"哼"作"惊"。

按:"枉勾……"句不成话,满城梦见没梦见汉子,她丈夫也不知道,无所谓敢不敢惊动她。再说,梦见汉子也不是女人夸妒值得夸耀的。疑"枉勾"为"任拘"形误。

41. 峡山有个呆瓜,呆瓜家中有个夜叉。(襄十七·P.2829)

"山"各本如字。

按:故事发生在峡江县,"山"当为"江"之形误。

42. 我正寻思把这行头替给你罢。(襄十七·P.2829)

路盛蒲三本皆作"我正寻你,思把这行头替给把"。

按:三本将"你"的位置由"给"后移至"寻"后,造成了句子不通。

43. 他可这么消撇人,说的俺就不像个人了。(襄十七·P.2831)

"不"字路盛蒲三本皆脱。

按："诮撇"是说人坏话，贬人品格的意思，脱"不"字则不合文意。

44.心上痒何处抓寻，没操守就入了迷魂阵。（禳二十［罗江怨］P.2839）

"守"字路盛蒲三本皆脱。

按：脱"守"字则句子不通。

45.羞杀人嘎脸还把亲朋见。（禳二十一［还乡韵］P.2844）

"脸"路盛蒲三本皆脱。

按：脱"脸"字则句子不通。

46.又打上公婆不喜的媳妇儿，这算什么客数儿？（禳二十四［哭笑山坡羊］P.2853）

"上"路盛蒲三本皆脱。

按："打上"在这里是"加上"的意思。脱"上"字则句义发生变化，与上下文意不符。

47.放着自在不自在，又寻蚰蜒钻耳朵。（禳二十六［耍孩儿］P.2858）

"蚰蜒"蒲本如字，路本作"蜒蚰"，盛本作"蜒蚰"，"钻"路盛蒲三本皆作"磋"。

按："蚰蜒"在淄川似乎没有"蜒蚰""蜒蚰"之称，易"钻"为"磋"与蚰蜒动作不符。

48.顺口谈文尽着俺烹，见人说嘴又墩腚。（禳二十六［耍孩儿］P.2858）

"腚"路盛蒲三本作"腔"。

按："墩腚"是个方言词，常与"栽脸"连用，表示丢脸的意思，俗云"蚧蛤蟆过门坎儿，又墩腚又栽脸儿"就是说的这个意思。

改作"腔"字，一则意思不明，二则也不押韵。此曲押"耕青"韵，"腚"押韵，合律；"腔"不押韵，违律。

49. 若是强，赢几个钱来买梳妆。（襄二十六［满调］P.2859）

"个"路盛蒲三本皆脱。

按："几"和"钱"之间必须有量词"个"，否则不通。

50. 骂一声强人胆就大起天，时时对我摔你那春元。（襄二十六［虾蟆歌］P.2860）

"元"路本如字，盛蒲二本作"香"。

按：此曲收"寒桓"韵，按律此句入韵。"元"押韵，合律；"香"不押韵，违律。

51. 夜已是三更，俺且在檐下打个盹罢。（襄二十七·P.2863）

路盛蒲三本"打"后皆衍"了"字。

按："且打个盹罢"表示将要去打盹，"盹"后衍"了"字则文意不通。

52. 娶了一个媳妇倒躲的远远的，好几日不见个影儿。（襄二十七·P.2864）

路盛蒲三本"好"前衍"整"。

按："好几日"是个约数，"整"后面不能用约数。

53. 爹娘听我诉一遍，俺如今懊悔从前。（襄二十七［还乡愿］P.2865）

"诉"路盛蒲三本皆作"读"。

按：江城被点化觉悟之后，想把自己懊悔的心情告诉爹娘，"诉"字不误。换成"读"字则不通。

54. 我儿你怎么大变了？（襄二十七·P.2865）

路盛蒲三本皆作"我儿不，你就变化了"。

按："我儿不"不成话。

55. 只望人再休提起，把前情一笔全勾。（襄二十八［耍孩儿］P.2866）

"人"字路盛蒲三本皆脱。

按：按律此句为七字"3—4"式。脱"人"字则变成六字，违律。

56. 买老婆要大钱，只怕他叼的无边岸。（襄二十九［耍孩儿］P.2870）

"岸"路盛蒲三本皆作"没沿"。

按：按律此句为七字"4—3"式，把"岸"改成"没沿"，便不能构成"4—3"式。

57. 待霎儿进门相见，我看他怎么安排？（襄二十九［耍孩儿］P.2870）

"他"路盛蒲三本皆脱。

按：按律此句为七字"3—4"式，脱"他"字则为六字句，违律。

58. 流落烟花四五年，今日这边明日那边。（襄二十九［鸳鸯锦］P.2871）

"落"路盛蒲三本作"溜"。

按："流溜烟花"不成话。

59. 还有破衣和旧鞋，我去和他拾成块。这到那路又不远，请奶奶就把人差。（襄二十九［耍孩儿］P.2872）

"破"路盛蒲三本皆作"旧"，"旧"路盛蒲三本皆作"破"，"这到那路又不远"路盛蒲三本皆作"这倒不甚远"。

按：抄本以"破"饰"衣"，以"旧"饰"鞋"，用心良苦，三本以"旧"饰"衣"，以"破"饰"鞋"，有失避忌。按律此曲末句为七字"3—4"式，三本改成"这倒不甚远"则为五字句，违律。

60. 选官。（襄三十·章回名称·P.2873）

路盛蒲三本皆作"馆选"。

按：根据此回写的内容，"选官"是。

61. 望着我亲亲热热，我和他前世有因。（禳二十九［耍孩儿］P.2873）

"我"字路盛蒲三本皆脱。

按：按律此句是七字"3—4"式，脱"我"字则成六字，违律。

62. 我儿既然望他好，我也爱他不张狂。（禳三十［耍孩儿］P.2874）

第二个"我"字路盛蒲三本皆脱。

按：按律此曲第七句是七字"4—3"式，脱"我"字则成六字，违律。

63. 不知何处把头埋，舍给了一个贤令爱。（禳三十［耍孩儿］P.2875）

"给了"路盛蒲三本皆脱。

按：按律此句为七字"4—3"式，脱"给了"则成六字，违律。

64. 咱若要见他成人，夫人呀，都得活到八十五。（禳三十一［劈破玉］P.2877）

路盛蒲三本皆作"若能再见孩儿的成人，贤妻呀，我和你准有好日过"。

按：此曲押的是"鱼模"韵，按律末句入韵。"五"押韵，合律；"过"不押韵，违律。且"好日过"也不成话。

65. 一年没见，越发娇艳。（禳三十一［桂枝香］P.2877）

路盛蒲三本皆作"一年没见容颜"。

按：此曲押"寒桓"韵，按律第一、第二两句皆为四字，而且押去声韵。换作"一年没见容颜"既少了一句，第一句又变成了押平声韵，违律。

66. 再贺贺新郎，劝郎把胸怀开放。（禳三十一［桂枝香］P.2877）

前句路盛蒲三本皆作"再贺亲新郎"。

按："新郎"无所谓亲疏，"亲新郎"不成话。

67. 叫君喜欢喜欢到天光。（禳三十一［桂枝香］P.2877）

"光"路盛蒲三本皆作"亮"。

按：按律此句收平声韵，"光"读平声，合律；"亮"读去声，违律。

68. 千里来到，夫妻欢笑。（禳三十一［桂枝香］P.2877）

"笑"路盛蒲三本作"喜"。

按：此曲押"萧豪"韵，按律此句应入韵，"笑"押韵，合律；"喜"不押韵，违律。

69. 你也玩，他也玩，怎么要钱？（禳三十一［鸳鸯锦］P.2878）

"玩"路盛蒲三本作"须"。

按：改"玩"为"须"一则语意不明，二则此曲押"寒桓"韵，"须"字不入韵。下文有"从来是两家子玩了还都得要钱"语，可证"玩"字不误。

70. 丫头唱："一和谐……"（禳三十一［十和谐］P.2878）

"谐"路盛蒲三本皆作"解"。

按："和谐"与"和解"词义不同，根据唱词内容看，"和谐"是。

71. 你看他天生造化，把悍妇变成了贤妻。（禳三十二［耍孩儿］P.2881）

"他"路盛蒲三本皆脱。

按：按律此句是七字"3—4"式，脱"他"字则成六字，违律。

72. 只待到灵霄殿上，对玉帝诉诉这奇冤。（禳三十二［耍孩儿］P.2881）

路盛蒲三本皆脱"到"，"上"后不断，"帝"后断。

按：按律这两句都是七字"3—4"式，三本断句违律。

307

73.一双铃,把岁增,活到一百有余零。(禳三十二[倒板浆]P.2882)

路盛蒲三本"活"前衍"寿"字。

按:增一"寿"字显得拖沓。

74.太公云:"既蒙仙长下降,那有不饮几杯便行的?"(禳三十二·P.2883)

"的"字路盛蒲三本皆作"得"。

按:"得"在淄川方言里不做助词,做助词的是"的"。

75.子雅云:"从此我不求功名了,只等令郎便了。"(禳三十二·P.2884)

"郎"后路盛蒲三本皆衍"罢"。

按:"罢"与"便了"在这里都是语气词,连用则重复。

76.公郎十六,我四十三,也还康健。做的翰林院。(禳三十二[皂罗袍]P.2884)

路盛蒲三本皆作"公子同四十三,也还康强做的翰林院"。

按:按律此曲末四句的格式是"4(仄),4平,4(平),5去",三本断成两句,音义皆失。

77.叫一声我的兰芳,你不止人物强。(禳三十三[耍孩儿]P.2885)

"强"路盛蒲三本皆作"在行"。

按:"强"在这里指长相好。换成"在行"则不成话。

78.闲了还把我夫人帮,五十两买他那一样,这总管你用心去做,赏你件梭布衣裳。(禳三十三[耍孩儿]P.2885)

"用"字前的文字路盛蒲三本皆脱。

按:按律此曲八句,脱漏之后则只剩了五句半,违律。

79.怕他传我的笔迹,教他写下,再将原稿交回来。(禳

三十三·P.2885）

"传""交"路盛蒲三本皆作"待""变"。

按："传"在这里是模仿的意思，换成"待"字则不成话。"变回来"亦不通，"变"显系"交"字形误。

80.赏你个总管工价，每一年百石工粮。（襄三十三［耍孩儿］P.2885）

"工"路盛蒲三本皆作"上"。

按："工粮"指工俸，"上粮"则不词。疑"上"为"工"字形误。

81.我以后又拨麦豆。（襄三十二［耍孩儿］P.2886）

路盛蒲三本皆作"那一天又拨"。

按：按律此句是七字"3—4"式，作五字则违律。

82.才到楼下，陈设才罢。（襄三十三［桂枝香］P.2886）

路盛蒲三本皆脱"下"字，且中间不断。

按：按律此曲头一、二句都是四字式，而且入韵。脱"下"字而且中间不断，便成了一个七字句，违律。

83.前日在京里，人家送了几件古董玩器。（襄三十三·P.2886）

"前日"路盛蒲三本皆作"昨前"。

按："昨前"是指什么时间，不明确。

84.不必珍馐常到口，一碗清水也逍遥。（襄三十三［桂枝香］P.2887）

"一"路盛蒲三本皆作"只"。

按："一碗"要比"只碗"通顺。

85.俺这里肴烹鲜鲤，酒暖葡萄。（襄三十三［四朝元］P.2887）

"肴"路盛蒲三本作"杀"。

按："肴"与"酒"相对，喝的是葡萄酒，吃的是鲤鱼肴。抄本不误。疑"杀"为"肴"之形误。

86. 锦堂佳宴，寿酒献尊前，俺这里深深下拜，尽了这诚心一点。（禳三十三［四朝元］P.2888）

"尊""拜"路盛蒲三本皆作"高""身"。

按："高前""下身"用在此处皆不成话。

87. 真真是八抬黄伞，从头儿摆与爹娘看。（禳三十三［四朝元］P.2888）

"与"路盛蒲三本皆脱。

按：有"与"字才通顺。

88. 公子说："您三个在那一席，我在这里好事奉爹娘。"（禳三十三·P.2888）

路盛蒲三本皆作"你三个在坐一席，我在一席上好伺候爹娘"。

按：在山东方言里"您"可指多数，所以后面可以连接"三个"，换成"你"字就不可了。把"这里"换成"一席"与上句的"一席"重复，而"我"和"您三个"显然是不坐一席的。

89. 一碗几百千，小人家何曾捞着见。（禳三十三［黄莺儿］P.2888）

"捞"路盛蒲三本皆作"来"。

按："捞着"比"来着"通顺。"来着"似乎不词。

90. 一齐上京华，团圆百事佳。（禳三十三［黄莺儿］P.2888）

"京华"路盛蒲三本皆作"家室"。

按：此曲押"家麻"韵，按律此句应入韵，"华"字押韵，合律。"室"字不押韵，违律。且"家室"与文意也不符。

（八）《富贵神仙》校议

此篇据山东大学图书馆藏抄本校路盛蒲三本，格式同前。

1. 愿得那小蓑蓑山儿似的一堆元宝。（富①一[山坡羊]P.2892）

"堆"路盛蒲三本均作"座"。

按：元宝可以论"堆"，不可以论"座"。

2. 福星寿老下尘寰。（富一[柳腔]②P.2892）

前句路盛二本作"福禄二星增的全"，盛本作"福禄二星落尘寰"。

按：这句话主要差别在是"福禄"还是"福寿"上，其他差别虽然也有，但都表现在对同义语词的不同选择上。从该篇整体内容来看，第一回是整个故事的缩影，第一回的内容能够从后面描述的故事具体情节得到验证。所以是"福寿"还是"福禄"的问题能从后面第十四回的内容得到解答。第十四回[桂枝香]第十段唱词有两句是"寿山不远，福海无涛"，其下[香柳娘]第一段唱词有两句是"敢拜求众仙，增福增寿"。这些地方各个版本完全相同。既然张鸿渐他们追求的是"增福增寿"，当然是要福星与寿星"下尘寰"的，怎么会叫禄星到尘寰来呢？可见"寿"字不误。

3. 三更吃的醺醺醉，美人扶到象牙边。（富一[柳腔]P.2893）

"三更"路盛蒲三本均作"三杯酒"。

按：从下面的故事情节来看，张鸿渐三杯酒还不至于"吃的醺醺醉"。第十三回有如下的描写：

太爷说："吾兄就有此志向，小弟也可帮助。咱暂且吃酒罢。"

盼咐："看酒来。"

太爷说："看酒来，咱作一个合家之乐。"

不一时，掌上灯来。

老太爷说："你看他舞艺虽然不多，果然舞的好。再看酒来。"

---

① "富"指篇名《富贵神仙》，下同。
② 牌"柳腔"，路盛蒲三本无此曲牌。这段唱词排在"山坡羊"之后。

老太爷起来说:"醉了。……"太太说:"玉兰、瑞香,扶持您老太爷房中去罢。"

可以看出,这些场面都是连续发生的。张鸿渐连续三次盼咐"看酒来",一直饮到深夜方醉,然后由丫环扶持休息。这些描写简直就是对前面那两句话的详细注解。可见"三更"不误。

4.但得他成人长大,好看守祖宗茔坟。(富二[耍孩儿]P.2897)

前句路盛蒲三本均作"只是成人长大"。

按:按律此句是七字"3—4"式。路盛蒲三本作六字句,不能构成"3—4"式。

5.仲起出来忙答应,说他山西去探亲。(富二[耍孩儿]P.2897)

"仲起"路蒲两本作"娘子"。

按:有两条理由可证"仲起"不误。第一,书香门第面对官府差人上门捉人时,一般都是由男性出门应付。第二,从下面的叙述可以看出,是方仲起而不是方娘子与差人周旋。当差人要去家中搜人时,是"方二相公冷笑了一声说道:'既待翻翻,请翻'"。当差人二番来捉方娘子时,没有办法,方仲起才"回家叫声我妹妹"。这说明两次与差人周旋,开始都是方仲起做的。

6.低着头细把画儿画。(富二[耍孩儿]P.2897)

路盛蒲三本均作"就把主意拿"。

按:此句应押"家麻"韵的去声韵,"画"读去声,合律。而"拿"读平声,违律。《磨难曲》与抄本同。

7.那老马原是厌恶秀才,拿方氏来辱没张鸿渐。(富二·P.2899)

"厌"路盛蒲三本均作"个"。

按:老马打死范秀才,秀才们动起公呈,向院里告状,老马因而厌恶这些秀才,这才拿方氏来辱没做呈子的张鸿渐。文通字顺。路盛蒲三本易"厌"为"个",反倒欠通。因为一则老马是不是个恶秀才与辱没张鸿渐没有直接关系，二则老马现在已是知县，如果因为打死范秀才、辱没张鸿渐就被称作恶人，那也应该说成"老马是个恶知县"，不应再追溯他是个恶秀才的历史。

8. 不叫他官吏死尽，我把这俩眼全剜。（富二〔耍孩儿〕P.2899）

后句蒲本作"把我两眼双剜"。

按：按律此句是七字"3—4"式。蒲本作六字句，不能构成"3—4"式。

9. 驴呀驴呀休迷胡。（富三〔银纽丝〕P.2900）

"驴呀驴呀"路盛蒲三本均作"驴呀呀呀"。

按：一个语气词用在称谓名词之后，只能单用，不可连用三个。口语中没这种说法。

10. 叹杀咱，想起当初泪撒撒。（富三〔银纽丝〕P.2902）

"咱"路盛蒲三本均作"人"。

按：此曲押"家麻"韵，按律第三句押韵，分别与该曲之"家仨撒乏下涯他挂"相押。"咱"在这里读〔tsɑ〕，合律；而"人"字不能押韵，违律。《磨难曲》与抄本同。

11. 又着俺在外染病疴。（富三〔银纽丝〕P.2902）

"病"路盛蒲三本均作"沉"。

按："沉疴"指长久而又难治的病，而张鸿渐离家月余，只是偶感风寒，不可谓之"沉疴"。"病疴"不误。《磨难曲》与抄本同。

12. 亏了死去又重还，若是一命染黄泉，见何人，却有何人见。（富三〔银纽丝〕P.2902）

"去""若是"路盛蒲三本均作"里""几乎"。

按："死去"与"死里"意义不同。"死去"指已经死了过去，"死里"指处在丧失生命的危险境遇之中，所以"死去"要与"重还"对举，"死里"常同"逃生"连用。此处既与"重还"对举，当以"死去"为是。"若是"与"却"是一对表假设关系的连词，在这里表示假若死去，就谁也见不着了。而"几乎"则不表示这种关系。《磨难曲》与抄本同。

13. 那店主找不着驴，自家着急，满口里应承着赔驴。（富三·P.2902）

"应"路盛蒲三本均作"招"。

按："应承"是答应、认可的意思，而"招承"则专指承认罪行。店主人丢了张鸿渐的驴，答应赔驴，并不存在承认罪行的问题。

14. 服事殷勤十倍加。（富三［银纽扣］P.2903）

"加"路盛蒲三本均作"多"。

按：此曲押"家麻"韵，按律第二句入韵，分别与该曲之"哈抓花茶骂衙家架"相押。"加"字能押韵，合律；而"多"字不能押韵，违律。

15. 无处抓，供养只待用香花。（富三［银纽扣］P.2903）

"只待用香花"路盛蒲三本均作"只得用葱花"。

按：张鸿渐不让店主赔驴，店主人十分感激，于是加倍用心供养。"供养只待用香花"是形容店主人用心供养的心情的。而"葱花"一词在山东方言中，一指用作"佐料"时切成的碎葱，二指葱叶上开的花苞。前者为炒菜、做汤之一般作料，不堪用作对人表敬之物。后者既不美丽，又无香气，甚至入不得花卉之列，更谈不上以此物敬人。而前面的"只得"二字又偏偏说明不用葱花供养又别无选择。这"葱花"之用，实在滑稽。

16. 我的天哟，见观音，今把观音见。（富三［银纽扣］P.2905）

"见"路盛蒲三本均作"现"。

按：观音指舜华是无疑的。在这里"见"是"看见"的意思。见的主体是张鸿渐，客体是观音，是说张鸿渐见了观音。而"现"

是"出现"的意思，"现观音"固可理解成"出现观音"，而"把观音现"这一句就很难理解成"把观音出现"了，因为"把字句"一般表示处置关系，那么是谁让观音出现的呢？很难解释。

17. 恁爹外逃，恁爹外逃，不知逃到那去了。（富四［叠断桥］P.2911）

"恁""外"路盛蒲三本作"你""在"。

按：淄川方言单数第二人称用"恁"（现在写作"您"）而不用"你"。"在逃"指犯人逃走，还没被捉住。而"外逃"则不一定指犯人逃走。方娘子当然不会把张鸿渐看作"罪犯"，所以不会用"在逃"一词。

18. 想着报仇，时时刻刻在心头。（富四［叠断桥］P.2913）

"在"路盛蒲三本均作"事"。

按："在心头"是，"事心头"不通。《磨难曲》与抄本同。

19. 奉承了大半年，只用他这一句。（富四［叠断桥］P.2914）

"这"路盛蒲三本均作"只"。

按：上文公子曾经说道："那奴才（按：指知县老马）是该砍头的。"方二爷奉承公子严世蕃，目的就是借严世蕃之手杀死知县老马，今严世蕃说出此话，当然正中方二爷下怀。"这一句"指的就是严世蕃的这句话，也是关键的一句话。其他三本易"这"为"只"，则不能指明是哪一句，意思倒不明确了。《磨难曲》与抄本同。

20. 拴起来着实打，多合少不用论。（富四［叠断桥］P.2916）

路盛二本均作"拴起来着棍，操多答少不要论。"蒲本将"操"字断前。

按：路盛二本易"打"为"操"，易"合"为"答"，又将"操"字断后，固然错得没法阅读，即使像蒲本将"操"字断后，由于"操"无"打"义，"答"无"合"义，文意也不通顺。

21. 苦苦哀怜，杀狼地动叫皇天。（富四［叠断桥］P.2916）

"杀狼"路盛蒲三本均作"狼杀"。

按：杀狼时，狼的嚎叫声其尖厉、悽惨是可以想象的，以此比喻衙役被打时的惨叫声并无不妥。路盛蒲三本易"杀狼"为"狼杀"，反觉意思欠通。抄本《磨难曲》亦作"杀狼"。

22. 老马正伺候着迎接，刑厅已是进署来了。（富四·P.2917）

"署"路盛蒲三本均作"城"。

按："署"字是，"城"字误。这可从下文的叙述得到说明："老马慌极，跑下堂来接，上去就待行礼。"如果刑厅只是进城，老马"跑下堂来接"，就接不着，更没法上去行礼。只有刑厅已进署衙，老马跑下堂来，才接得着，行得礼。

23. 在他乡哪堪又到九月天。（富五［玉娥郎］P.2918）

前句路盛蒲三本均作"哪堪在外乡人，又到九月天"。

按：不堪的是时令九月，不是外乡人。三本语句都有些欠通。

24. 家家闹元宵，走病又过桥。……可怜俺望乡关，万里遥。（富五［玉娥郎］P.2918）

"病""望乡关"路盛蒲三本均作"冰""他乡人"。

按："走病"指元宵节后第二天（即正月十六日）早晨太阳未出来之前，人们向野外奔走，如果近处有桥，就一定要从桥上走过。据说，这样可以消灾免病。北方农村多有此俗，但名称各有不同，如有的叫"走病"，有的叫"走桥"，而山东阳谷方言则叫"跑百病"。"望乡关"与"万里遥"是一种具有说明关系的主谓句，表现了张鸿渐"乡关万里"的思乡之情。而"他乡人"与"万里遥"则不具备这种说明关系，在前后搭配上似乎不如抄本允当。

25. 他二舅报了仇，老马拿去问砍头。共是衙蠹十五个，人人斩绞尽徒流。（富五［房四娘］P.2923）

此段路盛二本如字，蒲本脱。

26.方娘子甚凄惶，你从何处返故乡？（富五［房四娘］P.2923）

"何处"路盛蒲三本均作"那（哪）"。

按：按律此句为七字"4—3"式。路盛蒲三本作六字句，不能构成"4—3"式。

27.像奴家这样没心的痴人，该着他死在监里不要睬。（富六［劈破玉］P.2927）

"心"前路盛蒲三本皆衍"良"字。

按：由于舜华的恶作剧与张鸿渐的误会，使方娘子很恼火，赌气说自己是"无心人"，成了为张鸿渐而坐监的傻子，这是合乎情理的。"心"前衍"良"字，便成了方娘子骂自己"没良心"了，不合情理。《磨难曲》此处不衍"良"字。

28.我撞祸怎叫你再去出官。（富六［劈破玉］P.2929）

"再去"路盛蒲三本均作"吊出"。

按：上一次张鸿渐因代写"呈词"，致使娘子出官，这次杀死李鸭子，张鸿渐不忍再让娘子出官，故言"再去"。路盛蒲三本易"再去"为"吊出"，反而欠通。

29.方坐下端上了佳肴美味。（富六［劈破玉］P.2931）

路盛蒲三本均脱"了"字。

按：按律此句是十字"3—3—4"式。路盛蒲三本脱"了"字，则为九字，不能构成"3—3—4"式。

30.听了听谯楼上的鼓声已是三更有余。（富七［平西歌］P.2933）

路盛蒲三本均作"听了听谯楼上的鼓声咚呀咚呀的，又是一声咚咚已是三更有余"。

按：路盛蒲三本多出的部分是模拟鼓声的，但模拟得实在太离谱。鼓声怎么会是"咚呀咚呀的"呢？"咚咚"是两声鼓响，怎么能说是"一声咚咚"呢?所以把这部分看作"赘文"并无不可。

31. 春来到魂也不在,一丢丢榆钱乱开。(富七[平西歌]P.2935)
后句路盛蒲三本均作"一树树榆钱绽树外"。

按:按律此句押"皆来"韵的平声韵。"开"读平声,合律;而"外"读去声,违律。

32. 打靛的扒子吊了柄——是没把的个青头。(富七·P.2936)
"扒""青"路盛蒲三本均作"把""石"。

按:靛是做染料用的一种植物,从字形上就能够看出它是用来染青色的。"扒子"是用来打靛的工具。这种工具很像安有长柄的榔头。在打靛时,榔头自然被染成青色。这种工具掉了长柄自然就剩下一个没把的青头了。"青头",山东方言喻指莽撞率直之人,具体叫法不太一致,但取义基本是一致的。"没把"明指这种工具没有了柄,喻指干事莽撞、没有把握。同一回中"倒板浆"写到"却说用着张大青(按:指张春),一捶照样也骂一声",可进一步证明"青"字不误。路盛蒲三本易"扒"为"把",易"青"为"石",则欠通顺。试想,"把子"掉了"把"怎么就是个石头了?这石头与靛又有什么关系?都说不清楚。

33. 你只说你骂手好,我这打手也不喷。(富七[倒板浆]P.2937)
"打"路盛蒲三本均作"骂"。

按:李鸭子他妈对张鸿渐依门大骂,张春对李母拳脚相加,一个骂,一个打。显然,李母是骂手,张春是打手,上下文意甚明,"打"字不误。《磨难曲》与抄本同。

34. 一女子撑持门面,请师傅着实艰难。(富八[皂罗袍]P.2938)
"面"路盛蒲三本均作"户"。

按:此曲押"寒桓"韵,按律首句入韵,分别与该曲之"难宽念眠看"相押。"面"字能押韵,合律;而"户"字不能押韵,违律。

35. 古人十二耀皇都。（富八［皂罗袍］P.2939）

"耀"路盛蒲三本均作"辉"。

按："耀"是个动词，可以带宾语"皇都"。所谓"光宗耀祖"即是一证。而"辉"要带宾语"皇都"，就觉得非常别扭。

36. 方娘子把针线暂罢。（富八［皂罗袍］P.2941）

"罢"路盛蒲三本均作"抛"。

按：此曲押"家麻"韵，按律此句入韵，分别与该曲之"乏茶下差挂"相押。"罢"字能押韵，合律；而"抛"字不能押韵，违律。

37. 打了打尖，翻身上骡又加飞颠。（富九［呀呀油］P.2942）

"骡"路盛蒲三本均作"马"。

按：上文有两段文字是这样的：

徐员外给张鸿渐雇了一个长骡，东西洒泪而别。

路途遥远，路途遥远，快骡顿辔又加鞭。

两处都说张鸿渐骑的是骡子，怎么"打了打尖"之后就变成马了呢？还应是骡子。

38. 官人进门，背着行李往后奔。（富九［呀呀油］P.2944）

"门"路盛蒲三本均作"身"。

按：前文有"叫门"之语，后边说"进门"，文通字顺。而"进身"一语，其义倒欠明确。

39. 一个个绑起来，给他点小左道。（富九［呀呀油］P.2947）

"小左道"路盛蒲三本均作"不公道"。

按："左道"指"偏的，不正常的"，常与"旁门"连用，说成"左道旁门"，与"不公道"不是一个意思。这里所谓"小左道"指张春等人对来犯的李家一帮人所采取的非正常的整治措施，不可以"不公道"论。《磨难曲》与抄本同。

40.保正便说:"他来拿张鸿渐,你也嗔不的他。"(富九·P.2948)
"嗔"路盛蒲三本均作"把他当"。

按:由于张鸿渐是被官府捉拿的人,所以来捉拿张鸿渐,别人也就不应该为此而嗔怒。路盛蒲三本易"嗔"为"把他当",句子反倒不通。

41.奴才听,奴才听:俺和你那小畜生,不惟说没冤仇,并不识名和姓。夜三更,夜三更,爬墙到了我家中。若不是太欺心,怎么就送了命?(富九[呀呀油]P.2950)

盛本如是。路蒲二本自"夜三更"以下,皆脱。

按:此曲两叠为常,脱之则违律。

42.把人拿,外头跑了有俩萨。(富九[呀呀油]P.2951)
"有俩萨"路盛蒲三本均作"十二三"。

按:此曲押"家麻"韵,按律第二句押韵,分别与该曲之"拿下发荷嘎"相押。"萨"字是"仨"的借字,能够押韵,合律;而"三"则不能押韵,违律。

43.你说文昌爷爷不坐轿——这就骑了特来了。(富十·P.2954)
"特"路盛蒲三本均作"牛"。

按:《说文》:"特,牛父也。"按现在的说法就是公牛。这个歇后语的表面义是文昌爷骑了一头公牛来了,实际是谐"奇特"之音,其深层义则是"感到奇怪"。路盛蒲三本易"特"为"牛",则只有表面义:文昌爷骑了一头牛来了。没有深层意义。而且这表面意义也有叫人费解之处:文昌爷不坐轿,为什么不骑马来?而偏偏骑个牛来?可见"特"字不误。

44.三十多还正青春,做着太太忒也嫩。(富十[罗江怨]P.2955)
"嫩"路盛蒲三本均作"俊"。

按:这里主要是说明方娘子三十多岁,儿子就做了举人,实在太年轻了，一个"忒"字清楚地透出了这个意思。"嫩"字在这里是形容年轻的。这个意思在第十三回又一次做了表述："你说房里那些妇女们，都说'咱太太欢喜了，乜模样越发俊的娇嫩了，年纪三十四五，只像二十四五呀似的'。"路盛蒲三本易"嫩"为"俊"，有两点不妥，一是上句已说儿子"越发俊"，"俊"字入韵，此句又说方太太"忒也俊"，"俊"字也入韵。在一支曲子里连用两个相同的字押韵，是极少见的；二是女人面貌当然越俊越好，岂有"忒过"之说。而且这"忒也俊"与"做着太太"又有什么必然联系？

45. 都说道，出门必得镖枪送。（富十一〔跌落金钱〕P.2956）

"都"路盛蒲三本均作"他"。

按：小举人向他母亲回报山西社会秩序混乱，只是根据谣传，既然是谣传，当然就不是一人所说，所以用"都"字是对的。"他"指的是具体的某个人，但故事中并没有这个具体的人。

46. 入门说笑在娘前，_{母亲呀}，并不曾觉着容颜变。（富十一〔跌落金钱〕P.2957）

路盛蒲三本均作"入门说笑在娘前，_{母亲呀}，不必常将儿挂牵。_{你怎么不大欢喜呢？}并不曾觉着容颜变"。

按：按律此曲一叠四句，四叠为常，抄本合律。路盛蒲三本均衍"不必常常将儿挂牵。_{你怎么不大欢喜呢？}"这部分也正是与上文重复的部分。

47. 十一月里夜正长，滴水成冰在他乡。又想又愁又是恨，又逢长夜苦难当。（富十一〔哭皇天〕P.2959）

路蒲二本作"魂儿虽在天涯外，望向南柯梦里来"。盛本将末了三字"苦难当"改作"难苦捱"。

按：此曲押"阳唐"韵，按律第四句押韵，分别与该曲之"长乡"相押。"当"字能够押韵，合律；而"来"字与"捱"字皆不能押韵，违律。《磨难曲》与抄本同。

48. 合庵才得闻，出号慌忙立起身。（富十二［叠断桥］P.2961）

"闻"路盛蒲三本皆作"问"。

按：此曲押"真文"韵，按律首句押平声韵。"闻"读平声，合律；而"问"读去声，违律。《磨难曲》亦作"闻"。

49. 把墨研稠，把墨研稠，行行写去不抬头。第五篇又是一笔就。脱稿再搜求，六篇才完把笔投。伸伸腰再将七篇做。（富十二［平西歌］P.2963）

路盛蒲三本皆脱此段。

按：此段在"公子钻出号来"之前。从叙述的顺序来看，这一段唱词应该存在。因为上一段唱到"第五篇又有个架儿在"，紧接此段便唱到第五篇与第六篇的写作。下一段头一句唱的是第七篇的写作，又正接此段末句唱词的内容"伸伸腰再将七篇做"。如果没这段唱词，其上下两段唱词在内容上就缺乏连贯性。《磨难曲》与抄本同。

50. 太公对完，太公对完，收拾丁头并竹帘。公子在外头，替爹爹绑笔砚。毡条布帘，毡条布帘，大带捆来上了肩。说保儿莫粗心，再回去看一看。（富十二［平西歌］P.2964）

路盛蒲三本皆脱此段。

按：此段在"公子说：'不用看，没吊了嘎。'"之前。这段唱词的最后一句正接公子的一句话。如果没有这段唱，公子的这句话便无着落。可知此段唱词不可缺少。

51. 那公子飞跑回来，又跑回去，瞧了好几眼。（富十三［劈破玉］P.2968）

"又跑回去"路盛蒲三本均作"才站下挣挣的"。

按："飞跑回来"是公子从榜上看到父亲得中之后高兴地跑回

父亲跟前来，"又跑回去"是怕看不确切（家人李才因没看确切曾被他打了两鞭），又回到榜棚。"瞧了好几眼"，确实看清父亲得中之后，公子才"回见太爷"。文通字顺，并无不妥。将"又跑回去"易作"才站下挣挣的"反倒不易理解。公子和父亲已经很熟，而且知道父亲的文章比他高得多，必然得中，当他父亲得中后，他为什么还要把父亲"挣挣的瞧了好几眼"呢？

52. 家门孤，小小功名总似无。（富十三［叠断桥］P.2969）

"总"路盛蒲三本均作"不"。

按：这句话是方娘子在不知殿试结果的情况下说出的，在方娘子看来，少爷进士及第这种小小功名对振兴衰孤的家门没有什么大作用，压不住仇人，虽有若无。必须做了翰林，才能压住仇人。这是符合方娘子的思想性格的。易"总"为"不"，不但文字拗口，而且也有违于方娘子的思想性格。《磨难曲》与抄本同。

53. 方太太泪涟涟，那几年把我眼望穿。（富十三［耍孩儿］P.2971）

"眼"路盛蒲三本均作"心眼"。

按：汉语有"望穿双眼"之说，没有"望穿心眼"之说。"心"字衍。

54. 莫学傻来莫学乖，相逢只要吃三杯。（富十三［跌落金钱］P.2972）

"傻"路盛蒲三本均作"俊"。

按："乖""傻"皆人之心性，且皆可后天习得，故有学乖、学傻之说。而丑俊属于人之先天长相，岂能学而得之？

55. 一时来三位神仙，一个个宽袍大袖。（富十四［桂枝香］P.2975）

"一个个"路盛蒲三本均作"一个"。

按：按律此句为七字"3—4"式。路盛蒲三本均为六字句，不能构成"3—4"式。

56. 舜华才称谢："劳动。"（富十四·P.2975）

"劳动"路盛蒲三本均作"劳驾动了"。

按："劳动"是个敬辞，用于感谢别人给予的帮助，而"劳驾动了"则不成话。

57. 李仙赴会，彩云飘坠。（富十四［桂枝香］P.2976）

"云"，盛蒲本如字，路本作"合"。

按：铁拐李仙驾彩云赴会，可信。"彩合"未知何物。

58. 长笏国舅，铁拐李仙。（富十四［桂枝香］P.2976）

"笏"抄本作"笛"，路盛蒲三本作"袖"。

按：八仙各有自己的宝贝，曹国舅的宝贝就是他的笏板。"笛""袖"都不是曹国舅的宝贝。疑"笛""袖"都是"笏"的形误。

（九）《磨难曲》校议

此篇以上海鸿宝斋代印本（简称"鸿本"）校路盛蒲三本，格式同前。

1. 昨日比较，打了我二十五板，几乎死了。（磨[①]一·P.2981）

"几"路盛蒲三本皆作"及"。

按："几"是少许的意思，"及"是"到"的意思，"几"更合乎文意。

2. 就明知道他这等，性命要紧，怎么挨的？（磨一·P.2982）

"挨"盛本如字，路蒲二本作"样"。

按：县官要打人，就得有人挨，"挨"字是。"样"字不合文意。

---

① "磨"指篇名《磨难曲》，下同。

3. 一个说："不好不好，这像打砖的。"（磨一·P.2983）

"像打砖的"路盛蒲三本皆作"样打砖了"。

按："像打砖的"更通顺些，因为下文有"一个说，不好不好，这也像叨贫话的。"和此句照应，可征。

4. 从来不曾讨饭吃，待要不讨肚里呛。（磨一[耍孩儿]9P.2983）

第二个"讨"字路盛蒲三本皆作"吃"。

按：这里写的是一批农民被逼得商量着是否去讨饭。摆在他们面前的是讨不讨的问题，而不是吃不吃的问题。

5. 长来长去极茂盛，眼看就有尺多长。（磨一[莲花落]P.2984）

"长"三本皆作"高"。

按：这段莲花落押的"江阳"韵，"高"字不入韵，违律，"长"字入韵，合律。

6. 一窝孩子吱吱叫，老婆挖菜插粗糠。（磨一[莲花落]P.2984）

"挖"路蒲二本作"扤"，盛本作"拖"。

按：生活困苦，只好挖菜充饥。"扤""拖"皆为"挖"之形误。

7. 百姓跟着号啕痛，摇头怒喝脸郎当。（磨一[莲花落]P.2984）

"头"路本作"呋"，盛本作"咭"，蒲本作"吆"。

按："摇呋""摇咭""摇吆"皆不词。唯"摇头"合乎文意。

8. 他轿里低头麻瞪眼，合县报了几个庄。（磨一[莲花落]P.2984）

"低"蒲本如字，路盛二本作"底"。

按：为了避免老百姓隔着轿窗看见自己，县官故意把头低下去。"底"字用在这里，意思不明。

9. 这一限若是不死，只得要远走高飞。（磨二[耍孩儿]P.2986）

"要"路盛蒲三本皆脱。

按：按律此句为七字"3—4"式。脱"要"字则成六字，违律。

325

10.你若是放我回去,我只是磕头作揖。(磨二[耍孩儿]P.2986)

第一个"是"字路盛蒲三本皆脱。

按:这一句按律应为七字"3—4"式。脱"是"字则成了六字句,不能构成"3—4"式,违律。

11.欢欢喜喜过长街,不曾打死叫人抬。(磨二[倒板浆]P.2988)

"过长街"路盛蒲三本皆作"出衙门"。

按:此曲押"皆来"韵,此句属入韵句。"街"押韵,合律;"门"不押韵,违律。

12.咱且去伺候销到,也听听气色何如。(磨四[耍孩儿]P.2933)

"何如"路盛蒲三本皆作"如何"。

按:此曲押"鱼模"韵,"如"字入韵,"何"字不入韵。"如"字是。

13.上马管军下马民,腾腾杀气振乾坤。(磨四·P.2993)

"上马管军下马民"路盛蒲三本皆作"上马官军,下马管民"。

按:此句是这首七言绝句的第一句,必须是七字句,"民"前省去一个"管"字是可以的,因为"军"前面已经有了个"管"字,省略后并不影响意思的表达。如果把此句变成八字句,而且中间断开,就不是七绝了。

14.说他贪使了你多少债?(磨四[西调]P.2996)

"说"字路盛蒲三本皆作"谎"。

按:"谎"放在这里不成话。

15.您这些人结党害民,把持官衙,为首的该砍头,从党的该绞,别的充军。(磨四·P.2996)

"从"字路盛蒲三本皆作"纵"。

按:"从党"在这里指"从犯",故比"为首"的减罪一等,保留完尸。

改为"纵"字则成了纵容犯,与文意不合。

16. 牙崩不字,一马当先,营寨城池,跺一个稀糊烂。(磨五[皂罗衫]P.2998)

"牙崩不字"路盛蒲三本皆脱。

按:按律此曲末四句格式是"4(仄),4平,4(平),5去"。脱"牙崩不字"便成了三句,违律。

17. 对众发下洪誓愿,要将海河尽填平。(磨五·P.2998)

"填"路盛蒲三本皆作"奠"。

按:古有"精卫填海"之说,无"奠海"之说。

18. 只加上三千两吊,把黑白翻将过来。(磨五[要孩儿]P.2998)

"两"路盛蒲三本皆作"贰",且脱"上"字。

按:在一些固定词语中,"三"与"二"对举时用"两"不用"二",如"三局两胜""三青两黄""三三两两"等,"三千两吊"也是如此。这是用语习惯,不可随便改换。此句是[要孩儿]第七句,按律应是七字"3—4"式,脱"上"字则成了六字句,违律。

19. 张鸿渐是个好人,俺悄悄的对他说,着他也好安排。(磨六·P.3002)

路盛蒲三本"着"字皆断前。

按:"着"在这里是"使令"动词,这种用法前后文中经常见到,如下文的"方娘子说:'……你去开开那角门子,那边叫起牛二来,着他快去请您二舅爷来的。'"(P.3003)把它看成动态助词而断前,则文意不通。

20. 不如你从此撒腿,就说是游学山西。(磨六[要孩儿]P.3002)

"你"路盛蒲三本皆脱。

按:按律此句是七字"3—4"式,脱"你"字则成六字,违律。

21. 种着有顷多田,还有个大觅汉。(磨六[要孩儿]P.3004)

"田"字路盛二本作"地",蒲本作"亩"。

按:按律此句入韵。此曲押的是"寒谈"韵,"田"字能够押韵,符合要求。"地"和"亩"都不入"寒谈"韵,违律。

22. 见了方二相公说:"俺没拿了人去,几乎转下打了。"(磨六·P3005)

路盛蒲三本皆脱"打"字。

按:"转下打"即挨打。脱"打"字则语意不明。

23. 方相公说:"哎哟,你那官掌着铜鐗敕剑哩么?"(磨六·P.3005)

"鐗"路盛蒲三本皆作"刀"。

按:"鐗"是"锏"字的异体。在这里"铜鐗""敕剑"连用,都是用作权力的象征。元曲中作为权力的象征常把"势剑"和"金牌"连用。如《陈州粜米》四折〔双调金水令〕:"威名连地震,杀气和霜来,手执着势剑金牌,哎,你个刘衙内且休怪。"聊斋俚曲中用"铜锏"作为权力的象征很可能是受了包公戏的影响,因为舞台上包丞的铜锏锏起贪官污吏来,有时比皇上的尚方宝剑都厉害,丝毫不讲情面。如果把"锏"改作"刀"几乎就成了笑话,因为用铜刀作为权力的象征只有在青铜器时期或许有点可能。

24. 踢跳跑躒野性多,无辔少鞍奈尔何?(磨六〔诗〕P.3007)

"躒"路本如字,鸿本作"躁",盛蒲二本作"哰"。

按:躒音〔li²〕,义为跃动,《广韵》郎击切。《玉篇·足部》:"~,动也。"《大戴礼记·劝学》:"骐马一~,不能千里;驽马无极,功在不舍。""躁"字亦通。《广韵·号韵》:"~,动也。"唯"哰"字音义与文不合,不知所据。

25. 他原来是施家,大姑名叫舜华。(磨八〔耍孩儿〕P.3015)

路盛蒲三本皆把"大姑"断前。

按：这是此曲的第一、第二两句，按律都要入韵，句式都是六字"3—3"式。将"大姑"断前，押韵、句式皆失。

26. 谁不知冤仇莫结，惜乎他晚了三秋。（磨十一［耍孩儿］P.3025）

路盛蒲三本皆脱"不"字。

按：该句是［耍孩儿］之第七句，句式为七字"3—4"式，意思是"人人知道莫结冤仇"。脱"不"字后，一则句式违律，二则意思也变得不符合文意了。

27. 批溜扑渊一片响，杀狼地动怪叫欢。（磨十一［耍孩儿］P.3026）

"杀狼"路盛蒲三本皆作"煞狼"。

按：杀狼时，狼的嚎叫声之尖厉、悽惨是可以想象的，以此比喻衙役被打时的惨叫声并无不妥，《富贵神仙》之山东大学图书馆藏抄本亦作"杀狼"，可征。[①]

28. 五更里合眼到阳也么台，忽见情人半夜来，笑盈腮，进门迭不的诉衷怀，叫奴卸红妆，摧奴换绣鞋，多情人把我浑身爱，忽被鸡鸣惊散开，卧到天明头懒抬。我的天哟，害相思，越把相思害。天明了头沉身子也么酸，明窗红日上三竿。（磨十二·［银纽丝］P.3029）

路盛蒲三本把第一句和末了一句接排，中间部分全脱。

按：按律此曲首句和第二句都入韵，"三本"由于脱漏造成了首句与第二句不押韵。《富贵神仙》不脱，可征。

29. 你那里寂寂啾啾，怨恨在心头，定把双眉皱。（磨十二［银纽丝］P.3030）

[①] 山东阳谷方言形容这种惨叫称"杀猫儿叫"，可参。阳谷位于鲁西平原，无狼可比，故借猫以喻。

路盛蒲三本"把"后皆衍"奴"字。

按：这是一支思夫曲，游子在外思念在家的妻子，想象妻子"定把双眉皱"。丈夫不可能称自己的妻子为"奴"。"奴"应是妻子自称之词。

30. 二哥赌气愤志青云，去年连登进士才把我送进家门。（磨十三［劈破玉］P.3035）

"去"路盛蒲三本皆作"过"。

按："过年"淄川方言指明年，而张鸿渐登进士、救方氏是去年的事，显然与文意不合。

31. 他二舅从报了仇，总不去奉承那严世藩，正做着刑厅，着他一笔勾了。（磨十三·P.3037）

"总"路盛蒲三本皆作"纵"。

按："总"在这里表示"一直"的意思，"纵"没这个意思。

32. 按院看了看，那银子有二两，其余尽是白铜。（磨十四·P.3044）

"白"路盛蒲三本皆作"杂"。

按：户房深知，哑巴再傻也知道银子是白的，所以他才用白铜掺在银子里欺骗哑巴。试想，用杂铜（青铜？黄铜？红铜？）掺在银子里是不是只能欺骗瞎子？但，这个哑子并不瞎。

33. 贼奴才，忒也差，挑杂差倾人家，怎么又把老婆霸？（磨十四［耍孩儿］P.3044）

"又"字路盛蒲三本皆脱。

按：此句按律当为七字"4—3"式。脱"又"字则成了六字句，违律。

34. 不给钱你使大板桊。（磨十四［跌落金钱］P.3041）

"桊"路盛蒲三本皆作"抗"。

按：按律此曲第二句应压平声韵，"桦"读平声，合律；"抗"读去声，违律。

35. 知县真真和你厚，不嗔你来还打他。（磨十四［耍孩儿］P.3044）

"来"字路盛蒲三本皆脱。

按：按律此句为七字"3—4"式，脱"来"字则变成六字，违律。

36. 马知县哭告说："犯官如今懊悔不尽，都是错听了衙役的话，望大老爷留一线生路。"（磨十四·P.3044）

"错听"路盛蒲三本皆作"听错"。

按："错听"指不该听而听之，包含衙役的话都是坏话这层意思，而"听错"则指衙役的话并不坏，只是马知县没听准，与文意不符。

37. 老马哭下来说："我只说天下就没有大起卢龙知县的，谁想到了这等？"（磨十四·P.3045）

"起"路盛蒲三本皆作"的"。

按："大起××"就是"比××大"，这是淄川方言比较句的特点。易"起"为"的"便不成话了。

38. 犯人解子一起颠，一个回信无人传。（磨十五［倒板浆］P.3046）

"回"字路盛蒲三本皆脱。

按：按律此句应为七字，脱"回"字则变成六，违律。

39. 你只说你骂手好，我这打手也不㗄。（磨十五［倒板浆］P.3047）

"㗄"路盛蒲三本作"来"。

按："㗄"音"来"阴平，是"逊色"的意思，是个方言词。与文意相符，换成"来"字则与文意不符。

40. 当时他要二十万才肯收留，我当下舍不的。（磨

331

十七·P.3051）

"下"路盛蒲三本皆作"彼时"。

按："当下"就是当时的意思，"当彼时"则不成话。

41.军门带琐并解子上："我北直门卜为人是也，曾八抬八撮，前呼后拥。"（磨十七·P.3051）

"带"字路盛蒲三本皆脱，"呼"皆作"护"。

按："军门锁"不成话。"前呼后拥"是个成语，其成分不可随意改动。

42.离家越近，无奈心里越难，这一夜如何睡得着？（磨十九·P.3065）

路盛蒲三本于"近"后衍"心里越难"。

按：衍后，"心里越难"一语重复。

43.赵鬼子瞧见说："不是他是谁？他不认识我，我却认识他。"（磨十九·P.3066）

"谁"路盛蒲三本皆作"什么"。

按："谁"是指人的疑问代词，在这里指与张鸿渐相对的另外一个人，改用"什么"则谬甚，因为"人"不能用"什么"来指代。

44.本庄的保正也来了，说："他来拿人，你怎么挡的他？"（磨十九·P.3072）

路盛蒲三本皆作"本庄的保正都来看着他拿人，你怎么当的他？"

按："三本"把保正说的话都当成了李大的话，与前后文意不符，因为下文接着写到："张春说：'保证，你既说是拿人，你就领着去拿。'"这说明保正确实说了"拿人"的话，否则张春的话便无着落。

45.大家齐上前，弄他个不精致。（磨十九[呀呀油]P.3072）

"齐"路盛蒲三本皆作"着"。

按："着"字用在此处不成话。

46.李旺见拴着人，便发话道："你怎么栓着俺的人？"张春说："你休发话，且翻人。"（磨十九·P.3072）

"便发话道""你休发话"路盛蒲三本皆作"怒发说""你休发"。

按："怒发说"与"你休发"都属于不通顺句子。

47.李大不敢进去，方娘子说："怎么不翻？推他进来。"（磨十九·P.3037）

"推他进来"路盛蒲三本皆作"就推进去了"。

按：推他进来是方娘子下的命令，改成"就推进去了"显得没有着落，是谁把他推进去了？不得而知。下文之"张春扭着李旺进了房门"这一行为是张春听了方娘子的命令之后才发生的。

48.奴才们听，俺和您那小畜生，不但没冤仇，并不知他名和姓。（磨十九·P.3073）

"俺"各个版本皆作"你"。

按：此段是方娘子说明和李鸭子不但没冤仇，连人都不认识，故"俺"字不误。改成"你"字则谬甚。"你"（指李大）还能和李鸭子有冤仇么？

49.您老达，您老达，曾在俺家当客家，才买了两间屋，就估着天来大。（磨十九［呀呀油］P.3073）

"客家"路盛蒲三本皆作"家客"。

按："客家"在这里指租赁房子居住的人。此句是说李大的父亲原来在方家租房子住，后来才买了两间屋就不知天高地厚了。易"客家"为"家客"，一则与文意不合，因为方家的地位还没达到纳养家客的高度；二则与韵律不合，因为按律［呀呀油］第二句是入韵的。此曲押"家麻"韵,"家"字入韵,而"客"字不入韵。

50. 才作秀才三两日,哪里想到半悬空。(磨二十[耍孩儿]P.3076)

"作"路盛蒲三本皆脱。

按:按律此句应为七字,脱"才"字则为六字,违律,且语意不顺。

51. 我每日看着你眉清目秀,举止端庄,倒像是个奶奶。(磨二十一·P.3078)

路盛蒲三本皆脱"每"字。

按:当时在口语中,表频率的时间副词已不单独用"日",而是用"每日",如第二十五回之"母亲每日啼哭,不敢远离"(P.3095)。

52. 你爹听的你发达,他自然就来家。(磨二十[罗江怨]P.3079)

"你爹听的你"路盛蒲三本皆作"您爹您爹的样"。

按:这是张妻方氏对儿子说的话,上两句是"你若能插上宫花,你若能带上乌纱",可见所谓的"发达"是对儿子说的。只有儿子发达了,张鸿渐才能回家,文通字顺。"三本"说成张鸿渐的样子发达,欠通。

53. 不由人泪恓恓,这个事儿也跷蹊。(磨二十[罗江怨]P.3080)

"跷蹊"路盛蒲三本皆作"蹊跷"。

按:按律[罗江怨]第二句入韵。本曲押的是"支齐"韵,"蹊"字入韵,"跷"字不入韵。

54. 一个年头八个月,从天上掉下这么一个说。(磨二十二[还乡韵]P.3083)

"说"路盛蒲三本皆作"祸"。

按:"说"指关于张鸿渐凶信的传说。按律[还乡韵]第二句应该押韵。此曲押"车遮"韵,"说"字入韵,"祸"字不入韵。

55. 正月里正惨悽，千里存亡未可知。（磨二十二［憨头郎］P.3084）

路盛蒲三本皆脱"正惨悽"三字。

按：按律［憨头郎］第一句应是六字，脱"正惨悽"便成了三字，违律。《富贵神仙》此句不脱，可征。

56. 丑扮瞽人背弦子上："自家王向是也。这也向，那也向，这个号儿叫的响。"（磨二十三·P.3086）

"向"路盛蒲三本皆作"丙"。

按：瞎子这段顺口溜押的是"江阳"韵，"向"作为第一句的末一字入韵，分别与"响养攘唠网赏谎爽想痒"相押，而"丙"字则不能押韵。疑"丙"为"向"之形误。

57. 有口吃饭，没腔屙屎。（磨二十三·P.3086）

"屎"路盛蒲三本皆作"尿"。

按：此字三本错得违背生理常识，疑"尿"为"屎"之形误。

58. 淌里洋来淌里洋，撞着马虎好似狼，看不见蹄儿是几个，道是一根尾巴长在屁股上。（磨二十三·P.3087）

"撞"字路盛两本断前，三本具脱"着""不"二字。

按：前一句只用七个音节足句而已，并无实际意义。马虎是"撞"的宾语，"撞"字断前则破坏了这种结构。脱"着"字尚可理解，因为"撞"字断前，"着"字在下一句里便没有着落。至于脱"不"字就太不应该了，试想瞎子怎么能看见马虎有几个蹄儿呢？

59. 死了人又买材，将钱丢了十吊外。（磨二十三［耍孩儿］P.3087）

"吊"路盛蒲三本皆作"千"。

按：一个穷瞎子葬埋妻子，十吊足够。

60. 不如婆子在煞有人爱。（磨二十三［耍孩儿］P.3087）

"爱"路盛蒲三本皆作"问"。

按：按律此句应押去声韵，此曲押的是"皆来"韵，"爱"字入皆来韵且读去声，合律；而"问"字不入"皆来"韵，违律。

61. 王向说："大爷不知，我说个故事，有一夥计在路上走路，胡迷了。"（磨二十三·P.3089）

路盛蒲三本"个"作"他那"，"计"作"瞎厮"。

按：根据故事内容，王向说的不是李二的故事，所以易"个"为"他那"与文意不符。这里说的是一个瞎子的故事，易"计"为"瞎厮"便成了一群瞎子，也不符合文意。

62. 先生跪下说："倒是娘娘大恩，瞎厮可不情愿。"娘娘说："奇呀，怎么不愿呢？"先生说："亏了没眼……"（磨二十三·P.3090）

"先生说"路盛蒲三本皆作"先生跪下，禀道"。

按：上句已说"先生跪下"了，下句再说"先生跪下"，与事理不符。

63. 唱的唱，弹的弹，站久了腿又酸。如我不瞎怎么能稳坐雕鞍？（磨二十三［边关调］P.3090）

"怎么能"路盛蒲三本皆脱。

按：一个瞎子在达官贵人面前能够有个坐位，主要因为他是个瞎子，脱"怎么能"就把意思弄反了。

64. 少哭："坐在轿里似软杠子举重，一行哭着互搧。"（磨二十三［哭笑山坡羊］P.3091）

路盛蒲三本皆脱"软"字。

按："互搧"指上下颤动，只有用软杠子举重才会出现这种现象，故不可没有"软"字。

65. 起一卦笑吟吟，他说是今年春，大爷才交临官运。（磨

二十四［耍孩儿］P.3093）

"吟"路盛蒲三本皆作"欢"。

按：此曲押"真文"韵，"吟"入韵，"欢"不入韵。

66. 公子起来自己拭了桌子。（磨二十四·P.3903）

"拭"路盛蒲三本皆作"碾"。

按："碾了桌子"不成话，"碾"当是"捵"字形误。"拭"与"捵"都通。

67. 乱秋秋，并不知是因何故，独行危坐一身孤，相识朋友半个无。闷攸攸，不知是应向何人诉。（磨二十四［跌落金钱］P.3094）

路盛蒲三本皆作"乱秋秋，不知是应向何人诉"，中间部分皆脱。

按：此曲以四叠为常，鸿本足四叠。"三本"脱中间一叠，只剩三叠，违律。

68. 到如今料想他还梦里怕。（磨二十五［平西歌］P.3096）

路盛蒲三本皆脱"里"字。

按："梦怕"不成话。

69. 将筐篮解开，嚼着果饼暗徘徊。（磨二十五［平西歌］P.3097）

"果"路盛蒲三本皆作"锅"。

按："锅饼"是一种又厚又大又硬的干粮，"果饼"是点心（"果"与"菓"是古今字），二者所指不是一物。此回第一曲（P.3095）有"日头大高，果饼、丁锤都带着"之语，可征。

70. 替你略钻研，细改改头半篇。（磨二十五［平西调］P.3097）

"钻研"路盛蒲三本皆作"攒眼"。

按：作文章需要钻研，"攒眼"不通。

71. 卷子展开包，磨墨声闻百步遥。（磨二十五［叠断桥］P.3098）

"包"路盛蒲三本皆作"色"。

按：此曲押"萧豪"韵，"色"在这里不押韵，"包"押韵。

337

疑"色"为"包"的形误。

72. 公子说："不必，没掉了什么。"（磨二十五·P.3099）

"没"路盛蒲三本皆作"莫"。

按：这句话是合庵回答其父"你再去看看（掉了什么没有）"这句话时说的，"没"是对"掉"的否定，而"莫"表示的是"制止、劝阻"的意思，显然与文意不符。

73. 太太听谣言，每日里心惊怪。（磨二十五［叠断桥］P.3099）

"谣"路盛蒲三本皆作"诈"。

按："谣言"在这里指流传开的、关于张鸿渐死亡的不实之言，而"诈言"是欺诈之言，不如"谣言"妥当。

74. 太公说："自觉一个举人也压不住仇家。"（磨二十五·P.3100）

"仇"字路盛蒲三本皆脱。

按：从来没有为压住自己的家而坐官的，二十六回［叠断桥］有"还得个小翰林，才压的仇家住"句，可证"仇"字不误。

75. 报子到门前，不久爷儿到。（磨二十五［叠断桥］P.3100）

"爷"路盛蒲三本皆作"爹"。

按："爷儿"连用是淄川方言的用语习惯，如《富贵神仙》十三："爷儿俩心满意足，好不得意的紧。"（P.2969）在此书中"爷"与"爹"虽是同义词，但却不能说成"爹儿"，这是用语习惯所不允许的。

76. 每日只在家纳闷，我那儿中不中倒不关心。（磨二十六［劈破玉］P.3101）

"家"路盛蒲三本皆作"那"。

按：这是方娘子在家倾吐自己的心情，只能用"家"字，用"那"字则不能说明在什么地方，所指不明。

77. 名字叫宫陞，字表是子迁。（磨二十六［银纽丝］P.3101）

"字表是子迁"路盛蒲三本皆作"字是宫子迁"。

按："字"是本名以外另起的与本名意义有一定联系的称呼，不包括姓氏。三本皆衍"宫"字。

78. 难得他乡把命全，不必宫花插帽檐。（磨二十六［银纽丝］P.3102）

"乡"路盛蒲三本皆作"他"。

按："他乡"指家乡以外的地方，多指离家乡较远的地方。说方鸿渐"他乡全命"并无不妥。三本把"他"当成了人称代词，而且还用上两个"他"字，虽中间断开，也难免不顺。

79. 那公子飞马跑来，才站下就喜的跳钻钻。（磨二十六［劈破玉］P.3102）

"就喜的跳钻钻"路盛蒲三本皆作"只瞧了两三眼"。

按："跳钻钻"是乱跳乱蹦的意思。公子见其父高中第四名，高兴至极，所以如此。但此句押上声韵，"钻"字违律。三本作"只瞧了两三眼"虽然文意欠明，但"眼"字合律。

80. 不觉笑嚇嚇，不觉笑嚇嚇，既在世间为个人，却也不可不尝尝这奶奶味。（磨二十六［叠断桥］P.3104）

"嚇"路盛蒲三本皆作"嘻"。

按："嚇"在山东许多地方读同"黑"音。此曲压的是"灰堆"韵，按律首句入韵，"嚇"字押韵，合律；"嘻"字不入韵，违律。

81. 我教他爷俩琐碎的闷，闷的头也晕。刷刮报子钱，净了粮食囤。（磨二十六［清江引］P.3105）

此段路盛蒲三本皆作"我着他爷俩琐碎的，闷闷的这头也懒刷刮。报子钱净了粮食囤"。

按：三本如此断句，易"晕"为"懒"，且断句多处失误，不但文意不通，而且也不押韵，违律。

82. 我十年不在家了，你看，老的少的都不认的了。（磨二十七·P.3107）

"你看"路盛蒲三本皆作"看你"。

按："你看"是表惊讶的插入语，符合文意。而"看你"则表示对对方的指责。这句话是张鸿渐对来迎接他的村上老幼说的，岂有指责之理？显然与文意不符。而且"你"是单数第二人称，"老的少的"指多数人，用"你"指称也不合适。

83. 割慈爱教儿童，陪读书到五更。（磨二十七［耍孩儿］P.3107）

"割"路盛蒲三本皆作"刮"。

按：向来有"割爱"之说，无"刮爱"之语。疑"刮"为"割"之形误。

84. 自别离十年后，不屑人南北迁流。（磨二十七［西调］P.3107）

"屑"路盛蒲三本皆作"谓"。

按：称自己为"不屑"，这是张鸿渐的自责之辞。"不谓人"不成话。"谓"疑为"屑"之形误。

85. 家人难得一尊同，我儿呀，酒杯与我勤勤送。想我流落在西东，想你愁闷在家中。（磨二十七［跌落金钱］P.3108）

"同"字后面的部分，路盛蒲三本皆脱。

按：从文意看，所脱前两句均叙饮酒之事，与上文文意相符；从曲律看，此曲每曲四句，四叠为常，共十六句，"三本"脱此段文字则只有三叠，不合曲律常规。

（十）《增补幸云曲》校议

此篇前十回据蒲松龄纪念馆藏抄本校路盛蒲三本，后十八回路盛蒲三本互校。格式同前。

1. 知道的便说："张彬知道。"那水性泼贼，素不喜我。（增[①]一·P.3157）

第二个"知道"路盛蒲三本断后。

按：张彬耽心皇帝出游他是知情者被别人知道，将来坐罪，所以怕别人说"张彬知道"。将"知道"断后，与前边的问话便答非所问了。

2. 万岁爷笑言开，叫御妻休胡猜。（增一［耍孩儿］P.3159）

"言开"路盛蒲三本皆作"开言"。

按："言"是"颜"的借字。此曲押"皆来"韵，按律此句入韵，"开"押韵，合律，"言"不押韵，违律。

3. 浑身战走了三魂，号灵山点卯一遭。（增三［耍孩儿］P.3163）

"战"路盛蒲三本皆脱，"号"字路盛二本断前。

按：按律此曲末两句都是七字"3—4"式，脱"战"字则变成六字，违律。"号"断前则不能构成"3—4"式。

4. 醒坐时快忙救主，免的你项上一刀。（增三［耍孩儿］P.3164）

"坐时"路盛蒲三本作"来"。

按：按律此句为七字"3—4"式，把"坐时"改为"来"字则变为六字，违律。

5. 看了看是武宗，恹恹害的难扎挣。（增四［耍孩儿］P.3167）

"扎挣"路盛蒲三本作"挣扎"。

按：此曲押的是"东青"韵，按律此句入韵，"挣"押韵，合律，"扎"不押韵，违律。

6. 玉帝说："他也是辈人王地主，须周济他才是。"（增四·P.3167）

"地"路盛蒲三本皆作"帝"。

---

① "增"指篇名《增补幸云曲》，下同。

按："地主"指一地之主，常与"人王"连用，说成"人王地主"，用指皇帝，已经形成了固定的成语。说成"帝主"则意义与构词皆欠通。（其他几处"帝主"亦应作如此解，不赘。）

7. 一个个鹰头鳖耳，酷像是做了朝廷。（增五[耍孩儿]P.3172）

"一个个"路盛蒲三本皆作"一个"。

按：按律此句当为七字，脱一个"个"字则成六字，违律。而且"一个个"指主人与管家多人，用"一个"来指称与文意不符。

8. 这六哥也是福至心灵，神差鬼支使的，着他奉承了几句，那万岁大喜。（增七·P.3182）

"支"路盛蒲三本皆作"使"，且"使的"断后。

按：作"支"作"使"皆通。但"使的"断后则不通。"使的"结果是"六哥""福至心灵"，而不是"万岁大喜"。"万岁大喜"是着六哥奉承的。

9. 你回京着说："六哥儿，跟我去看看你干娘去。"这么远，我待不跟你去一趟哩？（增九·P.3189）

蒲本如是，路盛二本"说"后不断，"看看"之后断，"去"后不断。

按：这是六哥说的一段话，"说"后不可不断。"看看"之后断与"去"后不断，意思不通。

10. 浑身扎点不上眼，谁知手里有钱财。（增九[耍孩儿]P.3191）

"扎点"路盛二本作"不上眼"，蒲本作"上下"。

按：作"不上眼"一则与后一个"不上眼"重复，二则句子读起来也别扭。作"上下"亦通。

11. 睁龙眼仔细瞰，进来个老妈妈。（增九[耍孩儿]P.3192）

"瞰"路蒲二本如字，盛本作"瞧"。

按：此曲押的是"家麻"韵，按律首句应入韵，"瞰"字押韵，合律；"瞧"字不押韵，违律。

12. 给了我一锭银子，我掂量着有十来两。银子不足为奇，还给了我一盒金豆。（增十·P.3194）

路盛蒲三本第二个"银子"断前。

按：将第二个"银子"断前不但在用词上与前面出现的"银子"重复，造成累赘，而且使下文的"不足为奇"所指不明。其实这句话的中心是拿银子与金子对比的，"不足为奇"指的是银子。

13. 二姐双膝跪下，老鸨子用手搀起。（增十·P.3196）

"搀"路盛蒲三本作"挽"。

按："挽起"不如"搀起"符合用语习惯。

14. 我将好言哄他哄，他若信了，我上南楼上吊寻死，抹头服毒，都在于我。（增十·P.3197）

"哄他哄"路盛蒲三本作"哄他哄他"。

按："哄他哄"是"哄他一哄"的省略说法，不能说成"哄他哄他"。十二回："你自己看不见你自己，待我夸你夸。"其中"夸你夸"也属这类用法，可征。

15. 无钱难说干欢笑。（增十［耍孩儿］P.3197）

"笑"路盛蒲三本皆作"乐"。

按：此曲押的是"萧豪"韵，按律此句应入韵，"乐"不押韵。

16. 大丫头说话哈，摆着尾摇着头。（增十二［耍孩儿］P.3205）

"哈"路盛蒲三本皆作"摆"。

按：此曲押"尤侯"韵，按律此句入韵，"哈"字押韵，合律；"摆"字不押韵，违律。

17. 万岁爷仔细观，压杨妃，赛貂蝉。（增十三［耍孩儿］P.3207）

"压"路盛蒲三本皆作"亚"。

按：这两句是夸奖佛动心能和观音、貂蝉媲美。"亚"是"次一等"的意思,显然不妥。

18. 小二姐面飞红,没奈何斟上盅。(增十三〔耍孩儿〕P.3208)

"盅"路盛蒲三本皆作"杯"。

按:此曲押的是"东青"韵,按律此句入韵,"杯"字不押韵,"盅"字押韵。下文有"万岁说:'一盅酒也不用斟的。'"之句,可征。

19. 那二姐把酒,杯干又斟上递于万岁。(增十三·P.3208)

路盛蒲三本"干"字断,"酒"字不断。

按:"把酒"就是执壶斟酒。斟酒的是二姐,干杯的是皇帝,故不可"酒"字不断而"干"字断。

20. 龙眉凤眼长,好似那泥捏的韦陀像。(增十三〔耍孩儿〕P.3208)

"捏"路盛蒲三本皆作"掐"。

按:泥塑之像只能捏成,不能掐成。

21. 到那里用心奉承,管给你换了衣衫。(增十八〔耍孩儿〕P.3229)

蒲本如是,路盛二本"衫"后衍"快"。

按:此曲押的是"寒桓"韵,按律此句入韵,"衫"字押韵,合律,"快"字不押韵,违律。

22. 小大姐满心好恼,这一回胡突了王龙。(增十八〔耍儿〕P.3231)

"突"蒲本如字,路盛二本作"哭"。

按:"胡突"就是"胡涂"。这是个常用词。"胡哭"不合文意。疑"哭"是"突"的形误。

23. 那瓜子皮擦了我一个跟头,怎么是磕头?(增十八·P.3231)

344

路盛蒲三本"我"后衍"找"。

按："找一个跟头"不通。

24. 画道儿，长官戴着皮冒子。（增十九·P.3234）

蒲本如是，路盛二本不断。

按：此令由押"家麻"韵转"支衣"韵。"儿"和"衣"都是"支衣"韵的字，断开则是换韵，不断则是失韵。

25. 二姐接令即行道："两头一样是张弓。"（增十九·P.3234）

"即"路盛蒲三本皆作"到"。

按："到"字用在这里不成话。"即"与"到"的草体极为形近，疑"到"为"即"字形误。下文"有二姐接令即行道"之语，可征。

26. 楚霸王拿着混铁枪，三枪两枪，刺死那绵羊。（增十九·P.3235）

"楚霸王"蒲本如字，路盛二本脱。

按：按照对此酒令的规定，此三字必备。

27. 万岁爷笑嚇嚇，叫鸨子斟大杯。二姐喜的如酒醉。（增十九〔耍孩儿〕P.3235）

"嚇嚇"路盛蒲三本皆作"哈哈"。

按：按此曲押的是"灰堆"韵，按律此句入韵。按山东方言的读法，"嚇"与"黑"同音。正好押韵，合律。"哈"字不押韵，违律。参见《磨难曲》之第88条。

28. 万岁说这长脐粉头，王冲霄吃她大亏。（增十九〔耍孩儿〕P.3236）

"吃"路盛蒲三本皆作"扎"。

按："扎"字用在这里不成话。"吃"字是。疑"扎"为"吃"的形误。二十四回之〔耍孩儿〕："随邪听了贱人话，王龙吃了大

345

姐亏。"句可征。

29. 王龙那公子性，素常降人是惯了的，谁敢说个不字。（增二十三·P.3252）

"不"路盛蒲三本皆作"失"。

按："失"用在这里不成话。"不"表示否定，"失"无此义。

30. 头上戴着檐毡帽，腰束皮鞓带一根。（增二十五［耍孩儿］P.3260）

蒲本如是，路盛二本"一"后衍"条"字。

按："根"与条在这里都是做量词使用的，同时出现则重复。

31. 胡百万说："二姐没本事走，不去罢。"（增二十五·P.3260）

蒲本如是。路盛二本"事"作"是"，"走"后不断。

按："本事"是"能力"的意思，改作"是"则不合文意。"走"后不断，"不去"便成了"走"的补语，亦与文意不合。

32. 江彬说："有了我的命了，那不是万岁爷的坐骑？"（增二十七·P.3269）

"骑"路盛蒲三本皆作"马"。

按：汉语有"坐骑"一词，无"坐马"一说。

参考文献

《广韵》 北京市中国书店根据张氏泽存堂本影印本。

《汉语大字典》 徐中舒主编 湖北辞书出版社、四川辞书出版社 1990 年。

《汉语俗字丛考》 张涌泉 中华书局 2000 年。

《汉语俗字研究》 张涌泉 岳麓书社 1995 年。

《集韵》（宋）丁度 北京市中国书店根据扬州使院重刻本影印本。

《康熙字典》 中华书局 1962 年影印同文书局本。

《聊斋俚曲曲牌的格律》 张鸿魁 《语文研究》2002 年第 3 期。

《山东方言词典》 董绍克、张家芝主编 语文出版社 1997 年。

《山东省志·方言志》 殷焕先主编 山东人民出版社 1993 年。

《宋元以来俗字谱》 刘复、李家瑞编 文字改革出版社 1957 年影印本。

《元明清白话著作中山东方言例释》 董遵章 山东教育出版社 1985 年。

《正字通》（明）张自烈 国际文化出版公司 1996 年影印康熙本。

《中华字海》 冷玉龙、韦一心主编 中华书局1994年。
《淄川方言志》孟庆泰、罗福腾 语文出版社1993年。
《字汇》（明）梅膺祚 上海辞书出版社1991年影印康熙本。

后　记

书稿几经修改，终见付梓。说到这本书的问世，还真有几句话要说。

1978年我考入山东大学中文系师从殷焕先先生攻读汉语言文字学。殷先生给我们开设音韵学、方言学、文字学等课程。我对这些学问都很感兴趣，也都很下功夫去学。也正因如此，到了写毕业论文的时候才犯了难，即论文题目选在哪个学科一时定不下来。犹豫之中我既选了个文字学的，也选了个音韵学的。殷先生看了之后，同意我写音韵学的，因为这个题目既涉及音韵学的知识，也涉及方言学的知识。于是"论汉语入声问题"便成了我毕业论文的题目。

写这样的题目自然缺少不了方言调查。从事方言工作的都知道，我们调查方言都是从汉字识读入手的，也就是让方言发音人识读汉字，我们记录汉字的读音。在方言调查过程中，虽然有方言调查字表供我们使用，但也会遇到不少字表中没有的方言字，而这类方言字又往往反映出了方言的某些特殊读音。于是我对这类字逐渐产生了兴趣，除了注意在方言中搜集之外，还不断尝试从文献中去查找。

不料查找的结果发现，看起来很符合"方言字"条件的内容并没有被称作"方言字"，而是都被说成了"俗字"。从颜之推的《颜氏家训》到蒲松龄的《日用俗字》，再从徐珂的《清稗类钞》到张涌泉的《汉语俗字研究》，无不如此。方言字与俗字本来是不同的两类字，怎么可以都叫作俗字呢？古代无"方言字"之说，于古人尚可别论，而今方言字之概念既明且行，人们是否已将两类字的差别分辨得清楚了呢。于是我就写了篇文章《方言字初探》（载《语言研究》2005年2期）对方言字与俗字的不同特点谈了些粗浅的看法。这成了我观察并研究俗字的开端。

和聊斋俚曲的结缘要感谢《蒲松龄研究》主编盛伟先生的一次邀约。上个世纪（即20世纪）末，盛先生因公干来山师中出差，我们有幸相会。盛先生觉得蒲松龄的聊斋俚曲是用淄川方言写成的，而我又是研究方言的，就要我写点聊斋俚曲的文章给他。我欣然答应了他的邀约。《谈〈聊斋俚曲集〉的语言学价值》（载《蒲松龄研究》1997年4期）就成了我观察并研究聊斋俚曲的第一篇文章。在研究过程中，我发现聊斋俚曲里的俗字一是数量多，二是和淄川方言紧密结合，许多字既有方言字的某些特征，又有俗字的某些特征，引起了我极大的兴趣。

在此之前我曾对《金瓶梅》做过一些研究，也写了些文章（详见拙著《云斋学术文集》，人民出版社，2015年），发现该书中的俗字数量甚为可观。可以说，《金瓶梅》一书的俗字反映了16世纪我国北方文艺作品中俗字的大概面貌，而《聊斋俚曲集》的俗字则反映了17世纪我国北方文艺作品中俗字的大概面貌。但是，刘复、李家瑞合编《宋元以来俗字谱》收字范围多至12种作品，其中包括《金瓶梅》，却不包括《聊斋俚曲集》。于是我便产生了整理研究《聊斋俚曲集》俗字的念头，并于2002年以《聊斋俚曲集俗字研究》为书名申报了国家项目。

本书的撰写首先遇到的难题就是文献资料的搜集。聊斋俚曲经过辗转传抄和印刷，文本颇多，既有多种抄本，也有多种排印本。抄本以单篇形式流传者为多；排印本以文集形式流传者为多。如何

后　记

把这些资料收集齐全，成了首先要解决的难题。为解决这一难题，蒲松龄纪念馆给了大力支持和帮助。李汉举同志冒着酷暑将馆内有关资料悉数给我复印出来，为本书的写作创造了有利条件。

遇到的第二个难题就是俗字的刻录。这种字计算机字库里找不到，每个字都得造字特录，十分费事。从撰写到编辑，再到印刷，每一步都绕不开"费事"这一关。但是，困难终于克服，费事终没白费，此书终于问世了。而且，获山东省一流学科山东师范大学文学院中国语言文学学科建设经费资助；获张树铮教授赐序。

对在此书的撰写、编辑、印刷等过程中给予帮助和支持的诸多朋友和单位，作者表示真挚的感谢和敬意。

作者

2019年3月于济南